A. VANDERPOL

Licencié en droit
Ingénieur des Arts et Manufactures
Président de la Ligue des catholiques français pour la Paix

Le
Droit de Guerre

d'après les Théologiens
et les
Canonistes du Moyen-âge

PARIS
A. TRALIN
libraire-éditeur
rue du Vieux Colombier

BRUXELLES
GOEMAERE, éditeur
impr. du Roi
rue de la Limite, 21

1911

A. VANDERPOL

Licencié en droit
Ingénieur des Arts et Manufactures
Président de la Ligue des catholiques français pour la Paix

Le Droit de Guerre

d'après les Théologiens
et les
Canonistes du Moyen-âge

PARIS
A. TRALIN
libraire-éditeur
18, rue du Vieux-Colombier

BRUXELLES
GOEMAERE, éditeur
Impr. du Roi
rue de la Limite, 21

1911

LE DROIT DE GUERRE

D'APRÈS LES THÉOLOGIENS
ET LES CANONISTES DU MOYEN-AGE

Archevêché
de Paris
—

M. Vanderpol

Le droit de guerre d'après les théologiens

Nil obstat
Ad. TANQUEREY

Imprimatur
Parisiis, die 5º Maii 1911,
P. FAGES, V. G.

A. VANDERPOL

Licencié en droit
Ingénieur des Arts et Manufactures
Président de la Ligue des catholiques français pour la Paix

Le
Droit de Guerre

d'après les

Théologiens et les Canonistes du Moyen-âge

PARIS
A. TRALIN
LIBRAIRE ÉDITEUR
12, *rue du Vieux Colombier*

BRUXELLES
GOEMAERE, ÉDITEUR
IMP. DU ROI
rue de la Limite, 21

1911

A MONSIEUR BEERNAERT

Ministre d'État de Belgique
Membre de la Cour d'Arbitrage de La Haye
Président du Conseil de l'Union interparlementaire
pour l'Arbitrage international
Président de la Ligue des Catholiques belges pour la Paix
Membre de l'Institut de France
Membre de l'Académie de Belgique
Membre de l'Institut de Droit international, etc., etc

Ce livre,

exposé des principes du Droit International Chrétien

en matière de guerre,

est respectueusement dédié par son auteur

A. VANDERPOL.

PRÉFACE

Le droit international, dont on s'occupe beaucoup aujourd'hui, ne fut pas, comme on pourrait le croire, méconnu au Moyen-Age. Les théologiens et les canonistes lui ont consacré des pages nombreuses, quelques-uns même des traités entiers, persuadés qu'il y avait là une question de *justice* et de *charité* qui était de leur ressort. Ils ont traité tout particulièrement du *Droit de guerre*, de sa légitimité, de ses limites, des conditions sous lesquelles il peut s'exercer, des responsabilités et des devoirs qu'il entraine.

Sans doute leur langue n'est pas celle du XXe siècle : recherchant avant tout la précision et la clarté, ils négligent les ornements du style, usent souvent de distinctions qui paraissent barbares à ceux qui n'y sont pas initiés, et procèdent avec une rigueur de logique qui paraît bien aride à ceux qui sont habitués au langage fleuri de nos contemporains. C'est peut-être ce qui explique pourquoi leurs ouvrages demeurent ensevelis dans la poussière de nos grandes bibliothèques. Mais quand un érudit prend la peine de les consulter et de s'initier à leur langue et à leur méthode, il est surpris de la largeur et de l'élévation de leurs vues, de la précision et de la sûreté de leur doctrine, de la *modernité* des problèmes qu'ils soulèvent, et de l'esprit méthodique avec lequel ils en poursuivent la solution.

C'est ce qui frappa M. Vanderpol, Président de la Ligue des catholiques français pour la Paix, lorsque, voulant faire connaître au public la pensée chrétienne sur le Droit de guerre, il se plongea dans l'étude des Docteurs du Moyen-Age. Quelle ne fut pas en particulier son admiration, quand il lut dans les *Relectiones theologicae* de VITTORIA le chapitre *De jure belli*, et celui *De Indis*, où l'auteur discute avec une grande largeur de vues les raisons alléguées par les Espagnols pour justifier leur conquête du Nouveau-Monde? Il lui sembla que ce théologien si peu connu avait mieux approfondi cette question que la plupart de nos contemporains. Alléché par cette découverte, il étudia, entre autres théologiens, Suarez, De Lugo, Soto, Cajetan; et, parmi les canonistes, Gratien, Saint Raymond de Peñafort, Henri de Suze, Jean de Lignano, Alfonse Guerrero, sans parler de bien d'autres sur lesquels le lecteur trouvera une notice en tête de l'ouvrage. Il remonte ensuite à saint Thomas, l'Ange de l'Ecole, et à saint Augustin, qui, sans être du Moyen-Age, a exercé sur les Scolastiques une si grande influence. Au fur et à mesure qu'il avançait dans cette étude, il était frappé de la sagesse et de la pondération de ces grands auteurs qui, en traitant du Droit de guerre, se tiennent à l'écart d'un militarisme outré et d'un pacifisme utopique.

Il lui parut que ce serait rendre un immense service à la *Paix chrétienne* que de faire connaître à ses contemporains le résultat de ses découvertes. S'il avait voulu s'adresser au grand public, il eût sans doute brièvement résumé et transposé en langage moderne la pensée des Docteurs du Moyen-Age. Mais les critiques se seraient défiés d'une œuvre littéraire de ce genre : ils eussent soupçonné l'auteur d'avoir fait passer ses propres idées sous le couvert de saint Thomas ou de Vittoria.

Aussi a-t-il préféré se contenter d'une courte analyse *très objective*, justifiée par de nombreux extraits, cités avec tout leur contexte, et traduits *très littéralement*, avec leur saveur archaïque. Ce n'est donc pas lui qui tient la plume en

cet ouvrage, ce sont vraiment les théologiens et les canonistes du Moyen-Age. Et ce n'est pas un mince mérite que
d'avoir si nettement synthétisé leur enseignement, dans un
ordre logique, avec une parfaite loyauté, et tout en ajou-
tant quelques explications qui font mieux comprendre leur
pensée, sans jamais l'altérer.

L'idée mère qui se dégage de leurs écrits, c'est que la
guerre est légitime, lorsqu'on peut la considérer comme un
juste châtiment infligé à un peuple qui a commis une injustice à l'égard d'une autre nation, et qui s'obstine à ne pas
vouloir la réparer. Ni la différence de religion, ni le désir
d'étendre son empire, ni l'ambition militaire ne suffisent à
justifier la guerre.

En cas de doute sur sa légitimité, il faut recourir à l'arbitrage toutes les fois que cela est possible. Par son pouvoir
indirect sur le temporel des rois, et le rôle prépondérant
qu'il exerce dans toutes les questions de morale, le Souverain Pontife semble être l'arbitre naturel entre princes chrétiens.

Une fois déclarée, la guerre doit se poursuivre avec
humanité, et en vue d'arriver le plus tôt possible à une paix
durable. Il faut donc respecter la vie et les biens des innocents, traiter avec équité les prisonniers et les ôtages, et
user de la victoire avec modération, en ne gardant du terrain
conquis que ce qui est nécessaire pour compenser l'injustice
commise, assurer le paiement des frais de guerre, et empêcher un retour offensif de l'ennemi.

Tels sont les points principaux que l'auteur met en évidence. Si le lecteur veut bien tenir compte de la rudesse des
mœurs qui existait en ces temps anciens, il devra reconnaître que les théologiens et les canonistes ont été les pré-
curseurs de ceux qui, aujourd'hui, veulent diminuer les conflits, adoucir les horreurs de la guerre, et allier un sage
patriotisme à l'amour sincère de la paix. Il ne s'en étonnera

point, s'il remarque que ces auteurs s'inspirent constamment des principes évangéliques sur la justice et la charité.

Nous félicitons donc très sincèrement M. Vanderpol d'avoir mis à la portée de tous ceux qui s'intéressent au Droit international, une synthèse aussi complète de ce que le Moyen-Age a enseigné de meilleur sur le droit de guerre et ses limites. Son ouvrage dissipera bien des préjugés contre la doctrine traditionnelle, et servira en même temps la cause de la Paix chrétienne.

AD. TANQUEREY,
ancien Professeur de morale.

AVANT-PROPOS
ET AVIS IMPORTANT AU LECTEUR

Le but du présent ouvrage est de montrer qu'il y avait au Moyen-Age une doctrine du droit de guerre, et de la faire connaître. Cette doctrine, universellement et constamment professée par les théologiens jusqu'au XVIIe siècle, était considérée par eux comme étant celle des Pères de l'Église et constituant la véritable tradition chrétienne.

Elle peut se définir ainsi: La guerre est un acte de justice vindicative, la punition de malfaiteurs étrangers. Elle est toute entière résumée dans une phrase de Saint-Thomas, celle par laquelle il définit la juste cause de guerre : « *Causa justa, ut scilicet illi qui impugnantur propter aliquam culpam, impugnationem mereantur. — Cause juste, c'est-à-dire que ceux auxquels on déclare la guerre, à cause d'une faute qu'ils ont commise, aient mérité d'être attaqués.*

Pour démontrer l'existence de cette doctrine et pour la faire connaître dans ses détails, nous nous bornerons à citer des textes : nous avons donc mis le moins possible du nôtre, dans cet ouvrage. Nous avons seulement disposé dans un ordre logique et encadré les citations, laissant au lecteur le soin d'en déduire les conséquences. La doctrine s'en dégage tout naturellement. Ce que nous avons surtout voulu, c'est faire connaître cette doctrine à nos contemporains. Généralement ils l'ignorent complètement, à tel point qu'ils ne se doutent même pas qu'elle existe et qu'un retour à cette doctrine constituerait un immense progrès sur l'état

actuel d'anarchie internationale. Notre grand souci a été de
traduire fidèlement les textes et de les interpréter exactement dans le même sens que l'auteur. Aussi avons-nous
— le lecteur ne s'en apercevra que trop — complètement
sacrifié l'élégance et même la correction du style, à l'exacti-
tude de la traduction qui est souvent littérale.

Nous avons également cité les opinions des canonistes
qui ont traité la question du droit de guerre ; sans doute, la
doctrine ne se trouve pas exposée par eux avec la même
netteté que par les théologiens ; sans doute, il leur arrive
de défendre des théories erronées et de tirer des textes de
l'Écriture Sainte des conclusions que les théologiens ne
sauraient admettre ; mais il est intéressant de voir précisément que ces erreurs ne durent qu'un temps et que c'est à la
doctrine pure qu'ils sont forcés de revenir.

Pour la même raison, nous avons parfois cité des auteurs
qui ne sont ni théologiens, ni canonistes, mais dont les écrits
montrent qu'à leur époque la doctrine dont nous parlons
était universellement admise par tout le monde.

Nous avons, dans une notice, donné sur les ouvrages cités
et sur leurs auteurs quelques renseignements qui faciliteront
les recherches des textes originaux et parfois permettront
de les mieux comprendre.

Nous avons rejeté dans un appendice l'examen de diverses
questions qui se rapportent au droit de guerre, mais qui sont
en quelque sorte des digressions qu'il vaut mieux examiner
à part.

AVIS IMPORTANT

On trouvera le texte latin des passages principaux. Pour
ceux-là, comme pour les autres, il est nécessaire d'attirer
l'attention du lecteur sur le sens qu'il convient d'attribuer à
certains mots, si on veut les comprendre comme le faisaient
ceux qui les employaient.

Le mot *Injuria*, veut dire exactement, une *chose contraire au droit*, une injustice, une violation du droit. Si, comme nous l'avons fait en certains endroits, on le traduit par : *injure*, il faut bien faire attention de donner à ce mot les sens qui précèdent et aucunement celui d'outrage, que comporte le mot français.

Vindicare, ce n'est pas venger, encore moins se venger, mais *punir*. *Vindicare injuriam*, ce n'est pas se venger d'une injure, c'est *punir une injustice*. La vengeance est un mal ; la vindicte, exercée par le dépositaire de l'autorité, est un bien ; car elle est de sa part l'accomplissement d'un devoir, nécessaire à la Société.

Princeps, mot que nous avons traduit par le Prince, c'est dans notre matière, *l'autorité souveraine*. Ce peut être un roi dans une monarchie, un Conseil ou une assemblée dans une aristocratie, ou dans une démocratie.

Le mot *Justus*, et le mot Juste par lequel il est traduit, a parfois le sens de *conforme à la justice*, à l'équité : par exemple quand il s'agit de la cause juste d'une guerre, mais il a souvent le sens plus étendu de *conforme au droit*, *jus*. Ainsi, une guerre sera dite injuste, par nos auteurs, alors même qu'elle sera conforme à la justice, (lorsqu'il s'agira par exemple de reprendre une chose injustement enlevée), parce qu'elle aura été déclarée par une personne n'ayant pas l'autorité nécessaire.

NOTICE

sur les auteurs (1) et les ouvrages (2) cités dans ce volume.

———

I. PÈRES DE L'ÉGLISE ET THÉOLOGIENS.

Saint Augustin naquit à Tagaste, petite ville d'Afrique, en 354 ; élevé par les soins de sa pieuse mère, sainte Monique, qui désirait ardemment le rendre savant et religieux, il répondit d'abord assez mal à cette éducation. Il a fait dans ses confessions, le récit de ses fautes et de son orageuse jeunesse. A l'âge de dix-neuf ans, l'étude de la philosophie le ramena à l'amour de Dieu : mais il se laissa séduire par les systèmes des Manichéens, auxquels il demeura attaché pendant neuf ans. Il quitta l'Afrique pour venir à Rome, puis à Milan où il fut professeur d'éloquence. Là il fit la connaissance de saint Ambroise et apprit de lui à vénérer l'Évangile. Sa mère étant venue le rejoindre, il marcha d'un pas rapide vers la religion ; après avoir lutté quelque temps contre son attachement aux jouissances terrestres, il se retira à la campagne avec quelques amis et dans cette retraite composa divers ouvrages. A l'âge de trente-trois ans, il reçut le baptême des mains de saint Ambroise et résolut de retourner en Afrique. Il y vivait depuis trois ans, lorsque le peuple le désigna pour succéder à l'évêque d'Hippone. En 393, il parut avec un grand éclat dans un Concile qui se rassembla en cette ville. Peu après, il commença à combattre les Donatistes, dont l'hérésie intolérante désolait l'Afrique. Il chercha

(1) Les notes biographiques qui suivent sont empruntées soit à Moreri et au P. Echard, soit à la biographie universelle de Michaud ; quelques-unes à la Biographie générale du Dr Hoeffer (Firmin Didot.)

(2) Nous avons indiqué les éditions dans lesquelles nous avons trouvé les textes cités et afin de faciliter les recherches, nous donnons les cotes des ouvrages, soit à la Bibliothèque Nationale [B. Nat.], soit à la bibliothèque de la ville de Lyon [B. Ly.]

tous les moyens de douceur qui lui parurent propres à les rapprocher et montra par sa conduite quelle voie on peut suivre pour terminer les guerres et les querelles religieuses. Il lutta plus tard contre les Pélagiens.

Il mourut en 430, dans Hippone alors assiégée par les Vandales.

Le plus beau et le plus complet de ses ouvrages, c'est la « Cité de Dieu », livre écrit après la prise de Rome par Alaric en 410, pour répondre aux clameurs que cet événement avait soulevées, chez les païens et les philosophes, contre la religion chrétienne. C'est dans cet ouvrage et dans certaines de ses lettres que saint Augustin a traité la question de la guerre et indiqué les principes qui ont servi de base à la doctrine de saint Thomas et à la tradition chrétienne de la guerre, pendant tout le moyen-âge.

Il existe de nombreuses traductions françaises de ses œuvres ; nous citerons celle de ses Lettres par les Bénédictins (B. Nat. C.566. B.Ly. 329002), et celle de la « Cité de Dieu » par Moreau (Paris, 1846.) (B. Nat. C. 3447. B. Ly. 305521.)

Saint Isidore de Peluse, né à Alexandrie vers 370, mort en 450. Il passa sa vie près de Peluse dans un monastère dont il était l'abbé et où il pratiquait le plus sévère ascétisme. Il reste de lui un grand nombre de lettres presque toutes consacrées à l'interprétation de l'Ecriture Sainte et également remarquables par la piété et le savoir. Ces lettres, au nombre de 2,013, forment 5 livres. « Les anciens et les modernes, dit M. Michaud, les catholiques et les protestants s'accordent à louer la piété qui y règne et la variété des connaissances qu'elle renferme. » *Epistolæ*. (B. Nat. C. 224. B. Ly. 100345.)

Saint Isidore de Séville, célèbre prélat espagnol, la principale lumière de son temps, naquit vers 570 à Carthagène et mourut à Séville en 636. En 601, il succéda, dans l'Évêché de Séville, à son frère Léandre. Son premier soin fut d'établir une école pour l'éducation de la jeunesse. Les pères du VIIIᵉ Concile de Tolède lui décernèrent publiquement les plus grands éloges, l'appelant « le plus savant homme qui eût paru pour éclairer les derniers siècles et dont on ne doit prononcer le nom qu'avec respect ». Parmi ses ouvrages, le « Livre des Origines » (*Liber Etymologiarum*) qui fut, croit-on, le dernier qu'il composa, est l'un des plus connus. C'est une véritable encyclopédie des sciences, renfermant en substance tout ce qui composait l'érudition dans le VIIe siècle.

Originum libri viginti. (Bâle, P. Perna, 1577.) (B. Nat. X. 1015. B. Ly. 107597.)

Saint Thomas d'Aquin, le plus célèbre des théologiens, de l'Ordre des Dominicains, appartenait à une illustre et ancienne famille du Royaume de Naples. Il naquit vers 1227 près de l'abbaye du Mont-Cassin, ou, selon quelques auteurs, dans la ville même d'Aquin. Il fut envoyé dès l'âge de cinq ans à l'abbaye du Mont-Cassin pour y commencer ses études ; à treize ans il entrait à l'université de Naples et deux ans plus tard, prenait la résolution de quitter le monde et d'embrasser la vie monastique. Sa famille tenta vainement d'ébranler sa vocation. Il fit sa profession en 1243, au couvent des Dominicains à Naples. Ses supérieurs l'envoyèrent étudier la philosophie et la théologie à Cologne, sous Albert-le Grand qui était aussi de l'ordre de saint Dominique. Thomas suivit Albert à Paris où ce théologien avait été appelé pour enseigner au collège de saint Jacques et y demeura jusqu'en 1248, année où Thomas fut ordonné prêtre. Tout en se consacrant à la prédication, il composait ces excellents ouvrages qui lui ont acquis tant de réputation. Il revint à Paris en 1253 et s'y lia d'une étroite amitié avec saint Bonaventure, de l'Ordre des Franciscains.

Le pape Urbain IV, voulant établir la fête du Saint-Sacrement le rappela en Italie et le chargea de composer un office propre à cette solennité : c'est alors que le saint Docteur composa la prose Lauda Sion, l'hymne Adoro te, etc. Thomas revint à Paris, en 1269, et continua de se livrer à la prédication et à l'enseignement. Le pape Innocent IV lui offrit l'abbaye du Mont-Cassin : Clément IV le nomma à l'archevêché de Naples ; mais il refusa ne voulant être qu'un simple religieux. Saint Louis eut pour lui une estime particulière et l'invita à plusieurs reprises à manger à sa table.

Il retourna de nouveau en Italie en 1272, pour enseigner la théologie à Naples, et mourut, alors qu'il se rendait au concile général de Lyon, le 7 mars 1274, à l'abbaye de Fosse-Neuve, dans le diocèse de Terracine. Il n'avait alors que 47 ans. Le pape Jean XXII le canonisa en 1323 et Pie V le déclara docteur de l'Église en 1567. Son vaste génie, ses connaissances étendues, la justesse et la solidité de ses raisonnements, l'ont fait surnommer l'Ange de l'École ou le Docteur angélique. Son autorité est telle que les membres du Concile de Trente firent placer sa Somme sur le bureau du Concile à côté des Saintes Écritures.

Ses œuvres comprennent, outre des œuvres philosophiques ou commentaires sur Aristote, des commentaires sur l'Écriture Sainte, des sermons et 73 opuscules ou œuvres mêlées, telles que le traité du gouvernement des princes (De regimine principum), etc., enfin une somme de la foi catholique contre les gentils qui a le même but que « la cité de Dieu » de saint Augustin et l'ouvrage le plus connu du Docteur angélique, la Somme théologique dans laquelle se trouve traitée tout spécialement la question de la guerre.

Monalde, de l'Ordre des Franciscains. La Somme monaldine paraît avoir été rédigée entre 1254 et 1274.

On croit que Monalde fut massacré par les Sarrasins vers 1288.

Summa monaldina. (Lyon. P. Balet 1516) (B Nat. Rés. E. 4009).

Saint Antonin, archevêque de Florence, né dans cette ville en 1389, entra dans l'Ordre des Frères Prêcheurs à l'âge de 16 ans et passa par toutes les charges de cet ordre. Côme de Medicis lui donna dans toutes les occasions des marques d'estime et de bienveillance et la République de Florence l'employa dans diverses ambassades. Eugène IV voulut mourir dans ses bras, Pie II assista à ses funérailles et Adrien VI le mit, en 1523, au nombre des Saints. Il mourut en 1459.

Il a écrit une Somme historique, une Somme de la confession, et une Somme théologique qui est divisée en quatre parties.

Summa theologica (Vérone 1740). (B. Ly. 27063. B.Nat. Fd. de Venise, 1581. D. 3599).

Carletti (Ange ou Angelus, de Clavasio) religieux de l'Ordre de saint François, était natif d'un bourg de ce nom dans l'État de Gênes ; il mourut en 1495 à Coni. Il composa une somme des cas de conscience, dite somme angélique que Luther fit brûler par la main du bourreau.

Summa angelica de casibus conscientiæ (1513). (B. Nat. Res. D. 7007 B. Ly. 109039).

Sylvestre (Mozzolino,) dit Prierio, parce qu'il était né vers l'an 1460, dans un village de ce nom, près de Savone, entra à l'âge de 15 ans dans l'Ordre de saint Dominique et en devint un des plus grands ornements. Il fut professeur de théologie dans les premières universités d'Italie et composa plusieurs ouvrages, dont une somme, appelée Sylvestrine, qui parut dès avant 1516, et différents ouvrages contre Luther. Appelé à Rome en 1511, il y fut fait maître des Sacrés Palais, emploi qu'il exerça jusqu'à sa mort, en 1523.

Summœ Sylvestrinœ quœ summa summarum merito nuncupatur.
(Lyon. P. Landry 1594). (B. Nat. E, 3043 - B. Ly. 331394),

Cajetan (Thomas de Vio, dit) du nom de la ville de Gaëte où il
naquit le 20 février 1469 et dont il fut nommé Êvêque en 1519. Reçu
à l'âge de quinze ans dans l'Ordre de saint Dominique, il s'y fit une
brillante réputation par ses talents et son savoir. Il fut nommé général
de son Ordre en 1508 à l'âge de trente-neuf ans, cardinal en 1518 et
légat en Allemagne l'année suivante.

L'objet principal de cette mission était de rattacher Luther au Saint-
Siège avant que ce novateur eût consommé sa séparation. Il mourut
à Rome en 1534. Il a traité la question de la guerre dans un commen-
taire très court sur la somme de saint Thomas qui se trouve dans
certaines éditions de cette somme, et dans une Summula.

Summa S. Thomae commentariis illustrata (Lyon. J. J. Juntœ
1581). (B. Nat. D. 3548. B. Ly. 21473).

Summula (Lyon ap. Gasparem a Portonarys. 1615). (B. Nat. D.
54578. B. Ly 802493).

Victoria (Franciscus de Vittoria, Vitoria ou), naquit en 1480,
dans la ville de ce nom, située dans la province d'Alaba. Il fut élevé à
Burgos et termina ses études à Paris. Entré dans l'ordre des Dominicains, il professa pendant vingt ans la théologie à Salamanque, où
il mourut en 1546.

C'est lui qui fit connaître en Espagne la méthode scolastique,
dont il chercha toutefois à éviter l'aridité et la sécheresse (Echard), en
la présentant avec une grande pureté et une grande élégance de langage. Il jouissait d'une immense considération, non seulement auprès
de ses disciples qui l'appelaient : *Un autre Pythagore*, mais auprès
des rois et des empereurs qui le consultaient, le roi d'Angleterre sur
son divorce, Charles-Quint sur la conquête du Nouveau-Monde, et
aussi auprès du Pape qui lui soumettait les cas de conscience les plus
délicats. Aux uns et aux autres il répondait avec une indépendance, une
franchise et même une liberté de langage qui lui font le plus grand
honneur. Il eut une grande quantité de disciples dont les plus connus
sont Melchior Canus, Dominique Soto, Bartolomeo de Medina, etc.
Il laissa fort peu d'ouvrages ; pendant les vingt années qu'il professa
à Salamanque, on ne put obtenir de lui qu'il publiât ce qui faisait
l'objet de son enseignement. Il dictait ses leçons et parfois corrigeait
les travaux de ses élèves, de sorte que bien des pages de lui ont été
publiées sous d'autres noms. C'est ce qui explique comment cet

auteur qui a joui durant sa vie et après sa mort d'une si grande célé-
brité, est peu connu et rarement cité. Son ouvrage le plus important,
les *Relectiones theologicæ*, bien qu'ayant été édité six fois en un
siècle est aujourd'hui presque introuvable. Cet ouvrage comprend
treize leçons sur des sujets divers : droit économique, droit public, droit
international(1). La cinquième leçon est intitulée « De Indis ». Victoria
examine les titres que les Espagnols invoquaient pour justifier leur
domination sur le Nouveau-Monde et n'en admet à peu près aucun.
Le « De Indis » constitue un document très intéressant pour l'étude
des rapports des nations civilisées avec les nations barbares. La
sixième leçon qui fait la suite logique de la précédente, est intitulée :
« De Jure Belli ». Nous lui ferons de nombreux emprunts.

Relectiones theologicæ. (Lyon, P. Landry, 1636.) (B. Nat. D.
11741.)

Soto (Dominique) espagnol, de l'Ordre de Saint-Dominique, né à
Ségovie en 1494, se fit religieux à l'âge de trente ans. Fils d'un jardi-
nier, il se fit sacristain pour avoir de quoi vivre. Il obtint au concours
la chaire de philosophie à Alcala ; en 1545, il fut envoyé au Concile
de Trente et dédia aux évêques qui le composaient ses deux livres :
De Natura et Gratia.

Charles-Quint le choisit pour juge du célèbre différend entre Bar-
thélemi de Las Casas et Sepulveda, au sujet de la conquête des Indes
et de la liberté des Indiens. Il avait eu pour maître F. de Victoria. Il
mourut à Salamanque en 1560, à l'âge de 66 ans.

De Justitia et jure. (Lyon, ap. Symp. Beraud, 1582.) (B. Nat. D.
2484. B. Ly. 21678).

Covarruvias (Diego y Leyva) surnommé le Bartole espagnol,
naquit à Tolède en 1512. Il enseigna le droit canon à Salamanque et
à l'âge de 26 ans fut reçu parmi les professeurs du collège d'Oviedo.
Il occupait une place distinguée dans la magistrature de Grenade.
quand Charles-Quint le nomma, en 1549, archevêque de Saint-
Domingue. Il fut envoyé au Concile de Trente et à son retour placé
sur le siège de Ségovie. Philippe II lui donna, en 1572, la présidence
du Conseil de Castille et deux ans après, celle du Conseil d'État. Il
mourut à Madrid en 1577, à l'âge de 65 ans.

(1) On peut se servir de ce mot, car c'est dans le « De Indis » (Sect. III, 2), que
l'on trouve employée pour la première fois l'expression *jus inter gentes* (ordinairement attribuée à Zouch).

Opera omnia in duos tomos divisa. (Lyon, H. Boissat, 1661.) (B. Ly. 21590. B Nat. Ed. 1638, F. 1581-82.)

Suarez (François), né à Grenade en 1548; entra, non sans quelques difficultés résultant de ce que ses maîtres étaient convaincus qu'il ne serait jamais qu'un sujet médiocre, dans l'Ordre de Saint-Ignace. Il enseigna la philosophie à Ségovie, puis occupa successivement les chaires de théologie de Valladolid, Rome, Alcala, Salamanque et enfin Coïmbre. Doué d'une ardeur infatigable et d'une mémoire qui tenait du prodige, il passait au milieu de ses livres tout le temps qu'il ne consacrait pas à de pieux exercices. Il jouit, même de son vivant, d'une grande renommée et d'une immense autorité; on l'appelait le géant de la Scolastique, *Alter Augustinus*, etc.

L'un de ses ouvrages, *Defensio catholicæ fidei contra anglicanæ sectæ errores*, fut, sur l'ordre de Jacques Ier, brûlé par la main du bourreau devant l'église Saint-Paul à Londres, et condamné au feu par le Parlement de Paris, comme renfermant des maximes contraires au droit des souverains. Suarez mourut à Lisbonne en 1617. Ses ouvrages sont très nombreux. On trouve dans le traité *De Legibus ac Deo legislatore* des études concernant le droit international, et dans celui *De triplici virtute theologali*, un véritable traité de la guerre, auquel nous ferons de nombreux emprunts. Le chapitre « De Bello » se trouve dans la troisième partie : *de Charitate.* (B. Nat. D. 2508. B. Ly. 20836.)

Vasquez (Gabriel). — Jésuite espagnol, naquit en 1551, dans la Nouvelle-Castille, et entra dans la Société en 1569; il fut appelé par ses supérieurs à Alcala et ensuite à Rome où il enseigna plus de vingt ans la théologie avec une réputation toujours croissante. Il mourut à Alcala où l'état de sa santé l'avait ramené, en 1604.

Commentaria in summa S. Thomæ. (Anvers, Pet. et P. Belleros, 1621), (B. Nat. D. 133. B. Ly. 20943 à 20947.)

Lugo (Jean de) — Jésuite espagnol et cardinal, naquit à Madrid en 1583. Il soutint des thèses à 14 ans et fut envoyé aussitôt après à Salamanque pour y étudier le droit. Il professa d'abord la philosophie, puis la théologie à Valladolid et à Rome, où il conserva sa chaire pendant vingt ans. Urbain VIII le créa cardinal en 1643. Il mourut en 1660.

De justitia et jure. (B. Nat. F. 33691. B. Ly 20800.)

II. CANONISTES.

Gratien, né à Chiusi dans la Toscane, fut religieux de l'Ordre de Saint Benoît, dans un monastère de Bologne. C'est là qu'il écrivit son livre, qu'on appelle le *Décret*, ou *Concordia discordantium canonum*, parce qu'il tâche de concilier les canons qui semblent contraires les uns aux autres.

Il se sert pour cela des écrits des saints Pères, des décrets des conciles, des épîtres des papes et même des lois des princes. Mais il se repose trop souvent sur la foi des anciens collecteurs de canons.

On croit que Gratien employa plus de 24 ans à composer son ouvrage, depuis environ l'an 1127 jusqu'en 1151, année où il fut, dit-on, publié. (Certains auteurs disent entre 1140 et 1148 ; d'autres entre 1139 et 1143.)

Le « Décret » fut reçu avec une sorte d'enthousiasme dans l'École de Bologne et de cette école, l'une des plus fameuses de ce temps, il passa en France et fut enseigné à Paris et dans les autres universités. Bientôt il devint le seul texte que les professeurs en droit canon commentaient dans leurs leçons et dans leurs écrits. Il s'en fallait de beaucoup, néanmoins, qu'il fût exempt de taches : de fausses décrétales s'y trouvaient mêlées avec ce que l'antiquité religieuse offre de plus authentique. Plusieurs papes y firent des corrections.

Le *Décret* de Gratien forme la première partie du *Corpus Juris Canonici* dont Grégoire XIII fit publier en 1580 une édition corrigée.

C'est l'édition officielle : mais il en existe une plus moderne : celle de Friedberg, 1879.

Saint Raymond de Peñafort, né en Catalogne en 1175, de l'Ordre des Dominicains, enseigna à Bologne, fut évêque de Tarragone et général des Dominicains en 1238. Il mourut à Barcelone en 1275 et fut canonisé en 1601.

Gregoire IX dont il était chapelain et pénitencier, lui donna l'ordre de réunir en un corps les lettres des Pontifes et les Décrets des Conciles : il le nomma ensuite gouverneur de Bologne, mais Raymond refusa cet honneur et demanda à revenir à son ordre. Il a laissé une somme des cas de conscience.

Summa sancti Raymundi (Lyon 1718) (B. Nat. D. 455. B. Ly. 20984).

Innocent IV, natif de Gènes, nommé auparavant Sinibalde, de la maison de Fieschi, fut élu pape le 24 juin 1243 ; il avait été créé cardinal par Grégoire IX, en 1227. Sa capacité dans le droit était si grande qu'on lui donnait le titre de *Père du droit* Il convoqua le concile général de Lyon de 1245, dans lequel fut excommunié l'Empereur Frederic. Il mourut le 7 décembre 1254. Les ouvrages de ce pape ont été imprimés avec le titre : d'Apparatus aux Décrétales.

Apparatus quinque librorum decretalium D. Inn. IV Papae. (Lyon 1478). (B. Nat. E. 831 B. Ly. 129010).

Hostiensis (Henri de Suze) fut évêque de Sisteron, archevêque d'Embrun et devint en 1262 cardinal archevêque d'Ostie, d'où lui est venu le nom d'Ostiensis (ou Hostiensis) sous lequel il est connu. Il mourut en 1271.

C'était le plus habile jurisconsulte de son temps, également versé dans le droit canonique et dans le droit civil: ce qui lui valut le titre de *source et de splendeur* du droit. On a de lui une somme du droit canonique et civil qui est connue sous le nom de *somme dorée*.

Summa aurea (Cologne Laz. Zetzneri. 1612)
(B. Ly. 20786. B. Nat. Edit. de Lyon, 1676. E. 1031).

Lignano (ou Legnano, Jean de) d'une noble famille de Milan, né à Lignano vers le commencement du XIV° siècle, mort à Bologne en 1383 ; nommé vers 1363 professeur de droit dans cette ville, il fut envoyé en 1376 par les Bolonais à Avignon pour négocier un accord avec le pape Grégoire XI. Ayant fait conclure un peu plus tard la paix entre le Pape et la ville de Bologne, il devint gouverneur de cette ville, malgré les instances du Pape qui voulait le garder près de lui et qui le chargea d'une mission auprès de l'université de Paris.

Il publia vers 1360 un traité *de Bello*, un autre *de represaliis*, un troisième, *de Duello*. Le traite *de Bello* se trouve au Tome XVI, page 371 du *Tractatus Tractatuum* ou *Tractatus Totius Juris*, qui fut publié à Venise par Ziletti en 1584 sous le patronage de Grégoire XIII.

Cet ouvrage, dans lequel se trouvent un certain nombre des traités dont nous parlerons ci-après, se rencontre dans toutes les bibliothèques importantes (B. Nat F. 177-205. B. Ly. 22289).

Martin de Lodi (Gazati Martinus Laudensis) professeur à Pavie
en 1438, à Sienne en 1445, a écrit un traité : *De confœderatione,
pace et conventionibus principum*, et un traité *de Bello*, qui se trouvent tous deux dans Ziletti. Tome XVI, pages 302 et 324. (B. Nat.
177-205. B. Ly. 22289.)

Lupus (ou Lupo Juan) né à Ségovie vivait dans la seconde moitié
du XVe siècle. Après avoir été professeur à Salamanque, il obtint en
1478, un canonicat à Ségovie. S'étant rendu suspect à l'inquisition, il
fut incarcéré, mais il eut le bonheur d'être envoyé à Rome où il se
justifia et il fut attaché en qualité de vicaire au cardinal Piccolomini;
il y mourut en 1496.
Tractatus de bello et bellatoribus, dans Ziletti p. 320, Tome XVI.
(B. Nat. F. 177-205. B. Ly. 22289).

Arias (François de Valderas) juge à Naples, a publié à Rome en
1533 une thèse *De bello et ejus justitia* que l'on trouve dans Ziletti
Tome XVI, page 325. (B. Nat. F. 177-205. B. Ly. 22289).

Guerrero (ou Guerreiro, Alfonse Alvarez) portugais, docteur en
droit, fut conseiller du roi et président de la chambre des comptes de
Naples, puis évêque de Monopoli. Il mourut en 1587. Il publia en
1543 un *Tractatus de bello justo et injusto*, que l'on trouve dans son
ouvrage : Thesaurus Christianae religionis. (Venise 1559). (B. Ly.
100755).

Bellini (ou Belli, Pierre) né à Alba en 1502, auditeur de guerre à
33 ans dans l'armée de l'Empereur Charles-Quint, conseiller de guerre
de Philippe II et d'Emmanuel Philibert de Savoie : il mourut en 1575.
Son traité *De re militari et bello* se trouve dans Ziletti. p. 335. (B. Nat.
F. 177-205. B. Ly. 22289).

III. AUTEURS DIVERS.

Bartole, était né à Sassoferrato (Ombrie) en 1312.Il professa à Pise
dès l'âge de 26 ans, puis à Pérouse où on ne l'appelait ordinairement
que *le grand commentateur*. Il eut l'honneur d'être mis au nombre
des conseillers de l'Empereur Charles IV. L'un de ses disciples les plus
connus fut le jurisconsulte Balde. Il mourut en 1357 (ou 1359).
Tractatus represaliarum extrait de l'ouvrage : Consilia, tractatus et
quœstiones, 1530. (B. L. 24627. B. Nat. Ed. de 1574. F. 269).

Bonet. (Bonnet ou Bonnor, Honoré). Docteur ès-décrets, né en
Provence, appartenant à l'Ordre des Augustins, prieur de l'abbaye de

Salon, a laissé un ouvrage intitulé l'Arbre des batailles, composé par ordre du roi Charles V pour l'instruction du Dauphin; cet ouvrage eut beaucoup de succès dans son temps.

Il fut écrit aux environs de l'année 1385 Il dénote une science réelle et il nous a paru intéressant d'en citer quelques extraits qui montrent combien à cette époque les idées des théologiens et des canonistes étaient répandues et considérées comme fondamentales et indiscutables.

Une édition de l'Arbre des batailles a été faite en 1883 par les soins de M. E. Nys. (Librairie européenne Muquardt, Bruxelles et Leipsig.) (B. Nat. Edit. ancienne 8º R. 8463)

Christine de Pisan, naquit à Venise et n'avait que cinq ans lorsque son père vint à Paris en 1370, mandé par le Roi Charles le Sage qui tenait à l'avoir dans son conseil. Lorsqu'elle eut perdu en 1380 son père et en 1389 son mari Étienne Castel, qu'elle avait épousé à cause de son savoir et de sa valeur personnelle, quoiqu'il eût fort peu de bien et qu'elle fût recherchée par un grand nombre de personnages de haute situation, elle se trouva à l'âge de 24 ans veuve et chargée de trois enfants, obligée de pourvoir à leur subsistance et à la sienne : c'est alors qu'elle publia une série d'ouvrages qui lui attirèrent l'estime des Français et des étrangers. On voulut l'attirer en Angleterre et en Italie, mais elle préféra rester en France où grâce aux libéralités du roi Charles VI, elle put vivre modestement. Parmi ses ouvrages, les plus connus sont « la vie du roi Charle le Sage,» « la vision de Christine » où elle raconte une partie de sa vie et le « Livre de faits d'armes et de Chevalerie » auquel nous avons fait quelques emprunts. Ce Livre se trouve à la Bibl. Nationale sous la cote. Rés.611.

Ayala (Balthazar) était d'Anvers et originaire d'Espagne. Il exerça quelque temps une charge de conseiller à la cour de Malines, et mourut à Alost, en 1584, âgé seulement de 36 ans.

Il était auditeur général du camp et armée royales sous Alexandre Farnèse, lorsqu'il composa, durant le siège de Tournai un traité: *De jure et officiis bellicis*, (Lyon 1648). (B. Nat. E. 2374. B. Ly. 337201).

Gentilis (Albéric) né à San-Genesio en 1550, docteur à Pérouse à l'âge de 21 ans, s'expatria et alla chercher un asile en Angleterre, parce qu'il ne pouvait professer avec sécurité la religion protestante dont il était un ardent sectateur. Il obtint en 1582 une chaire de professeur de droit à Oxford et mourut à Londres en 1608. Il est l'auteur d'un traité : *De jure belli* (publié en 1598.) (B. Nat. E. 3644. B. Ly. 349130).

(Ces cinq derniers auteurs ne rentrant pas dans la catégorie des théologiens, ni des canonistes du moyen-âge, nous ne les avons pas cités dans le corps de l'ouvrage, mais dans les notes. Il en est de même du théologien Lugo qui appartient au XVIIᵉ siècle.)

LA GUERRE EST-ELLE PERMISE?

Suivant l'habitude des Scolastiques, les auteurs qui ont traité du droit de guerre ont tout d'abord exposé et réfuté les objections faites à la thèse qu'ils soutenaient.

Ces objections avaient été soulevées particulièrement par les Manichéens, auxquels saint Augustin avait répondu dans son livre *Contra Faustum,* et plus tard par certains hérétiques dont Luther fut un des principaux interprètes : les uns soutenaient que la guerre est absolument interdite aux Chrétiens ; d'autres ajoutaient : contre les Chrétiens ; quelques-uns établissaient une distinction entre la guerre offensive et la guerre défensive.

Nous étudierons successivement les principales de ces objections, les réponses qui leur ont été faites et les arguments qui leur ont été opposés.

I. OBJECTIONS CONTRE LA GUERRE.

PREMIÈRE OBJECTION. — TOUS CEUX QUI PRENDRONT L'ÉPÉE, PÉRIRONT PAR L'ÉPÉE (1).

Il semble, d'après cette parole de l'Évangile, que Dieu punit ceux qui font la guerre, puisqu'ils « prennent l'épée ». Or, une peine n'est infligée qu'à ceux qui ont péché : donc c'est un péché de faire la guerre. (Saint Thomas, SOMME, 2-2 qu. XL art. 1.)

(1) Omnes enim qui acceperint gladium, gladio peribunt (Saint Matt., xxvi, 52).

En désarmant Pierre, disait **Tertullien**, le Seigneur a désarmé tous les soldats (1).

Mais, répond **saint Thomas** (OP. CIT.), ainsi que le dit saint Augustin (CONTRA FAUSTUM, XXII, 70) : « Celui-là prend le glaive qui » s'arme contre la vie d'un autre, sans en avoir reçu l'ordre ou la » permission d'une puissance légitime placée au-dessus de lui. » Mais celui qui combat d'après l'ordre d'un prince ou d'un juge, si c'est un particulier, ou par zèle pour la justice et en quelque sorte en vertu de l'autorité de Dieu, si c'est une personne publique, celui-là ne prend pas le glaive, mais il fait usage de celui qui lui a été confié, et par conséquent, il ne doit pas être puni (2).

Parce que le soin de l'État est confié aux princes, il leur appartient de défendre la cité, le royaume ou la province qui se trouve sous leurs ordres. Et comme il leur est permis de les défendre par le glaive matériel, contre ceux qui les troublent à l'intérieur, en punissant les malfaiteurs, suivant cette parole de l'Apôtre (3) : « Ce n'est pas sans » *motif que le prince porte le glaive : car il est le ministre de Dieu* » *pour exécuter sa vengeance contre celui qui fait le mal* », de même c'est à eux qu'il appartient de tenir l'épée dans les combats pour défendre l'État contre les ennemis extérieurs. Aussi le Psalmiste dit-il aux princes (Ps. LXXXI. 4) : «*Arrachez le pauvre et délivrez l'indigent des mains du pécheur* ». C'est ce qui fait dire à saint Augustin (CONTRA FAUSTUM, XXII. 74) : L'ordre naturel le plus favorable à la paix des hommes exige que la décision et le pouvoir de déclarer la guerre appartiennent aux princes (4).

---

(1) TERTULLIEN, « De idolatriâ ». XIX.

(2) Ad primum ergo dicendum, quod, sicut Augustinus dicit : « Ille accipit gladium qui nulla superiori aut legitima potestate, aut jubente aut concedente, in sanguinem alicujus armatur » : qui vero ex auctoritate principis, vel judicis, si sit persona privata, vel ex zelo justitiæ quasi ex auctoritate Dei, si sit persona publica, gladio utitur, non ipse accipit gladium, sed ab alio sibi commisso utitur : unde ei pœna non debetur.

(3) Non sine causa gladium portat; Dei enim minister est, vindex in iram ei qui male agit (Saint Paul, Rom, XIII, 4).

(4) Cum autem cura reipublicæ commissa est principibus, ad eos pertinet rempublicam civitatis vel regni vel provinciæ sibi subditæ tueri, Et sicut licite defendunt eam materiali gladio contra interiores pertubatores, dum malefactores puniunt, secundum illud Apost. ad Romanos : « Non sine causâ gladium portat; minister enim Dei est vindex in iram ei qui male agit »; ita etiam gladio bellico ad eos pertinet rempublicam tueri ab exterioribus hostibus. Unde et principibus dicitur in Psalm. 81 : « Eripite egenum, et pauperem de manu peccatoris liberate. »

Saint Augustin dit également (CONTRA FAUSTUM, XXII, 74) :
Il arrive souvent que pour punir avec justice certains excès, il faut
que les hommes de bien eux-mêmes entreprennent de faire la guerre,
soit sur l'ordre de Dieu, soit sur l'ordre d'un gouvernement légitime,
et luttent contre la violence de ceux qui résistent, lorsqu'ils se
trouvent dans une telle situation que l'ordre même les contraint, soit
à prescrire de semblables mesures, soit à se conformer justement à de
telles prescriptions (1).

SECONDE OBJECTION. — LA GUERRE EST CONTRAIRE A LA NON-
RÉSISTANCE AU MAL.

Tout ce qui est contraire au précepte divin est un péché : or, la
guerre est contraire au précepte de Dieu. Car il est dit : *Et moi je
vous dis de ne pas résister au mal* (2); Et l'apôtre ajoute : *Ne vous
défendez pas, mes très chers frères ; mais laissez place à la colère* (3):
La guerre est donc toujours un péché (Saint Thomas, OP. CIT.).

Plusieurs auteurs rappellent aussi cette autre parole du Christ : *Si
l'on vous frappe sur la joue droite, tendez l'autre joue* (4).

Le décret de **Gratien** développe longuement cette objection (PARS II, CAUSA 23, qu. 1).

Il semble que l'on pourrait conclure que la doctrine de l'Évangile
est opposée à toute espèce de guerre, de ce que toute guerre a pour
but ou de repousser ou de venger une injure (5) : mais repousser l'injure que l'on veut nous faire, ou faire à nos alliés, cela est également

---

Unde Augustinus dicit, contra Faustum (lib. 22, c. 74) : « Ordo naturalis mortalium
paci accommodatus hoc poscit, ut suscipiendi belli auctoritas atque consilium penes
principes sit. »

(1) Quæ plerumque ut etiam jure puniantur, adversus violentiam resistentium
(sive Deo, sive aliquo legitimo imperio jubente) gerenda bella ipsa suscipiuntur
a bonis cum in eo humanarum rerum ordine inveniuntur, ubi eos vel jubere tale
aliquid, vel in talibus obedire justè ordo ipse constringit.

(2) Ego autem vobis dico non resistere malo. (Matt. v. 39).

(3) Non vosmetipsos defendentes, carissimi, sed date locum iræ (S. Paul. ad.
Rom. xii, 19). A ce propos, Suarez fait remarquer qu'une autre version porte :
« Vindicantes », et non : « defendentes », et il ajoute que le mot grec des
épitres a cette double signification.

(4) Sed si quis te percusserit in dexteram maxillam tuam, præbe illi et
alteram. (Matt., v, 39.)

(5) Voir l'avis au lecteur, p. III.

défendu par la loi évangélique. N'est-ce pas, en effet, ce que nous défendent les préceptes : *Si quelqu'un vous frappe sur la joue droite, tendez-lui l'autre joue*, et : *Si quelqu'un vous force de faire mille pas avec lui, faites en encore deux mille autres* (1), et la parole de l'apôtre :

Ne vous défendez pas, très chers, laissez place à la colère. De même, lorsque Pierre voulut défendre son maître avec une épée, celui-ci lui dit : *Remets ton épée dans le fourreau, ne penses-tu pas que je puisse prier mon Père et qu'Il m'enverrait plus de douze légions d'anges*?(2)On dit aussi que Saint-André, voyant arriver une foule qui voulait l'arracher des mains d'un juge inique et le soustraire à une injuste mort, lui enseignait la patience par la parole et l'exemple et la priait de ne pas empêcher son martyre. Tous ces préceptes et ces exemples ne nous avertissent-ils pas que nous devons patiemment supporter tant les injures qui nous sont faites que celles dont nos amis sont les victimes et, au lieu de recourir aux armes, nous entraîner à une patience semblable à la leur?

Il est dit dans les Proverbes : « *C'est à moi qu'appartient la vengeance et c'est moi qui ferai justice, dit le Seigneur.* » (3) Dans l'évangile : « *Ne jugez pas et vous ne serez pas jugés* » (4), et aussi quand le père de famille donne ses ordres à ses serviteurs qui veulent arracher l'ivraie : « *Laissez tout croître jusqu'à la moisson, et alors je dirai aux moissonneurs : rassemblez d'abord l'ivraie et liez-la en bottes pour la brûler* (5). »

De même à propos de ce roi qui avait célébré les noces de son fils et qui avait envoyé ses armées, celles des anges, semble-t-il, il est dit qu'il mettra à mort les meurtriers des prophètes et des apôtres, qui convoqués aux noces ont refusé de venir. Saint Paul dans l'Épitre aux Romains dit : « *Ne vous jugez pas les uns les autres* », puis : « *Qui donc es-tu, toi qui condamnes le serviteur d'autrui? S'il tombe ou*

---

(1) Et quicumque te angariaverit mille passus, vade cum illo et alia duo. (Matt. v, 41.)

(2) Converte gladium tuum in locum suum. An putas quia non possum rogare Patrem meum et exhibebit mihi plus quam undecim legiones angelorum (Matt. xxvi, 52 et 53.)

(3) Mihi vindicta ; ego retribuam.(Deutér. xxxii, 35.41. Rom. xii, 19. Heb. x, 30).

(4) Nolite judicare, ut non judicemini (Matt. vii, 1). Juger est pris ici dans le sens de condamner.

(5) Sinite utraque crescere usque ad messem et in tempore messis dicam messoribus : Colligite primum zizania et alligate ea in fasciculos ad comburendum. (Matt , xiii, 30.)

s'il demeure ferme, cela regarde son maître... Soit que nous vivions,
soit que nous mourions, nous appartenons au Seigneur. C'est pour
cela que le Christ est mort et ressuscité, afin d'être le maître des
vivants et des morts (1). »

Est-ce que tous ces préceptes ne nous commandent pas de laisser à
la divine justice le soin de punir les coupables ? Et comme, ainsi qu'on
l'a dit plus haut, toute milice paraît instituée dans le but de repousser
une injure ou de la punir, et que ce sont là deux choses défendues par
la loi évangélique, il semble bien que faire la guerre est un péché.

Mais, répondrait-on peut-être, ce sont là des conseils et
non des préceptes.

Ce n'est pas, fait remarquer **Victoria** (DE JURE BELLI, 1), une
réponse suffisante, car il ne serait pas admissible que toutes les
guerres entreprises par les Chrétiens le soient contre les conseils du
Seigneur.

Ces préceptes, dit **saint Thomas** (OP. CIT.), doivent toujours être
observés par rapport à la disposition intérieure de l'âme, c'est-à-dire
que l'homme doit toujours être prêt à ne pas résister ou à ne pas se
défendre s'il le faut (2); mais quelquefois on doit agir autrement
pour le bien général ou même pour le bien de ceux avec lesquels on
combat (3).

Saint Augustin (EP. 5 AD MARCELLINUM) développe ainsi qu'il
suit la même opinion :

L'homme juste et craignant Dieu doit être prêt à supporter patiemment la méchanceté de ceux qu'il s'efforce de ramener au bien ; son but
doit être d'augmenter le nombre des bons et non d'accroître lui-même

---

(1) Tu quis es qui judicas servum alienum? Domino suo stat : aut cadit. Sive
ergo vivimus, sive morimur, Domini sumus. In hoc enim Christus mortuus est et
resurrexit, ut vivorum et mortuorum dominetur (Saint Paul. Rom. xiv, 4, 8 et 9).

(2) Une autre version porte : Si cela n'est pas nécessaire.

(3) Ad secundum dicendum, quod hujusmodi præcepta, sicut Augustinus dicit in
lib. de Serm. Dom. in monte L. I. Cap. 19), semper sunt servanda in præparatione
animi ut scilicet semper homo sit paratus non resistere, vel se non defendere, si
opus fuerit. Sed quandoque est aliter agendum propter commune bonum, vel
etiam illorum cum quibus pugnatur. Unde Augustinus dicit in Ep. ad Marcellinum
(Ep. 5) : « Agenda sunt multa etiam cum invitis, benigna quadam asperitate plec-
tendis. Nam cui licentia iniquitatis eripitur, utiliter vincitur, quoniam nihil est
infelicius felicitate peccantium, qua pœnalis nutritur impunitas et mala voluntas,
velut hostis interior roboratur.

celui des méchants, en se joignant à eux par une méchanceté semblable à la leur.

Aussi ces préceptes de Jésus-Christ regardent-ils plutôt la préparation du cœur que ce qui se passe au dehors et ne tendent-ils qu'à nous faire conserver au-dedans la patience et la charité, nous laissant au surplus la liberté de faire au dehors ce qui paraîtra le plus utile pour ceux dont nous devons désirer le bien (1). C'est ce que Jésus-Christ même, ce parfait modèle de patience et de douceur, nous a fait voir clairement par son exemple, lorsqu'ayant été frappé sur la joue, il ne fit autre chose que de répondre : « *Si j'ai mal parlé, faites-le voir, mais si j'ai bien parlé, pourquoi me frappez vous?* » A prendre donc son précepte à la lettre, il ne l'a point accompli, puisqu'il n'a point tendu l'autre joue, et qu'au contraire il parla de manière à empêcher que celui qui l'avait outragé ne redoublât. Cependant il était venu dans la disposition, non seulement de souffrir des outrages tels que celui qu'on venait de lui faire, mais de mourir sur une croix pour ceux mêmes qui le traitaient de la sorte, pour lesquels il disait à son Père du haut de cette croix : « *Mon Père, pardonnez-leur, car ils ne savent ce qu'ils font.* »

On trouverait de même que saint Paul n'a pas non plus observé le précepte de son Maître et de son Seigneur, lorsqu'ayant été frappé au visage, comme lui, par ordre du Prince des Prêtres, il lui dit : « *Dieu vous frappera, muraille blanchie! Quoi! vous êtes ici pour me juger selon la loi, et contre la loi vous commandez qu'on me frappe.* » Et lorsque ceux qui étaient là présents, lui dirent : « Osez-vous bien traiter ainsi le Prince des Prêtres? » il leur répondit d'une manière moqueuse : « *Je ne savais pas, mes frères, que ce fût le Prince des Prêtres, car il est écrit : Vous ne maudirez point le Prince du Peuple!* » Ce qui allait à faire comprendre à ceux qui en auraient l'intelligence qu'en traitant Ananias de *muraille blanchie*, il avait voulu marquer que le Sacerdoce des Juifs n'était plus que grimace et hypocrisie, ayant été anéanti par l'avènement de Jésus-Christ; car d'ailleurs, il n'était pas possible que saint Paul, qui avait été nourri au milieu de ce peuple où il avait étudié la loi, ne connût point le

---

(1) Paratus debet esse homo justus et pius patienter eorum malitiam sustinere, quos fieri bonos quærit, ut numerus potius crescat bonorum, non ut pari malitia se quoque numero addat malorum. Denique ista præcepta magis ad præparationem cordis, quæ intus est, pertinere, quam ad opus, quod in aperto fit (ut teneatur in secreto animi patientia cum benevolentia, in manifesto autem id fiat, quod eis videtur prodesse posse, quibus bene velle debemus).

Prince des Prêtres, et il était trop connu lui-même de ceux qui étaient là présents pour les pouvoir tromper en faisant semblant de ne pas le connaître.

C'est donc dans la disposition du cœur qu'il faut toujours accomplir ces préceptes de patience en sorte que la volonté ne se départisse jamais de ces sentiments de charité qui font qu'on ne veut point rendre le mal pour le mal. Mais cela n'empêche pas qu'on ne fasse souffrir aux méchants bien des choses qui leur déplaisent, et qu'on ne les punisse par une sévérité charitable qui regarde ce qui leur est utile plutôt que ce qui leur plairait. Car, avec quelque sévérité qu'un père puisse châtier son fils, il ne se dépouille jamais des sentiments de l'affection paternelle ; mais ils ne l'empêchent pas aussi de traiter son fils d'une manière fort contraire à ce qu'il voudrait et même fort dure et fort douloureuse, pour le guérir, malgré lui, par le mal même qu'il lui fait.

Si ces préceptes de Jésus-Christ s'observaient donc dans l'administration de la chose publique, on garderait la charité jusque dans la guerre, et l'on ne voudrait vaincre que pour le bien des vaincus, et pour les ramener à la piété et à la justice, qui sont ce qui maintient la paix dans la société civile. Car, il est heureux que l'on soit vaincu, quand par là on perd le moyen de mal faire, et il n'y a rien au contraire de plus misérable que de prospérer dans le mal, puisque cette fausse prospérité nourrit et entretient l'impunité et la licence, qui sont les plus terribles punitions des méchants, et fait que leur mauvaise volonté, qui, comme un ennemi invisible, les ravage intérieurement se fortifie tous les jours de plus en plus.

TROISIÈME OBJECTION. — LA GUERRE EST CONTRAIRE A LA PAIX, A L'AMOUR DU PROCHAIN ET AU PARDON DES OFFENSES.

Mais, répond **saint Thomas** (OP. CIT.) ceux qui font des justes guerres ont pour but la paix et ils ne sont contraires qu'à cette paix mauvaise, que le Seigneur n'est pas venu apporter sur la terre, comme le dit l'Évangile (Math. X) ; suivant la pensée de saint Augustin (EP. 205 A BONIFACE). « On ne demande pas la paix pour arriver à la » guerre : mais on fait la guerre pour obtenir la paix. Soyez donc, » dit-il, pacifiques en combattant, afin que par la victoire vous ameniez » ceux que vous combattiez à une paix avantageuse ». (1)

(1) Ad tertium dicendum : quod etiam illi, qui justa bella gerunt, pacem intendunt : et ita paci non contrariantur, nisi malæ, quam Dominus non venit mittere in terras, dicitur Matth. 10; unde Augustinus dicit ad Bonifacium : « Non quæri-

Chez les vrais adorateurs de Dieu, est-il dit dans le DECRET, (1) les guerres mêmes sont pacifiques, car elles ne sont entreprises ni par cupidité ni par cruauté, mais faites pour l'amour de la paix, dans le but de réprimer les méchants et de soulager les bons. (2)

Certes, dit **Suarez** (DE TRIP. VIRT. THEOL. DE CARITATE XIII. 1). il faut autant que possible éviter la guerre, et n'y recourir que dans le cas d'absolue nécessité, quand aucune autre voie ne reste ouverte, mais elle n'est pas absolument un mal : car, les maux qu'elle entraîne, elle les entraîne par accident et il en surviendrait de bien plus considérables si elle n'était jamais permise. La guerre n'est pas opposée à la bonne, mais à la mauvaise paix : elle est au contraire le moyen d'atteindre une paix véritable et sûre. De même elle n'est pas contraire à l'amour des ennemis : ce sont, non les personnes, mais les œuvres que déteste celui qui punit : et elle ne contrevient pas au précepte du pardon des offenses ; car la vindicte par les voies de droit, peut être parfois poursuivie sans aucune injustice.

II. ARGUMENTS EN FAVEUR DE LA LÉGITIMITÉ DE LA GUERRE

PREMIER ARGUMENT. LA LOI NATURELLE.

La guerre, dit **Victoria** (DE JURE BELLI. 1), était permise dans la loi naturelle, comme on le voit au sujet d'Abraham qui combattit contre quatre rois(3), et dans la loi écrite ainsi que le montre l'exemple de David et des Macchabées; mais la loi évangélique n'a rien interdit de ce qui est permis par la loi naturelle, comme l'a très bien démontré saint Thomas(4): c'est pourquoi elle est appelée loi de liberté (5). En conséquence, ce qui était permis dans la loi naturelle et la loi écrite, ne l'est pas moins dans la loi évangélique.

Suarez (OP. CIT) le reconnaît également : Souvent la guerre est indispensable aux Etats pour se défendre contre les injustices et con-

tur pax ut bellum excitetur, sed bellum geritur ut pax acquiratur. Esto ergo bellando pacificus, ut eos quos expugnas, ad pacis utilitatem vincendo perducas. »

(1) Le Décret (PARS II. CAUSA XXIII. QU. I) indique ce passage comme extrait de Saint-Augustin (*De diversis Ecclesiæ observationibus*) : mais on ne le trouve pas dans les œuvres de Saint-Augustin.

(2) Apud veros Dei cultores etiam ipsa bella pacata sunt, quæ non cupiditate aut crudelitate, sed pacis studio geruntur, ut mali coerceantur et boni subleventur.

(3) Genèse, 14.

(4) SAINT-THOMAS, *Somme*, 1, 2, qu. CVII, art. ult.

(5) SAINT-JACQUES, I, 25.

traindre les ennemis ; car, autrement, ils ne pourraient vivre en paix. C'est pourquoi elle est permise par la loi naturelle et aussi par la loi évangélique, qui ne déroge en rien au droit naturel et n'a rien innové quant aux préceptes divins, si ce n'est en ce qui touche à la foi et aux sacrements. Ce que Luther disait, qu'il ne faut pas résister aux châtiments de Dieu, est tout à fait ridicule : Dieu en effet ne veut pas ces maux, il les permet seulement et, par suite, ne défend pas de les repousser justement (1).

SECOND ARGUMENT. L'ÉVANGILE.

Mais c'est dans l'Évangile lui-même que **saint Augustin**, (EP. 5 AD MARCELLINUM) et tous les auteurs à sa suite, trouvent la preuve que la guerre n'est pas, d'une manière absolue, interdite aux chrétiens.

Si la doctrine de l'Évangile condamnait absolument toutes sortes de guerres, saint Jean n'aurait point eu d'autre conseil à donner aux soldats qui le consultaient sur ce qu'ils avaient à faire pour se sauver, que de renoncer à la profession des armes; cependant, il ne leur dit autre chose sinon : « *Ne faites ni violence, ni fraude à personne, contentez-vous de votre solde.* » Or, dès lors, qu'il leur ordonne de se contenter de leur solde, il est clair qu'il ne leur défend pas de porter les armes (2).

Saint Augustin dit également (CONT. FAUST. XXII. 75) :

Autrement, lorsque des soldats vinrent trouver saint Jean pour qu'il les baptisât et lui dirent : « Et nous que devons nous faire ? », il leur aurait répondu : « Jetez vos armes, quittez votre profession, ne frappez,

---

(1) Alors que les catholiques sont généralement d'accord entre eux à ce sujet, Luther a dénié aux Chrétiens le droit de prendre les armes, même contre les Turcs : il s'appuie pour cela, tant sur les passages de l'Écriture rapportés plus haut, que sur l'argument suivant : Si les Turcs envahissent la Chrétienté, c'est que telle est la volonté de Dieu, à laquelle il n'est pas permis de résister. En cette matière il n'a pas réussi comme pour d'autres de ses dogmes à imposer ses idées aux Germains, peuple né pour les armes (VICTORIA, *de jure belli*, 1.)

(2) Nam si christiana disciplina omnia bella culparet hoc potius militibus, consilium salutis petentibus, in Evangelio diceretur, ut abjicerent arma seque militiæ omnino subtraherent. Dictum est autem eis : *Neminem concusseritis. Nulli calumniam feceritis. Sufficiant vobis stipendia vestra.* Quibus proprium stipendium sufficere debere præcepit, militare utique non prohibuit.

ne blessez, ne terrassez personne. » Mais parce qu'il savait qu'en accomplissant ces actes comme soldats, ils étaient non des homicides, mais des exécuteurs de la loi, non des vengeurs de leurs propres injures, mais des défenseurs de l'ordre public, il leur répondit : « Ne frappez personne, n'extorquez rien à qui que ce soit ; contentez-vous de votre solde. »

Qu'ils écoutent (1) Jésus-Christ ordonnant de payer à César cette paie dont saint Jean dit que tout militaire doit se contenter : car les tributs sont payés pour subvenir à la paie des soldats dont on a besoin pour faire la guerre (2).

TROISIÈME ARGUMENT. L'OPINION DE L'ÉGLISE ET DES SAINTS.

Ne croyez pas, dit **saint Augustin** (EP. 205 AD BONIFACIUM) que Dieu ne puisse voir d'un œil favorable quiconque combat avec les armes guerrières. De leur nombre était le saint Roi David à qui Dieu rendit un si glorieux témoignage (3) et aussi ce centurion qui dit au Seigneur : Je ne suis pas digne que vous entriez chez moi (4).

Cette conclusion de saint Augustin a été adoptée par tous les docteurs et les théologiens.

Dans les questions qui concernent la morale, dit **Victoria** (DE JURE BELLI. I) c'est un très puissant argument que l'autorité et l'exemple des hommes de bien et des saints : Or, non seulement ils ont sauvegardé par des guerres défensives leurs patries et leurs biens, mais même par des guerres offensives ils ont poursuivi les ennemis qui leur avaient fait ou avaient tenté de leur faire injure : ainsi Jonathan et Simon Macchabée vengèrent sur les fils de Jambri la mort de leur frère Jean : de même dans l'Église chrétienne, on voit Constantin, Théodose et d'autres empereurs éminents et très chrétiens,

---

(1) Les Manichéens, dont saint Augustin combattait les erreurs.

(2) Nam neque quies Gentium sine armis, neque arma sine stipendiis, neque stipendia sine tributis haberi queunt (Tacite.)

(3) On objecte que Dieu a dit à David : Ce n'est pas toi qui m'élèveras mon temple, parce que tu es un homme de sang. Mais, dit Suarez, ce n'est pas à cause des guerres qu'il avait faites, c'est à cause de l'homicide d'Urie.

(4) Noli existimare neminem Deo placere posse, qui in armis bellicis militat. In his erat sanctus David, cui Dominus tam magnum perhibuit testimonium. In his erat et ille centurio qui Domino dixit : *Non sum dignus ut intres sub tectum meum.*

entreprendre des guerres tant offensives que défensives, alors qu'ils avaient dans leurs conseils de très saints et très savants Évêques.

Suarez (OP. CIT.) fait une constatation analogue : Que la guerre soit permise dans certains cas, cela est démontré par l'Écriture : (car dans l'Ancien Testament, on fait l'éloge de guerres entreprises par de très saints personnages,) et par les usages de l'Église auxquels les Pères et les Pontifes ont donné leur approbation.

CHAPITRE PREMIER.

La justice de la guerre.

— · ——

§ I. — La guerre juste d'un côté, injuste de l'autre.

Ce que l'on trouve chez tous les Pères, tous les Docteurs, tous les théologiens et tous les canonistes, c'est la distinction fondamentale entre la guerre juste et la guerre injuste : ou plutôt entre celui qui a guerre juste, *l'habens justum bellum*, et celui qui a guerre injuste.

Aucun d'eux, en effet, n'a admis qu'il y ait *des guerres justes* ou *des guerres injustes* : dans une guerre, il ne peut y avoir guerre juste d'un côté que s'il y a guerre injuste de l'autre.

« C'est, dit saint **Augustin** (DE CIV. DEI. XIX. 7) l'injustice de » l'ennemi qui arme le sage pour la défense de la justice. »

Et encore (DE CIV. DEI, XIX.15).

« Lorsque d'un côté on tire l'épée pour le droit, on combat de » l'autre côté pour l'iniquité » (2).

La guerre, ainsi que nous le montrerons plus loin, peut être injuste des deux côtés : elle n'est jamais, sauf le cas d'ignorance invincible, juste des deux côtés à la fois. Nous allons voir d'abord comment, dans quels cas et pour quelles raisons, elle peut être juste d'un côté et injuste de l'autre.

(1) Iniquitas enim partis adversæ justa bella ingerit gerenda sapienti.
(2) Nam et cum justum geritur bellum, pro peccato et a contrario dimicatur.

I. La légitime défense.

Un premier cas de guerre juste est celui d'un prince ou d'un peuple qui se défend contre une attaque injuste. *Vim vi repellere omnia jura permittunt.* Il est permis de repousser la force par la force : *cum moderamine inculpatæ tutelæ*, d'une manière modérée, sans commettre aucune faute sous le prétexte ou à l'occasion de la défense : car le devoir de se défendre n'entraîne ni le droit de haïr l'agresseur, ni celui de se venger de lui.

Mais la légitime défense n'est permise que vis-à-vis d'un *injuste* agresseur. Si donc celui qui attaque *a juste guerre*, il n'est pas permis de se défendre, ainsi que nous le verrons plus loin et particulièrement dans l'appendice, note E.

II. L'autorité et le droit de punir.

1° *Leur origine et leur raison d'être.*

Si l'homme, dit **Victoria** (RELEC. THEOL. DE POTESTATE CIVILI, 3, 4, 5, 6 et 7), l'emporte sur les autres animaux par la raison, la sagesse et le langage, il faut reconnaître que la divine Providence qui gouverne le monde a refusé à cet être raisonnable et immortel bien des choses dont elle a doté les autres animaux (1).

Il est donc nécessaire que les hommes ne soient pas isolés et errants comme les bêtes sauvages; mais que, vivant en société, ils se prêtent mutuellement aide et assistance. La réunion d'un grand nombre d'hommes est nécessaire pour que la justice puisse régner et l'individu ne saurait perfectionner son intelligence, ni sa volonté, s'il était privé du commerce et de l'amitié des autres. Il est donc naturel qu'il vive en société; la famille ne peut se suffire à elle-même, particulièrement quand il s'agit de repousser la violence ou l'injustice... On voit que les villes et les États ont leur origine et leur raison d'être, non dans des combinaisons artificielles, mais dans la nature elle-même, qui pousse les hommes à assurer leur conservation et leur défense : et c'est

---

(1) Il n'a ni fourrure naturelle pour se protéger du froid, ni bec et ongles pour se défendre, ni ailes pour échapper à la poursuite de ses adversaires, etc.

aussi ce qui fait voir le but et la nécessité du pouvoir public : celui-ci n'est pas seulement très utile, il est absolument nécessaire... Si ce pouvoir public découle du droit naturel, comme celui-ci a pour auteur Dieu lui-même, il s'ensuit que le pouvoir vient de Dieu et non de con- ventions humaines ou d'un droit positif quelconque. Si les sociétés et les États procèdent du droit naturel ou divin, il en est de même des pouvoirs sans lesquels les États ne pourraient subsister.

C'est donc en vertu d'une institution divine que les États possèdent la puissance publique. Avant que les hommes se soient groupés, aucun d'eux n'avait de suprématie sur les autres : il n'y a aucune raison pour que dans les sociétés qu'ils ont constituées, un d'entre eux ait pu la revendiquer sur les autres. . . (1).

Non seulement, ainsi que le fait remarquer **Victoria**, aucun homme n'a une suprématie naturelle sur les autres, mais comme on l'a vu plus haut (2), aucun n'a le droit de punir son semblable : *c'est à moi, dit le Seigneur* (3) *qu'est réservée la vengeance et c'est moi qui l'exercerai. Qui es-tu pour oser condamner le serviteur d'autrui : qu'il demeure ferme ou qu'il tombe, cela regarde son maître* (4).

Si l'homme individuellement n'a pas de droit de punir, il est évident qu'il n'a pu le transférer à d'autres, par une con- vention ou un contrat social, en considération de l'utilité du plus grand nombre ou pour toute autre cause.

Le droit de punir, qui est compris dans l'autorité, vient, comme elle, de Dieu : La nation qui le reçoit de Dieu le

(1) Par nature l'homme est fait pour vivre en société : en effet, ne pouvant dans l'isolement ni se procurer ce qui est nécessaire et destiné à la vie, ni acquérir la perfection de l'esprit et du cœur, la Providence l'a fait naître pour s'unir à ses sem- blables en une société tant domestique que civile, seule capable de fournir ce qu'il faut à la perfection de l'existence. Mais comme aucune société ne peut subsister si quelqu'un ne commande aux autres et n'imprime à chacun une impulsion efficace et semblable vers un but commun, il en résulte qu'une autorité est nécessaire à la société civile des hommes pour la régir, et par suite, cette autorité, comme la société elle-même procède de la nature et par conséquent a Dieu lui-même pour auteur. (Encyclique de Léon XIII. Immortale Dei. 1er nov. 1885.)

(2) Question préliminaire (page 4.)

(3) Deutér. xxxii, 35,41. Rom. xii,19. Heb. x, 30. Eccles xxviii, 1.

(4) Saint Paul, XIII, 4.

transfère (1) au dépositaire de l'autorité qu'elle choisit, à celui que nos auteurs appellent le Prince (2) et qui est *le ministre de Dieu pour exécuter sa vengeance contre celui qui fait le mal* (3) et c'est pourquoi il use du glaive sans commettre de faute et sans encourir la peine dont sont menacés ceux qui « se servant du glaive périront par le glaive ».

Aucune société humaine ne pourrait subsister si les criminels n'étaient point punis. La peine qui leur est infligée est juste et de plus « médicinale (4) » : elle détourne le coupable d'une nouvelle faute et empêche les autres de l'imiter.

Cette peine peut aller si cela est nécessaire pour la conservation et la défense de l'ordre social, jusqu'à la mort.

Tuer un homme, dit **Victoria** (OP. CIT. 7) est défendu par le droit divin comme on le voit dans le Décalogue : le droit divin seul a donc pu donner aux États le droit qui leur est universellement reconnu de mettre à mort les malfaiteurs. Et que l'on ne dise pas : Ce que le droit divin défend, ce n'est pas de tuer un homme, c'est de tuer un innocent : Car il est toujours défendu à un particulier de tuer un homme, même si celui-ci est criminel. Il faut donc que l'État ait reçu un pouvoir de tuer que n'ont pas les particuliers ; ce pouvoir ne peut provenir du droit positif, il procède donc du droit divin.

Mais si l'État a reçu de Dieu le pouvoir de punir, afin de maintenir l'ordre, et la paix qui est « la tranquillité de

---

(1) Telle est du moins la doctrine de nos auteurs : Respublica habet a jure divino potestatem occidendi hominem. « (Victoria, de potestate civili, 7.) « Tenetur respublica non committere hanc potestatem, nisi ei qui juste exerceat, et utatur potestate, uliàs periculo se committit. » (Id. 12.)

Dans un autre passage (Id. 8) Victoria emploie le verbe : « transferre ».

De même Suarez : (De trip. virt. theol. Pars. III. Disp XIII. Sect. 2) « In monarchio regimine, postquam respublica transtulit suam potestatem in unum aliquem.

Suarez envisage même (op. cit. sect. 2.) le cas où la nation se serait réservé le droit de déclarer la guerre : « Supremus princeps, vel respublica quæ similem juri. dictionem apud se retinuit. »

(2) Voir l'avis au lecteur, page III.

(3) SAINT PAUL, Rom. XIII, 4.

(4) SAINT THOMAS, *Somme*, 1, 2, qu. LXVI, art. 6 ; — 1, 2, qu. LXXXVII, art. 3 — 2, 2, qu. XXXIX, art 2, 4.

l'ordre » (1) dans la société dont le soin lui est confié, il ne peut disposer de ce droit que dans les limites où il lui a été donné, c'est-à-dire uniquement dans les cas et dans la mesure où son exercice est nécessaire à la défense et à la conservation de l'ordre social.

Le pouvoir souverain pourra donc — et devra — punir un malfaiteur qui se trouve placé sous sa juridiction et, s'il résiste, le contraindre par la force à subir sa peine. Ce cas se présentera rarement : car le malfaiteur isolé a peu de chance d'échapper à la peine par la résistance à la force publique : d'autre part, en résistant il aggrave sa faute, et par suite la peine qui lui est due : mais cela pourra plus facilement arriver pour une collectivité, ville ou province : on se trouvera alors en présence d'une rébellion que le prince pourra légitimement réprimer et punir.

2° Le droit de punir les étrangers.

Mais qu'arrivera-t-il s'il s'agit de malfaiteurs étrangers sur lesquels il n'a pas de juridiction ?

Il s'adressera à celui qui a juridiction, qui a le devoir de réparer le mal fait et de punir les coupables. Mais si celui-ci ne remplit pas ses obligations, s'il ne répare pas les dommages causés, s'il ne restitue pas ce qui a été enlevé ; si au contraire, il prend parti pour les coupables, s'il se solidarise avec eux, ou si lui-même est au nombre de ceux qui ont commis des violations du droit, faudra-t-il que les crimes restent impunis, que l'ordre ne soit pas rétabli, qu'il puisse être impunément et constamment troublé et que les habitants du pays lésé ne puissent jouir de la paix à laquelle ils ont droit ?

---

(1) Saint Augustin, *Pax est tranquillitas ordinis.* Cette définition s'applique plus encore à la paix intérieure chez l'homme qu'à la paix extérieure. Il définit cette dernière entre les hommes : *concordia ordinata.*

Non : car en présence, soit de l'inertie du prince qui a juridiction sur les coupables, soit du fait qu'au lieu de remplir sa mission, il abuse de son autorité pour ordonner à ses sujets des actes blâmables, cette autorité, *à raison de sa faute*, passe au prince du pays lésé, lequel, en vertu de cette autorité momentanée, a *le droit de juger et de condamner s'il y a lieu*, le prince et le peuple coupables et *de leur déclarer la guerre*, qui, ainsi qu'on le voit, n'est autre chose que *l'exécution d'une sentence judiciaire*.

Il y a, dit **Cajétan** (Summa S. Thomae Comm. III. 2.2, qu. XL), autant de différence entre le droit de tirer le glaive de la guerre et le glaive privé, qu'entre le droit de défense et de vindicte que possèdent les États et celui que possèdent les particuliers. Un particulier ne peut que repousser la force par la force, par une défense modérée et irréprochable : s'il excède les limites d'une défense modérée et irréprochable, le particulier commet la faute de se venger ou de venger les autres ; c'est pourquoi il n'est même pas permis à un particulier de tuer l'assassin de son père. Mais l'État qui est chargé de pourvoir à sa sûreté et à celle de ses membres, peut non seulement repousser avec modération la force par la force, mais aussi punir les injustices dont lui ou les siens ont été les victimes, et cela aussi bien si les coupables sont des étrangers que s'ils sont ses sujets.

S'ils sont ses sujets, la chose est évidente, car c'est l'État qui est chargé de les juger et de les punir. S'il s'agit d'étrangers, cela résulte de ce que tout État doit se suffire à lui-même. Or s'il n'avait pas le droit de punir les peuples et les princes étrangers, il serait imparfait et incomplet : car les tyrans, les criminels, les voleurs, les assassins, les brigands, et tous ceux qui, citoyens d'un État étranger, commettraient des actes iniques, échapperaient alors à tout châtiment, et l'ordre naturel des choses serait en défaut en des matières de première importance.

La fin et le bien commun du genre humain, dit **Victoria** (DE JURE BELLI. 1.), postulent la guerre. Le monde ne pourrait vivre heureux, que dis-je, il serait réduit à la pire des conditions si tous les tyrans, les voleurs et les brigands pouvaient impunément commettre leurs méfaits et opprimer les gens de bien et les innocents, sans que ceux-ci puissent de leur coté sévir contre les coupables.

C'est, dit **Suarez** (DE TRIP. VIRT. THEOL. DE CARITATE. D. XIII.

IV. 5), une juste cause de guerre que de faire subir un juste châtiment à celui qui a violé le droit des autres s'il refuse de leur donner la réparation à laquelle ils ont droit...

Cela est démontré par les passages de l'Écriture (Num. 25, et 2 Reg. 10 et 11), où l'on voit que Dieu ordonne de faire la guerre, uniquement pour punir les injures des ennemis. Dans un État, pour conserver la paix, il faut une puissance légitime qui punisse les crimes des sujets : de même dans le monde, pour que les divers États puissent subsister en paix, il faut qu'il existe une puissance qui punisse les injures de l'un envers l'autre. Mais cette puissance ne réside dans aucun supérieur, puisqu'il n'y en a pas, dans notre hypothèse : il est donc de toute nécessité qu'elle réside dans le Souverain de l'État lésé, auquel l'autre se trouve soumis à raison de son délit. Une guerre de cette nature tient la place d'une sentence de justice vindicative (1).

Ainsi la guerre offensive ne peut être admise que comme exécution d'une sentence de justice vindicative : celui qui la déclare dans ces conditions a « guerre juste » : celui qui est attaqué a « guerre injuste ».

La guerre injuste est par elle-même un péché mortel. (Cajétan, SUMMULA, VERBO BELLUM.)

Les guerres injustes, dit Baldus (rapporté dans **Bellini**, DE RE MILITARI, PARS II, TIT. 1) sont de manifestes brigandages.

C'est la même expression qu'emploie saint Augustin (CIV. DEI. IV. 6) quand il parle des guerres de conquête : quel autre nom peut-on leur donner, que celui d'immenses brigandages ? (2)

---

(1) Justa etiam causa belli est, ut qui injuriam intulit juste puniatur, si recuset absque bello justam satisfactionem præbere. Est communis, in qua, et in præcedenti est observanda illa conditio, ut non sit alter paratus restituere, vel satisfacere : nam, si paratus esset, injusta redderetur aggressio belli, ut in sequentibus dicemus. Probatur jam conclusio primò ex Scriptura (Num. 25, et 2 Reg. 10 et 11,) quibus in locis ex Dei jussu pura punitio injuriarum executioni data est. Ratio est : quia sicut intra eamdem Rempublicam, ut pax servetur, necessaria est legitima potestas ad puniendum delicta; ita in orbe, ut diversæ Respublicæ pacatè vivant, necessaria est potestas puniendi injurias unius contra aliam. Hæc autem potestas non est in aliquo superiore, quia nullum habent, ut ponimus : ergo necesse est, ut sit in supremo Principe Reipublicæ læsæ, cui alius subdatur ratione delicti. Unde hujusmodi bellum introductum est loco justi judicii vindicativi.

(2) Quid aliud quam grande latrocinium nominandum est ?

III. Objections diverses.

Ce qui précède soulève toutefois deux objections auxquelles divers auteurs ont pris soin de répondre.

Première objection. Le prince qui déclare la guerre est juge et partie dans sa propre cause.

Voici en quels termes **Suarez** (op. cit. Sect. IV, 6 et 7)
répond à cette objection :

Mais, objecte-t-on, le droit naturel s'oppose à ce qu'une même
personne soit juge et partie dans sa propre cause ; or, dans ce cas, le
Prince qui déclare la guerre remplit l'office de juge : de plus :

a) On refuse aux particuliers le droit de se faire justice à eux-mêmes
parce qu'ils seraient très exposés à dépasser les limites de la justice :
mais le même danger existe pour le Prince prononçant sur sa propre
cause.

b) Il faudrait alors admettre que si un particulier ne peut obtenir
justice par l'intermédiaire d'un juge, il pourrait se faire justice et
s'attribuer réparation de sa propre autorité : car le droit que l'on
accorde au Prince ne lui est accordé que parce qu'il n'a pas d'autre
moyen d'obtenir justice.

Nous répondrons qu'il est indéniable que dans ce cas, c'est une
même personne qui est à la fois juge et partie ; comme cela arrive pour
Dieu, modèle de la puissance publique : mais la seule raison, c'est que
cet acte de justice vindicative est nécessaire au genre humain et qu'il
n'y a aucun autre moyen meilleur de le réaliser d'autant plus qu'il a
fallu avant de déclarer la guerre, constater l'opiniâtreté du coupable
refusant de donner satisfaction; qu'il ne s'en prenne donc qu'à lui-
même s'il est tombé sous la juridiction de celui qu'il a offensé. Et on ne
peut assimiler ce cas à celui des particuliers pour les raisons suivantes :

a) Le particulier prenant comme règle son avis personnel, pourra
très aisément excéder la mesure dans ses revendications: tandis que le
pouvoir public se guide (1) sur les conseils de l'État dont il est tenu
de demander l'avis et, par suite, il lui est plus facile de ne pas se laisser
entraîner par ses sentiments personnels.

b) La puissance vindicative n'a pas pour but des intérêts particuliers,
mais le bien commun : c'est pourquoi ce sont, non des particuliers,

_____

(1) Du moins, doit se guider.

mais des magistrats qui l'exercent, et s'ils ne pouvaient ou ne voulaient le faire, les particuliers devraient supporter le mal qui en résulterait.

C'est ainsi que l'on répond à la première partie de l'objection et voici ce que l'on peut dire au sujet de la seconde :

c) Certains prétendent qu'il est parfois permis aux particuliers de se faire justice à eux-mêmes et l'on trouve dans le code un chapitre où il est parlé des cas où l'on peut agir sans avoir recours à un juge : mais cela ne saurait se comprendre qu'en ce qui concerne la réparation des dommages : quant à la punition du délit, ce serait commettre une inadmissible erreur : car tout acte de justice vindicative comporte une juridiction que le particulier n'a pas, et qu'il n'acquiert pas par le délit dont il est victime : autrement, il ne serait pas obligatoire de recourir à la puissance publique qui a juridiction ; comme la puissance de juridiction découle certainement des hommes eux-mêmes, les particuliers auraient pu ne pas transmettre ce pouvoir aux magistrats (1), mais le conserver pour eux-mêmes, ce qui serait évidemment contraire au droit naturel et au bon gouvernement du genre humain.

d) Les lois envisagent les choses en elles-mêmes, et d'ensemble : or à proprement parler, les particuliers ont la faculté de poursuivre la réparation des délits en s'adressant au pouvoir public : que si, dans un cas exceptionnel, cela ne leur est pas possible, c'est là un accident et il faut nécessairement le supporter. Mais entre deux États souverains, il n'en est pas de même ; on se trouve alors en présence d'une nécessité absolue.

SECONDE OBJECTION. IL NE FAUT DÉCLARER LA GUERRE QUE SI L'ON EST CERTAIN DE LA VICTOIRE.

On pourrait tout d'abord répondre qu'en réalité et sauf quelques cas très rares, ceux qui déclarent la guerre se croient certains du succès, et ne la déclareraient pas s'ils n'étaient persuadés qu'ils triompheront de leurs adversaires.

Mais si la guerre, ainsi que nous venons de le voir, n'est légitime que parce qu'elle est un acte de justice, il serait tout à fait inadmissible qu'elle se terminât par la défaite du

(1) Vel certe cùm potestas jurisdictionis dimanet ab ipsis hominibus, potuissent singuli non transferre talem potestatem in magistratum.

justicier et le triomphe du coupable, c'est-à-dire par une injustice.

Aussi divers auteurs ont-ils soutenu qu'en conscience, le Prince ne pouvait la déclarer s'il n'était moralement certain du succès.

C'est en particulier l'opinion de Cajétan.

Il semble, d'après le passage suivant de **Victoria** (DE POT. CIV. 13), et bien qu'il y traite une question beaucoup plus générale, qu'il n'était pas éloigné de l'opinion de Cajétan.

Aucune guerre ne peut être regardée comme juste, s'il est évident qu'elle doit amener à l'État plus de maux que de biens ou d'utilités quand bien même d'autre part il y aurait de justes titres pour l'entreprendre. L'État, en effet, n'a le pouvoir de déclarer la guerre que pour se protéger et se défendre, lui et les biens qu'il possède : si donc la guerre doit avoir comme résultat sa diminution et son affaiblissement, et non sa prospérité, la guerre sera injuste, que ce soit l'État, ou le Roi qui la déclare.

Mais Suarez (OP. CIT. SECT., IV, 10) fait quelques réserves à ce sujet :

Cajétan soutient que pour que la guerre soit juste, il faut que le Prince se sente suffisamment puissant pour être moralement sûr de la victoire : d'abord parce qu'autrement il s'exposerait au danger manifeste d'amener à l'État plus de malheurs que d'avantages : il agirait mal, dit-il, comme le juge qui enverrait pour arrêter des coupables un nombre d'hommes insuffisant pour qu'ils soient sûrs de pouvoir remplir leur mission. En second lieu parce que celui qui entreprend la guerre a le rôle actif et que celui qui prend le rôle actif doit être certain de dominer celui dont le rôle est passif.

Cette condition ne me paraît pas être absolument indispensable :

a) D'abord, humainement parlant, cela est presque impossible ;

b) Ensuite, souvent, il importe au bien commun de l'État de ne pas attendre une telle certitude, mais de tenter plutôt, fût-ce sans être tout à fait sûr du succès, de châtier les ennemis ;

c) Autrement jamais un Roi moins puissant n'aurait le droit de déclarer la guerre à un Roi plus puissant que lui, puisqu'il n'aurait jamais cette certitude que demande Cajétan.

Il faut donc dire que le Prince est tenu d'assurer autant qu'il est possible la victoire, de comparer l'espérance qu'il a d'être vainqueur avec les risques à courir et de ne déclarer la guerre que si, toutes choses bien pesées, l'espérance de la victoire l'emporte. S'il ne peut en être certain, il faut au moins qu'il la considère comme plus probable, quand la guerre est nécessaire au bien général de l'État. Si la victoire lui paraît peu probable et s'il s'agit d'une guerre offensive, il faudra presque toujours l'éviter; si elle est défensive il faut tenter de la faire, car, alors elle n'est plus volontaire, mais nécessaire (1).

§ II. — La guerre injuste des deux côtés.

Il est facile de se rendre compte par ce que nous venons de dire — et plus encore par ce que nous dirons plus loin lorsque nous étudierons toutes les conditions nécessaires pour qu'une guerre soit juste — que très fréquemment ces conditions n'étant remplies ni d'un côté ni de l'autre, la guerre sera injuste des deux côtés. Pour le moment, nous nous bornerons à examiner un cas particulier de guerre injuste de part et d'autre, celui des guerres que l'on pourrait appeler, ainsi que le fait Suarez, les guerres volontaires.

Les Guerres volontaires.

Ce fut, dit **Suarez** (OP CIT. SECT. IV, 1) l'erreur des païens de croire que la force des armes était la source d'un droit et que l'on pouvait légitimement entreprendre des guerres pour acquérir de la gloire ou des richesses. Même au point de vue de la raison cela est tout à fait absurde (2).

Les lois civiles semblent s'être ressenties du principe injuste qui a'ors dominait dans la guerre. Car les Romains croyaient que les guerres qu'ils entreprenaient contre les ennemis de Rome étaient justes de part et d'autre : en effet, ils admettaient que l'on combattait d'un commun accord, en vertu d'une sorte de pacte tacite, d'après lequel celui qui serait vainqueur devait devenir légitime possesseur.

---

(1) Cajétan et Victoria n'ont parlé que des cas où l'on déclare la guerre, c'est-à-dire des guerres offensives.

(2) Fuit error Gentilium, qui putarunt regnorum jura esse posita in armis, licereque bella indicere solum ad nomen, ac divitias comparandas; quod etiam in ratione naturali est absurdissimum.

Ils croyaient donc que la propriété de tous les biens des ennemis passait au vainqueur (1).

Si la guerre, dit encore **Suarez** (OP. CIT. SECT. VII, 22) se fait sans juste cause, mais volontairement, d'un commun accord entre les adversaires, doit-on la considérer comme contraire à la justice ? Dans ce dernier cas, il y aurait lieu à restitution. **Covarruvias** (REG. PECCATUM PARS SEC. 21) dit qu'elle est contraire à la justice et que ce que l'on a pris dans une guerre de ce genre doit être restitué, car une guerre injuste ne donne aucune espèce de droit. Certes, il n'est pas douteux que, par rapport à Dieu, une telle guerre soit contraire à la justice, vu les morts qui en résultent ou peuvent en résulter : mais par rapport aux belligérants eux-mêmes, on n'y trouve pas absolument une injustice.

a) On n'impose rien à qui accepte en toute connaissance de cause : or, les deux adversaires combattent volontairement de part et d'autre, puisque nous supposons qu'ils combattent d'après une convention réciproque (2).

b) Par cela même qu'ils ont fait une telle convention, ils ont aliéné leur droit et admis que le vainqueur deviendrait maître des biens du vaincu. En tenant compte de ce pacte, et bien qu'il soit certainement inique aux yeux de Dieu, celui qui triomphe devient le véritable maître de biens qu'il possède avec le consentement du vaincu.

c) Si, pour les motifs qui précèdent, on n'est pas tenu de réparer les dommages que l'on a causés, on peut également compenser, sur les biens des ennemis, tout au moins les dépenses occasionnées par la guerre.

d) Enfin, dans un duel entre particuliers, quand il a lieu d'un commun accord entre les adversaires, il n'y a ni obligation de restituer, ni aucune injustice réelle, à cause du consentement réciproque. De même dans le cas qui nous occupe.

Pour tous ces motifs, il faut conclure qu'une telle guerre n'entraîne pas l'obligation de réparer les dommages causés : pour le reste, il y a doute. Cependant il paraît fort probable que la solution en cette matière est la même qu'en matière de jeu : si immoral que soit celui-ci, si

---

(1) Leges civiles ex hac parte videntur processisse ex injusto modo, quo tunc bella gerebantur. Nam credebant Romani bella, quæ gerebant contra hostes reipublicæ, justa esse ex utraque parte : etenim quasi ex tacito pacto volebant mutuò pugnare, ut qui vinceret Dominus evaderet. Inde ergo putabant omnia bona hostium fieri capientium.

(2) Convention tacite la plupart du temps.

tout entre les joueurs s'est passé loyalement, la propriété peut passer de l'un à l'autre sans obligation pour le gagnant de restituer. Toutefois nous ne nions pas la possibilité, encore moins la sécurité de l'opinion contraire.

§ III. — La guerre ne peut être juste des deux côtés à la fois.

1° *La guerre juste chez les Romains.*

On a coutume, dit **Covarruvias** (REGULA PECCATUM, T. I, CAP. 9, IN FINE), de demander si la guerre peut être à la fois juste des deux côtés. Et il ne faut pas prendre ici le mot *juste*, dans l'acception que lui donnent Tite-Live et divers autres auteurs, quand ils disent : un juste combat, une juste armée, un juste soldat, un juste exil, ce qui pour eux veut dire : complet et entier. Ainsi appelle-t-on juste héritage, celui qui provient d'un droit légitime et intégral. Ainsi de même en Espagne, nous disons d'un habit qu'il est juste, quand il est bien adapté au corps qu'il habille, bien fait à sa mesure. Ici nous prenons ce mot dans le sens de conforme à la raison, au droit, à l'équité, à la justice (1).

(1) Une guerre juste, dit M. Desjardins (Acad. des sciences mor. et polit., juin 1884) n'est pas du tout dans la langue latine et dans le Droit public romain, une guerre équitable, c'est une guerre précédée de certaines cérémonies religieuses et qui commence après que le fécial a prononcé les paroles consacrées : *Justum piumque*; voilà la guerre conforme au droit formaliste et aux lois de l'équité. Or, ce qui importe au peuple romain, c'est la question de procédure : *bellum nullum nisi justum*. Il fallait, par exemple que le fécial ait lancé un javelot sur le sol ennemi, pour que la guerre fut déclarée. Il advint qu'on fit acheter un terrain dans la cité, par un soldat transfuge de l'armée de Pyrrhus : sur ce terrain, devenu sol ennemi, les féciaux accomplirent les cérémonies accoutumées; à ce prix, la conscience romaine était satisfaite. Ce n'est pas qu'il faille médire des formalités. En supposant que le peuple romain fût réellement l'offensé, il était bon qu'une ambassade de féciaux allât trouver le peuple auteur de l'offense, exposât solennellement, en prenant Jupiter à témoin, les griefs de la République, qu'on attendît l'issue de la démarche pendant trente-trois jours, ce qui donnait à tout le monde le temps de réfléchir, et que le Sénat ne commençât à délibérer sur l'opportunité de la guerre qu'après l'accomplissement des rites et l'observation des délais. C'est beaucoup de s'habituer à une procédure régulière et que de s'y conformer en invoquant les Dieux, pourvu qu'on ne cache pas sous cet procédés la violation du droit lui-même. . .

C'est beaucoup que de faire naître, même pour un moment, l'illusion qu'on fut le fondateur et le gardien du Droit international, quand on s'est approprié l'univers. Le Collège des féciaux a pour les Romains un double mérite : il n'a pas empêché une seule de leurs conquêtes, et il leur prête à distance l'aspect de gens vertueux, soucieux du droit des gens et de la foi jurée.

Nous avons déjà vu, en effet, que les Romains considéraient que les guerres pouvaient être justes de part et d'autre, ainsi que l'expose **Suarez** (DE TRIP. VIRT. THEOL. DE CARIT. D. XIII, sect. IV, I);

Les Romains croyaient que les guerres entreprises contre les ennemis de Rome étaient justes de part et d'autre : ils admettaient, en effet, que l'on combattait d'un commun accord, en vertu d'une sorte de pacte tacite, d'après lequel celui qui serait vainqueur devenait légitime possesseur des biens du vaincu.

Et cela s'explique aisément étant donnés les motifs qu'ils considéraient comme suffisants pour déclarer la guerre.

Si les titres de guerre qu'admettaient les anciens (l'ambition, la cupidité, l'orgueil ou le désir de prouver sa vaillance) étaient suffisants, chaque État aurait le droit de prétendre à la domination des autres : la guerre serait donc en elle-même, et en dehors du cas d'ignorance, juste des deux côtés, ce qui est tout ce qu'il y a de plus absurde : car deux droits contraires ne peuvent être justes à la fois. (**Suarez**, OP. CIT., S IV, 1.)

2° Impossibilité d'une guerre juste des deux côtés à la fois.

Prenant donc le mot : juste, non pas au sens romain, mais au sens de : conforme à la justice, on peut se demander si la guerre peut être juste des deux côtés à la fois. Non, répondent nos auteurs, et **Victoria** (DE JURE BELLI, 20) en donne une excellente raison ; c'est qu'il ne serait pas dans ce cas permis de combattre, attendu qu'il est défendu de tuer un adversaire qui a juste guerre.

Il ne suffit pas, pour qu'une guerre soit juste, que le prince qui la déclare croie avoir juste cause. Autrement il en résulterait que souvent les guerres seraient justes des deux côtés à la fois : car, généralement, les princes ne font pas la guerre de mauvaise foi : chacun d'eux croit qu'il a juste cause. Alors tous les belligérants seraient innocents et, par suite, il ne serait pas permis de les tuer.

Si l'extension de l'Empire était une cause suffisante de juste guerre, dit-il ailleurs (DE JURE BELLI, 11), la guerre serait également juste des deux côtés, et tous les combattants seraient innocents. Il en résulterait qu'il ne serait pas permis de les mettre à mort, ce qui implique contradiction : à savoir que la guerre serait juste, mais qu'il ne serait pas permis de tuer les adversaires.

3° Cas de doute ou d'égalité des droits des belligérants.

Mais que faire, lorsque la justice de la guerre reste douteuse, lorsque des deux côtés il y a des raisons apparentes et probables de justice ?

D'après **Victoria** (OP. CIT. 27, 28, 29, 30), lorsque l'un des princes est en état de possession légitime, il a le droit, si après avoir examiné la cause aussi sérieusement et impartialement que possible, le doute persiste chez lui, de ne pas abandonner ce qu'il possède et l'autre n'a pas le droit dans les mêmes conditions de le déposséder.

Mais si la ville ou la province au sujet de laquelle s'est élevé le doute n'a pas de légitime possesseur, si elle se trouve par exemple sans souverain, par suite de la mort du prince légitime, si l'on doute quel est le véritable héritier, sans pouvoir d'une façon certaine l'établir en droit, il semble que si l'une des parties propose un arrangement, un partage ou une compensation partielle, l'autre est tenue d'accueillir la proposition, même si elle est la plus forte et capable de s'emparer du tout par les armes : sinon elle n'aurait pas juste cause (1).

Vasquez (COMMENT. IN SEC. PART. S. THOMÆ, DISP., LXIV, CAP. 3), étudie longuement la même question : voici comment il la résoud lorsqu'il s'agit d'un cas litigieux et que les arguments invoqués de part et d'autre paraissent avoir la même valeur.

Quant à dire que deux princes peuvent entreprendre une guerre juste à la fois des deux côtés, parce que chacun d'eux suit une opinion probable et se croit des droits à un royaume, c'est évidemment absurde comme nous allons le montrer.

Il est facile de prouver qu'un prince n'a pas le droit, après avoir examiné une question en litige, de prendre une décision, de regarder son opinion comme la meilleure et de déclarer la guerre à l'autre.

Considérons le cas où chacun des deux princes est souverain dans

(1) Voir chapitre XII.

son royaume, où aucun d'eux n'a juridiction, ni pouvoir sur l'autre :
ou encore le cas où, l'un d'eux étant souverain, l'autre, bien que ne
l'étant pas, n'est pas cependant soumis au roi ou au prince avec
lequel il est en litige. Pour qu'un prince examine comme il convient
les deux opinions et prenne une décision, proclame où réside le bon
droit et s'attribue le royaume contesté, il faut d'abord qu'il ait écouté
tous les arguments invoqués par l'autre prince en faveur de son opinion et de son droit : car, sans avoir entendu l'autre partie, s'en rapporter à son propre jugement et à son propre discernement pour
étudier une question et prendre ainsi une décision, c'est digne d'un
barbare.

Mais lequel des deux devra soumettre à l'autre ses arguments et ses
raisons ? Certes, comme il n'y a pas de raison pour que ce soit l'un
plutôt que l'autre, on peut dire que l'un et l'autre devraient le faire, de
sorte que l'un et l'autre auraient aussi le droit de prendre la décision. En
effet, dire que l'un doit soumettre à l'autre ses arguments et ses raisons,
c'est dire que ce dernier a le droit de prononcer la sentence. Or, peut-
on dire qu'un prince souverain doit obéir à un autre prince souverain ? S'ils prononçaient des sentences contraires et que l'un dût obéir
à l'autre, ce serait confusion et désordre. Si l'un ne doit pas obéir à
l'autre, mais a seulement le droit de prendre une décision valable pour
lui-même et que ce soit pour ce seul résultat que l'autre ait dû lui
soumettre ses arguments et ses raisons, ou si, sans entendre l'autre
partie, chacun avait le droit d'examiner son opinion et l'opinion contraire, et de prendre une décision d'après son propre jugement, le plus
souvent il arriverait que chacun des princes jugerait avec raison et
prudence, mais en sa faveur ; car chacun estime plus probable son
opinion personnelle : alors la guerre serait juste des deux côtés, si, après
que chacun aurait étudié la cause et se serait arrêté à son opinion personnelle la considérant comme la meilleure, l'un déclarait la guerre à
l'autre ; or, cela est absurde, car pour que la guerre soit juste d'une côté,
il faut nécessairement que de l'autre, il y ait eu, ou tout au moins que l'on
soit en droit de présumer qu'il y a eu injustice et faute : mais dans ce
cas, il n'y aurait d'aucun côté, ni injustice, ni faute présumable. Car,
puisque aucun des deux n'est tenu de se soumettre à la sentence de
l'autre, que chacun peut de lui-même juger sa propre cause ; puisque
chacun doit connaître cette situation qui n'est ignorée de personne : à
savoir, que l'autre suit une opinion, que lui-même et ses conseils
considèrent comme plus probable, il s'ensuit qu'aucun d'entre eux ne
commettrait de faute en cherchant, à obtenir le royaume auquel il

croit avoir droit ; et aucun n'aurait le droit de présumer une faute chez l'autre. Il n'y aurait donc aucune raison de juste guerre, puisque la seule raison d'une juste guerre est de punir, par mesure de justice vindicative, quelqu'un qui a mérité une peine, par une faute réelle-ment commise, ou tout au moins que l'on a le droit de présumer.

Mais ,dira-t-on, n'est-il pas admissible qu'une guerre soit juste des deux côtés, sans qu'aucun des adversaires soit coupable d'une aute ; mais que l'on résolve ainsi par les armes la controverse de deux opinions également probables.

Admettre qu'une guerre, hors le cas d'ignorance, peut être juste de part et d'autre, en elle-même ; que l'on puisse, après examen des arguments et des raisons des deux parties, mettre fin au débat ou à la querelle par la guerre, c'est une chose inouïe. Les débats d'opinions doivent se résoudre par la raison et non par les armes et puisque, ainsi que nous l'avons démontré, le jugement d'un seul prince est insuf-fisant pour terminer le litige, il s'ensuit nécessairement qu'il faut recourir à une tierce personne(1).

Ainsi donc, une guerre entreprise par deux princes qui ne seraient ni l'un ni l'autre certains de leur droit et de l'injus-tice manifeste des prétentions de leur adversaire, serait, non pas juste, mais injuste des deux côtés. L'ignorance seule, peut, dans certains cas, faire que la guerre soit juste de part et d'autre.

4° Cas d'une ignorance invincible.

Hors le cas d'ignorance, il est évident que la guerre ne peut être juste des deux côtés à la fois : car si l'une et l'autre des parties ont des droits évidents, il n'est pas permis de faire la guerre, ni pour attaquer, ni pour se défendre (2).

(1) At concedere bellum justum ex utraque parte, non ex aliquâ ignorantiâ, ut diximus, sed per se consideratis rationibus, et fundamentis utriusque partis, quod quidem inferatur ad dirimendam litem et controversiam opinionum probabilium, inauditum est. Controversia enim opinionum judicio, non armis postulat definiri : cumque, ut probatum est, judicium unius principis non sufficiat contra alium ad dirimendam litem, necessario sequitur alicujus alterius judicio definiendum esse.

(2) Seclusa ignorantia manifestum est quod non potest bellum esse justum ex utraque parte. Quia si constat de jure et justitia utriusque partis, non licet in con-trarium bellare, nec offendendo, nec defendendo.

Ainsi parle **Victoria** (OP. CIT., 32) et son disciple **Soto** déclare également (DE JUST. ET JUR. LIB. V, QU. I, CAP. 7) :

La guerre ne peut être juste des deux côtés à la fois sauf le cas d'ignorance.

Encore faut-il que cette ignorance soit invincible ou tout au moins légitime.

Alciatus (lib. 2, Paradox), dit **Covarruvias** (OP CIT., TOME I, CAP. 9), contre l'avis général de tous les docteurs, émet l'avis qu'une guerre peut être juste des deux côtés à la fois. Quant à moi, je crois fausse l'opinion d'Alciatus et je partage l'opinion commune.

Pour que des ennemis soient opposés les uns aux autres, il faut qu'ils aient des droits opposés, dont l'un est juste, l'autre injuste. Si deux princes combattent pour la possession d'une province sur laquelle chacun d'eux croit avoir des droits, l'un et l'autre peuvent s'appuyer sur la justice : mais en réalité, si celui à qui appartient la province a juste cause, il faut nécessairement que l'autre défende une cause injuste, puisque le juste et l'injuste sont deux choses contraires : il me semble donc évident qu'une guerre ne peut être en réalité juste des deux côtés : mais elle peut être juste dans l'opinion des deux adversaires, si, tandis que l'un a vraiment le droit pour lui, l'autre combat de bonne foi, estimant par suite d'une ignorance légitime qu'il défend la juste cause. C'est dans ce sens que l'on peut comprendre ce que dit Alciatus.

En admettant, écrit **Victoria** (DE JUR. BELLI, 32), la possibilité d'une ignorance qui porterait sur un fait ou sur un droit, il pourrait se faire que la guerre soit juste par elle-même du côté de la partie qui a la justice pour elle, et que du côté de l'autre partie la guerre soit également juste, à cause de sa bonne foi : car l'ignorance invincible est toujours une excuse.

Et il définit de la façon suivante l'ignorance invincible (DE INDIS, 9) :

Pour que l'on puisse reprocher à quelqu'un son ignorance, et qu'elle constitue une faute, il faut qu'elle soit « vincible » : il est nécessaire qu'il y ait une négligence en la matière, par exemple, qu'on n'ait pas

---

(1) Bona tamen fide alter bellum gerere potest, existimans justissimâ ignorantiâ se justam fovere causam.

voulu écouter ou croire celui que l'on écoutait; et, au contraire, pour que l'ignorance soit invincible, il suffit qu'on ait mis à savoir toute la diligence dont un homme est capable.

Vasquez (OP. CIT.), partage cette opinion :

Personne jusqu'à ce jour n'a osé soutenir que la guerre puisse être juste des deux côtés à la fois, si ce n'est *par accident*, à cause de *l'ignorance invincible* de l'une des parties, quand l'un ignore d'une ignorance invincible une chose que l'autre connait : *mais on n'appellera jamais ignorance invincible, la divergence de deux opinions probables* (1).

Et il ajoute :

Si l'un des princes qui fait la guerre apprend que l'autre ignore une chose, par suite d'une ignorance invincible, il doit s'efforcer de la lui faire connaître.

Quant au prince qui ne sait pas que l'autre est dans l'ignorance, il peut raisonnablement présumer chez lui une injustice et une faute, à raison de laquelle il est en droit de lui déclarer la guerre.

L'ignorance, et par suite l'excuse de bonne foi, pourra plus facilement se rencontrer chez les sujets.

Cela peut même fréquemment arriver pour les sujets: admettons en effet que le Prince fasse une guerre injuste et qu'il soit, lui, conscient de son injustice : comme il a été dit, les sujets peuvent de bonne foi suivre leur Prince et ainsi de part et d'autre les sujets ont le droit de se battre. (**Victoria**, DE JURE BELLI. 32.)

---

(1) Nec ullus hactenus ausus fuit concedere hoc justum bellum ex utraque parte, nisi ex accidente nimirum ob ignorantiam invincibilem alterius partis : quia unus ignorat invincibili ignorantia aliquid quod alius certo novit : qualis *non censetur ignorantia quæ accidit ex opinionum probabilium contrarietate.*

CHAPITRE II.

La paix, but de la guerre.

I. LES THÉOLOGIENS.

Ceux qui font des justes guerres, dit **saint Thomas** (SOMME 2.2. QU. XI., ART. 1) ont la paix pour but : ils ne sont contraires qu'à cette paix mauvaise que le Seigneur n'est pas venu apporter sur la terre : comme dit l'Évangile (Matt. X.) (1)

Car il y a une mauvaise paix : la paix est la tranquillité de l'ordre, non celle du désordre, et l'on ne saurait donner le nom de paix au triomphe, même paisible, du crime et de l'injustice.

Les brigands eux-mêmes, a écrit **saint Isidore de Peluse** (Epist. Lib. IV. 36. Petro monacho), vivent en paix entre eux : et les loups se rassemblent chaque fois qu'ils sentent l'odeur du sang... Ne croyez donc pas que la paix soit bonne partout et toujours. Elle est parfois plus mauvaise et plus dure que n'importe quelle guerre... Entretenir la paix parmi les hommes qui combattent la loi divine, c'est se détourner et s'éloigner beaucoup de la véritable paix.

Le Décret de **Gratien** (PARS. II, CAUS. XXIII, qu. 1) cite, en l'attribuant à saint Augustin, la phrase suivante :

Chez les véritables serviteurs de Dieu, les guerres elles-mêmes sont pacifiques, étant entreprises non par cruauté ou par cupidité, mais ayant pour but la paix, la répression des méchants et la délivrance des bons.

La même pensée est développée par **saint Augustin** en plusieurs endroits.

(1) Illi etiam qui justa bella gerunt, pacem intendunt : et ita paci non contrariantur, nisi malæ, quam Dominus non venit mittere in terram.

4

Nous devons vouloir la paix et ne faire la guerre que par nécessité, afin que Dieu nous délivre de cette nécessité et nous conserve la paix. Car on ne cherche pas la paix pour exciter la guerre, mais on fait la guerre pour obtenir la paix. Soyez donc pacifiques même en combattant, ayant pour but d'amener par la victoire ceux que vous combattez au bonheur de la paix, car le Seigneur a dit : Bienheureux les pacifiques, parce qu'ils seront appelés : enfants de Dieu. (EPIST. 205. AD. BONIFACIUM.) (1)

On ne saurait contester aux objets que désire la cité de la terre, d'être des biens ; elle-même, en tant que nature humaine, est un bien plus excellent. En vue de ces biens inférieurs, elle désire une certaine paix toute terrestre ; et elle guerroye afin d'arriver à cette paix. En effet, qu'elle demeure victorieuse, que toute résistance cesse, elle a la paix que n'avaient point les partis contraires lorsqu'ils luttaient entre eux pour s'approprier des biens qu'ils ne pouvaient, dans leur déplorable indigence, posséder ensemble. A cette paix prétendent les sanglantes guerres ; elle est le prix de la victoire qui passe pour glorieuse. Or quand la victoire reste aux défenseurs de la plus juste cause, c'est assurément une heureuse victoire, c'est une paix digne de tous nos vœux : œuvres bonnes et sans doute bienfaits de Dieu. Mais si, au mépris des biens supérieurs qui appartiennent à la céleste cité où la victoire possédera l'inaltérable sécurité de la paix éternelle, l'on s'éprend des biens d'ici-bas jusqu'à les croire uniques ou du moins jusqu'à les préférer à ceux même que l'on croit plus excellents, la misère ou un surcroît de misère est inévitable. (DE CIV. DEI XIX. 4).

En effet, que l'on considère avec moi, sous quelque point de vue que ce soit, les choses humaines et la nature de l'homme et l'on reconnaît que, s'il n'est personne qui ne veuille ressentir de la joie, il n'est aussi personne qui ne veuille avoir la paix. Et ceux-là même qui veulent faire la guerre, ne veulent rien autre chose que de vaincre : ils n'ont donc que le désir d'arriver par la guerre à une glorieuse paix. Qu'est-ce en effet, que la victoire, sinon la soumission de toute résistance ? soumission qui amène la paix. C'est donc en vue de la paix que se fait la guerre : la paix est le but de ceux même qui

(1) Pacem habere debet voluntas, bellum necessitas, ut liberet Deus a necessitate et conservet in pace. Non enim pax quæritur ut bellum excitetur, sed bellum geritur ut pax acquiratur. Esto ergo etiam bellando pacificus, ut eos, quos expugnas, ad pacis utilitatem vincendo perducas. *Beati enim pacifici* (ait Dominus) *quia filii Dei vocabuntur.*

cherchent dans les commandements et les combats l'exercice de leur
vertu guerrière. La paix est donc la fin désirable de la guerre, car
tout homme, en faisant la guerre, cherche la paix ; nul, en faisant la
paix, ne cherche la guerre. Et ceux qui désirent que la paix dont ils
jouissent soit troublée, ce n'est point qu'ils haïssent la paix, mais c'est
qu'ils veulent la changer à leur gré. Leur volonté n'est point que la
paix ne soit point, mais qu'elle soit à leur volonté. Enfin lorsqu'ils se
séparent des autres par la révolte, s'ils n'observent pas avec leurs
complices une paix quelconque, ils n'arrivent pas à leur but. Aussi les
voleurs eux-mêmes, pour livrer à la paix de la société des attaques plus
terribles et plus sûres, veulent conserver la paix avec leurs compa-
gnons. (DE CIV. DEI, XIX. 12.)

Le but de la guerre, dit **Victoria** (DE JURE BELLI, 1), c'est la
paix et la sécurité de l'État : or il ne saurait y avoir de sécurité pour
l'État si ses ennemis n'étaient, par la crainte de la guerre, empêchés
de commettre des injustices, et ce serait pour l'État une très mauvaise
condition d'existence, si, lorsque ses ennemis l'ont injustement envahi,
il lui était seulement permis de les repousser, mais non de les poursuivre en dehors de ses limites.

Comme nous l'avons dit déjà, le but de la guerre, c'est la paix et
la sécurité de l'État : celui qui fait la guerre a donc le droit de faire
tout ce qui est nécessaire pour assurer la paix et la sécurité de l'État.
(OP. CIT. 18) (1).

C'est avec raison que les hommes mettent la paix et la tranquillité
au nombre des biens désirables : car, même vivant dans l'abondance
des autres biens, ils ne pourraient être heureux s'ils ne jouissaient de
la sécurité. C'est pourquoi si des ennemis les attaquent et troublent
leur tranquillité, ils peuvent les punir par les moyens convenables.
(OP. CIT. 18.)

II. LES CANONISTES.

On trouve également chez les Canonistes l'affirmation du
même principe.

Pour qu'une guerre soit juste, dit **saint Raymond de Penafort** (SUMMA RAYM., LIB. II. TIT. V. qu. 5), il faut que l'on
soit dans la nécessité de combattre pour avoir la paix.

_____

(1) Ut supra dictum est, finis belli est pax et securitas : ergo gerenti bellum
justum licent omnia quæ necessaria sunt ad consequendam pacem et securitatem.

Reliure serrée

Martin de Lodi (DE CONFEDERATIONE, PACE ET CONVENTIO-NIBUS PRINCIPUM, QU. XLVIII), écrit à propos de la guerre :

Il y beaucoup de choses qu'il est permis de faire pour obtenir la paix et qui sont défendues autrement.

Bellini (DE RE MILITARI ET BELLO, PARS X) :

Le peuple et le roi qui combattent ne doivent avoir qu'une intention ; obtenir la paix.

Dans la guerre, on ne recherche rien d'autre que la paix, et il n'y a pas de paix là où il n'y a pas de justice (Op. cit. Pars II. Tit. 1)

Jean Lupus (TRACT. DE BELLO ET BELLATORIBUS).

Nous faisons la guerre afin de pouvoir vivre en paix à l'abri de l'injustice.

III. ON NE DOIT POINT ENTREPRENDRE UNE GUERRE QUI N'AURAIT PAS POUR RÉSULTATS LA PAIX ET LE BIEN DE L'ETAT.

Il faut faire la guerre afin de vivre en paix dit **Soto** (DE JUSTIT. ET JURE, LIB. V QU. 1. ART. 7) et il cite la parole d'Aristote : Si nous faisons des guerres, c'est pour que nous puissions vivre en paix.

Puis il montre que les particuliers doivent faire à la paix et à la tranquillité des États le sacrifice de leur vie (OP. CIT. LIB. III, QU. 2, ART, 7).

Si la justice n'était pas violée, il n'y aurait jamais lieu de faire ces guerres dans lesquelles le courage des citoyens est si utile à l'État... mais si le courage est au nombre des choses difficiles, la justice, elle, est ce qu'il y a de meilleur. C'est pourquoi il faut savoir sacrifier à la justice, par laquelle sont conservées la paix et la tranquillité du genre humain, la vie des simples particuliers.

Mais si la paix et la sécurité de l'État sont le but de la guerre, il en résulte qu'il ne sera pas permis de la faire,

---

(1) Le but de la guerre c'est la paix (*Gentilis, De jure belli cap. V.*) Il faut parfois entreprendre des guerres, afin de pouvoir vivre en paix, à l'abri des injustices, mais il faut les faire dans le seul but de la paix. (*Ayala. De jure et off. bell. Lib. I, cap. II,* 3.) — Bataille ne regarde autre chose que de retourner tort à droit, et faire retourner dissension à paix selon le contenu de l'Escripture. (*Hon. Bonet. Arbre des batailles,* IVme *partie,* 1.)

même en ayant de justes motifs de l'entreprendre, si elle doit avoir pour résultat, en affaiblissant considérablement l'Etat, de diminuer sa sécurité. De même si elle doit entraîner pour lui de nouvelles guerres et le priver pour de longues années des bienfaits de la paix (1). De même encore si elle doit être, pour le reste du monde et pour la chrétienté, une source de guerres et de calamités.

Il se peut que le droit de reprendre une ville ou une province existe, et que cependant la guerre soit tout à fait illicite à cause des calamités qui en résulteraient. Les guerres, nous l'avons vu, doivent être entreprises dans l'intérêt général : si donc une ville ne peut être reprise qu'au prix de maux considérables pour l'État, au prix de la dévastation de nombreuses cités, de la mort d'un très grand nombre d'hommes, si elle doit amener des inimitiés entre princes, ou provoquer de nouvelles guerres pour le plus grand mal de l'Église, le Prince doit sans aucun doute renoncer à son droit et s'abstenir de la guerre ; ~~et de même, s'il y a~~ Voir ~~pour cela que parfois on laisse~~ les païens envahir et occuper les territoires chrétiens. Il est clair, en effet, que si le roi de France, par exemple, avait des droits sur Milan, mais que la guerre dût être, et pour le royaume de France et pour la province de Milan, la source de maux intolérables et de grandes calamités, il ne lui serait pas permis de les faire valoir par la guerre ; car celle-ci doit se faire pour le bien de la France ou pour le bien de la province de Milan. Lorsque, au contraire, la guerre doit avoir comme résultat de grandes calamités pour tous les deux, elle ne saurait être juste. (**Victoria**, DE JURE BELLI, 33.)

Une guerre n'est pas juste s'il est évident qu'il doit en résulter pour l'État plus de mal que de bien et d'utilité, même s'il existe, d'autre part, de justes titres et de justes motifs pour la faire. Il est aisé de le démontrer. L'État n'a le droit de déclarer la guerre que pour se protéger, se défendre, lui et ce qui est à lui. Si la guerre doit avoir pour résultat, non d'augmenter, mais de diminuer sa puissance, s'il doit en sortir écrasé, elle sera injuste, que ce soit l'État ou le roi qui la déclare.

(1) Le Roi Saint Louis fut un jour blâmé des concessions qu'il faisait au Roi d'Angleterre et Joinville l'entendit répondre : Les comtés que je cède, oui, j'avais le droit de les garder ; mais ils auraient été une cause de perpétuels litiges. Je les cède afin d'éviter la guerre à nos descendants et d'être ainsi béni de Dieu qui a dit : Bienheureux ceux qui établissent la paix.

Il y a plus : une province chrétienne fait partie de l'État, et l'État fait partie du monde ; si donc une guerre est utile à une seule province ou à un seul État, mais doit entraîner de grands dommages pour le monde entier ou pour la chrétienté, j'estime qu'une telle guerre est injuste. (**Victoria**, DE POTESTATE CIVILI, 13.)

CHAPITRE III.

La guerre n'est permise que si elle est nécessaire.

Saint Augustin insiste en plusieurs endroits sur cette idée que la nécessité seule excuse la guerre.

Nous devons vouloir la paix et ne faire la guerre que par nécessité afin que Dieu nous délivre de cette nécessité et nous conserve dans la paix. (EPIST. 205 AD BONIF.)

Ainsi guerroyer, dompter les nations, étendre son empire est aux yeux des méchants une félicité, aux yeux des bons, une triste nécessité (DE. CIV. DEI; L. IV, CAP. 15.)

Que ce soit donc par nécessité et non par volonté que nous donnons la mort à l'ennemi qui nous combat (EPIST. CIT.) (1).

Mais le sage, dira-t-on, tirera l'épée pour la justice. Eh quoi ! s'il se souvient qu'il est homme, ne doit-il pas plutôt amèrement déplorer cette nécessité qui lui met les armes à la main ? Car s'il ne s'agissait pas d'une guerre juste, le sage n'aurait pas à la faire, le sage n'aurait pas à combattre. C'est l'injustice de l'ennemi qui arme le sage pour la défense de la justice, et c'est cette injustice de l'homme que l'homme doit déplorer, ne s'ensuivît-il aucune nécessité de combattre (DE. CIV. DEI. XIX. 7).

Pour qu'une guerre soit juste, dit saint **Raymond de Penafort** (SUMMA. LIB II. TIT. V, QU. 5), il faut que l'on soit dans la nécessité de combattre pour obtenir la paix.

D'après **Hostiensis** (SUMMA. LIB I RUBRICA 34), la guerre peut être injuste de cinq manières et la seconde qu'il indique est : En raison de la cause, si l'on combat volontairement et non par nécessité.

---

(1) « Itaque hostem pugnantem necessitas perimat, non voluntas. » Mais, ajoute-t-il, si la résistance et la rébellion autorisent la violence, le vaincu et le captif ont droit à la miséricorde, surtout lorsqu'il n'y a point de crainte de voir la paix troublée de nouveau. « Sicut rebellanti et resistenti violentia redditur, ita victo vel capto misericordia jam debetur, maxime in quo pacis perturbatio non timetur. »

Plusieurs canonistes reproduisent textuellement, et en citant son auteur, l'opinion d'**Hostiensis** : parmi eux, **Guerrero** (DE BELLO JUSTO ET INJUSTO, cap. XLV); **Bellini** qui ajoute :

Tous les hommes de bien reconnaissent que les guerres ne peuvent être entreprises que pour une cause juste et nécessaire (DE RE MILITARI)

ainsi que **Lupus** (TRACT. DE BELLO ET BELLATOR.), qui écrit ce qui suit :

Si celui auquel on veut déclarer la guerre est disposé à se conformer au droit tel qu'il sera défini par une décision soit d'arbitres, soit d'hommes sages, même lorsqu'on a la justice pour soi, on ne doit point entreprendre la guerre, car la guerre doit être de nécessité.

La guerre, dit **Monalde** (SUMMA, DE BELLO JUSTO) doit se faire pour une cause nécessaire et licite.

Saint Antonin (SUMMA, Tom. IV, tit. III, cap. 2) :

Que le prince se garde de déclarer trop facilement la guerre; même en supposant réalisées les conditions ci-dessus indiquées; il ne doit entreprendre de guerre que dans le cas d'urgente nécessité, en présence d'une lésion notable et manifeste.

Victoria (DE JUR. BELLI, 60) :

Il est de la dernière cruauté de chercher des motifs et d'être heureux si on en trouve, pour pouvoir tuer et détruire des hommes que Dieu a créés et pour lesquels le Christ est mort. C'est contraint et forcé qu'il faut être acculé à la nécessité de la guerre (1).

Suarez (DE TRIP. VIRT. TH. DE CARIT. disp. XIII, sect. I, 3 :

Saint Augustin a clairement montré que la guerre doit être évitée autant qu'il est possible et qu'on ne doit l'entreprendre que dans le cas de nécessité extrême, quand on ne peut recourir à aucun autre moyen (2).

---

(1) Est enim ultimæ immanitatis causas quærere et gaudere quod sint ad interficiendum et perdendum homines quos Deus creavit et pro quibus Christus mortuus est : sed coactum et invitum venire oportet ad necessitatem belli.

(2) Que fera donc le sage prince auquel sera de nécessité pour aucun des cas dessusdis emprendre guerre ou bataille ? (CHRISTINE DE PISAN, *Livre de faits d'armes et de chevalerie*, ch. 4.)

On ne peut entreprendre une guerre que pour une cause juste et nécessaire. AYALA. *De jur. et off. bell*, lib. I, cap. II. 11.).

CHAPITRE IV.

La guerre juste.

I. Formule de saint Thomas.

On trouve, dans le *Décret de Gratien*, les deux définitions suivantes de la guerre juste :

La guerre juste est celle qui est faite, d'après un édit, pour reprendre des choses qui ont été ravies ou pour repousser les ennemis (1).

Cette première définition est empruntée à **saint Isidore de Séville** (Origin., lib. xvii, cap. i).

La seconde est tirée de **saint Augustin** (lib. quæst. vi, 10 . Elle ne comprend pas la guerre défensive, qui est évidemment permise lorsqu'on est en présence d'une agression injuste.

On a coutume d'appeler guerres justes celles qui ont pour but de venger des injures (2), lorsqu'il faut contraindre par la guerre une ville ou une nation qui n'a pas voulu punir une mauvaise action commise par les siens, ou restituer ce qui a été pris injustement (3).

(1) Justum est bellum, quod ex edicto geritur, de rebus repetendis, aut propulsandorum hostium causa.

(2) Voir l'avis au lecteur, page III.

(3) Justa enim bella definiri solent, quæ ulciscuntur injurias, si qua gens vel civitas quæ bello petenda est, vel vindicare neglexerit quod a suis improbe factum est, vel reddere quod per injurias ablatum est. Autre version : si gens vel civitas plectenda est, quæ vel vindicare, etc.

Saint Augustin a ajouté : Un autre genre de guerre juste est celle qui est entreprise sur l'ordre de Dieu en qui il ne peut y avoir d'injustice et qui sait ce que chacun mérite. Dans ce genre de guerre, le général qui conduit l'armée ou le peuple lui-même qui la compose, doivent être considérés, non comme les auteurs de la guerre, mais plutôt comme les instruments de Dieu. « Sed etiam hoc genus belli sine dubitatione justum est, quod Deus imperat, apud quem non est iniquitas, et novit quid cuique fieri debeat ; in quo bello ductor exercitus vel ipse populus non tam auctor belli quam minister judicandus est. »

Saint Thomas (Summa Th. 2, 2, qu. xl, art. 1) a déduit de ces deux définitions la formule suivante par laquelle, laissant de côté la guerre défensive, il ramène à trois les conditions nécessaires pour qu'une guerre offensive soit juste.

Pour qu'une guerre quelconque soit juste, trois choses sont nécessaires :

1º *L'autorité* du prince d'après l'ordre duquel la guerre doit être entreprise : car il n'appartient pas à un particulier de faire la guerre parce qu'il peut avoir recours pour obtenir justice au jugement de son supérieur. Ce n'est pas non plus au particulier à convoquer la multitude, comme il faut le faire pour combattre...

2º Il faut que la guerre ait *une cause juste*, c'est-à-dire que ceux que l'on attaque aient mérité de l'être pour avoir fait une faute.

Et à l'appui de sa définition de la cause juste, il rappelle les paroles de saint Augustin rapportées plus haut : On a coutume d'appeler guerres..., etc.

3º Il est nécessaire que *l'intention* de ceux qui combattent soit *droite*, c'est-à-dire qu'ils se proposent de faire le bien ou d'éviter le mal. C'est, ajoute-t-il, ce qui a fait dire au même Docteur que les vrais adorateurs de Dieu regardent comme pacifiques les guerres qui ne sont entreprises ni par cupidité, ni par cruauté, mais que l'on fait par amour de la paix dans le but de réprimer les méchants et de soulager les bons (1).

Par conséquent, il peut arriver que quoique la guerre ait été déclarée par l'autorité légitime et pour une juste cause, elle n'en soit pas moins illicite, en raison de la perversité de l'intention de celui qui la fait (2). Car saint Augustin dit : (Contre Faustum XXII, 74). «Le désir de nuire, la cruauté de la vengeance, une âme implacable, ennemie de toute paix, la fureur des représailles, la passion de la domination, et tous autres sentiments semblables, voilà ce qui mérite à juste titre d'être condamné dans la guerre » (3).

(1) On a vu que ce passage indiqué par le Décret de Gratien et par saint Thomas comme extrait des œuvres de saint Augustin ne se trouve pas dans les écrits que nous possédons aujourd'hui du grand Docteur.

(2) Mais dans ce cas, on ne sera pas tenu de restituer les biens qu'on aura justement repris. (Voir chapitre XV.)

(3) Respondeo dicendum quod ad hoc, quod aliquod bellum sit justum, tria requiruntur :

Primo quidem auctoritas principis, cujus mandato bellum est gerendum. Non

Saint Antonin (SUMMA THEOL. PARS III, TIT. IV, CAP. 1) adopte les formules de saint Thomas et ajoute : Toutefois pour se défendre il n'est pas besoin de l'autorité du Prince, car il est, de droit naturel, permis d'opposer la force à la force.

Sylvestre (SUMMA SYLV. VERBO : BELLUM), après avoir exposé que la guerre privée ou particulière n'est permise que dans un seul cas, lorsqu'il s'agit de résister à une attaque dirigée contre les personnes ou les biens, développe les trois conditions indiquées par saint Thomas, et en indique diverses applications.

Cajétan (SUMMULA. VERBO : BELLUM) se réfère également à saint Thomas : il en conclut que la guerre, peut être injuste par défaut de justice dans la cause, d'autorité chez celui qui l'entreprend, ou de rectitude dans l'intention de ceux qui la font.

Après avoir montré la justice de la guerre par laquelle on cherche à repousser un injuste agresseur, **Victoria** (DE JURE BELLE, 1) démontre, en invoquant l'autorité de saint Augustin, la légitimité de la guerre offensive, dans laquelle on ne se borne pas à défendre ou à reprendre son bien, mais où l'on cherche à punir une injustice dont on a été victime.

enim pertinet ad personam privatam bellum movere : quia potest jus suum in judicio superioris prosequi. Similiter etiam convocare multitudinem, quod in bellis oportet fieri, non pertinet ad personam privatam.

Secundo requiritur causa justa : ut scilicet illi qui impugnantur, propter aliquam culpam, impugnationem mereantur. Unde Augustinus dicit in lib. 6 (Super Josue, Quæst. 16) : Justa enim bella definiri solent quæ ulciscuntur injurias, si qua gens vel civitas quæ bello petenda est vel vindicare neglexerit quod a suis improbe factum est, vel reddere quod per injurias ablatum est

Tertio requiritur ut sit intentio bellantium recta, qua scilicet intenditur, vel ut bonum promoveatur, vel ut malum vitetur. Unde Augustinus in libro de Verbis Domini (23, q. 1) : « Apud veros Dei cultores etiam illa bella pacata sunt, quæ non cupiditate aut crudelitate, sed pacis studio geruntur, ut mali coerceantur et boni subleventur. » Potest enim contingere, ut si sit legitima auctoritas indicendi bellum, et causa justa, nihilominus propter pravam intentionem bellum reddatur illicitum. Dicit enim Augustinus in lib. contra Faustum (l. 22, c. 74) : « Nocendi cupiditas, ulciscendi crudelitas, impacatus et implacabilis animus, feritas rebellandi, libido dominandi, et si qua similia, hæc sunt quæ in bellis jure culpantur. »

Il consacre un chapitre à l'étude de l'autorité nécessaire pour faire ou déclarer la guerre, un autre à celle de la juste cause. Après avoir dit que ni le désir d'agrandir son empire, ni celui d'acquérir d'autres avantages, ni l'amour de la gloire ne peuvent légitimer une guerre, il ajoute :

En supposant que le prince possède l'autorité suffisante pour faire la guerre, ce dont il doit avant tout se garder, c'est de chercher des occasions et des motifs de guerre; il doit au contraire s'efforcer de vivre en paix, s'il le peut avec tous les hommes, suivant le précepte de saint Paul (ad. Rom. XII). Il doit songer que les autres sont notre prochain que nous devons aimer comme nous-mêmes, que nous avons tous un même Dieu, un même Seigneur devant le tribunal duquel nous aurons à rendre compte de tous nos actes. C'est de la dernière cruauté de chercher des motifs et d'être heureux si l'on en trouve, pour pouvoir tuer et détruire des hommes que Dieu a créés, et pour lesquels le Christ est mort. C'est contraint et forcé qu'il faut être acculé à la nécessité de la guerre. (OP. CIT. 60.)

Suarez (DE TRIP. VIRT. THEOL. DE CARIT. DISP., XIII, SECT. II), dit que pour que la guerre se fasse honnêtement, trois conditions sont requises : d'abord qu'elle soit déclarée par l'autorité légitime; ensuite qu'elle ait une juste cause et un juste motif; enfin que, avant, pendant et après, on s'attache à être juste et à la faire de la manière convenable. La raison en est que bien que la guerre ne soit pas un mal en soi, cependant à cause des désastres qu'elle entraîne, elle est au nombre des choses qui souvent se font à tort. Et c'est pourquoi il faut beaucoup de circonstances pour qu'elle soit permise (1).

Comme on le voit, tout en suivant saint Thomas, **Suarez** remplace l'expression : intention droite du docteur angélique par celle de *manière convenable de faire la guerre*.

De même **Soto** (DE JUSTIT. ET JURE, lib. v, qu. III, art. 5), après avoir parlé de l'autorité nécessaire et de la juste

---

(1) Ut bellum honeste fiat, nonnullæ conditiones sunt observandæ, quæ ad tria capita revocantur. Primum, ut sit a legitima potestate. Secundum ut justa causa et titulus. Tertium est ut servetur debitus modus, et æqualitas in illius initio, prosecutione et victoria : quæ omnia patebunt ex sequentibus sectionibus. Ratio vero conclusionis generalis est : quia licet bellum per se non sit malum, tamen propter multa incommoda quæ secum affert, ex iis negotiis est quæ sæpe male fiunt. Et ideo etiam multis indiget circumstantiis ut honestetur.

cause, indique comme troisième condition de la guerre juste, *l'obligation de suivre les formes du droit.*

Quelques canonistes ont adopté la formule de saint Thomas : c'est le cas de J. de **Lignano** (TRACT DE BELLO, cap. 79), de **Lupus** (DE BELLO ET BELLATOR.) (1).

II. Formule d'Hostiensis.

Pour qu'une guerre soit juste, dit **saint Raymond de Penafort** (SUMM. RAYM. LIB II, T. V. 12), il faut qu'elle remplisse cinq conditions, touchant la personne, l'objet, la cause, l'intention et l'autorité :

1. *La personne*, c'est-à-dire qu'elle doit être faite par un laïque, auquel il est permis de répandre le sang et non par un ecclésiastique, auquel cela est interdit.

2. *L'objet*, c'est-à-dire qu'il s'agisse de recouvrer des biens ou de défendre sa patrie.

3. *La cause*, c'est-à-dire que l'on combatte par nécessité afin d'obtenir la paix.

4. *L'intention*, c'est-à-dire que la guerre ne se fasse ni par haine, ni par vengeance, ni par cupidité, mais par devoir, pour la justice et par obéissance.

5. *L'autorité*, c'est-à-dire qu'elle soit entreprise par ordre de l'Église, quand on combat pour la foi, ou par ordre du prince.

Si l'une de ces conditions fait défaut, la guerre sera injuste.

Il y a cependant des cas où la guerre peut avoir lieu sans ordre spécial du prince ou de l'Église ; c'est quand il s'agit de défendre ses biens ou sa patrie : car c'est un principe de droit que l'on peut repousser la force par la force, à condition de le faire avec modération (2).

---

(1) On la trouve aussi chez quelques jurisconsultes : ainsi *Ayala* (DE JURE ET OFFICIIS BELL. Lib. I, cap. II, 12). *Bartole* (Tract. repres.).

(2) Nota quod quinque exiguntur ad hoc ut bellum sit justum, scilicet : persona, res, causa, animus et auctoritas.

1° *Persona*, ut sit sæcularis, cui licitum est fundere sanguinem, non autem Ecclesiastica, cui est prohibitum.

2° *Res*, ut sit pro rebus repetendis et pro defensione patriæ.

3° *Causa*, si propter necessitatem pugnetur, ut per pugnam, pax acquiratur.

4° *Animus*, ut non fiat propter odium, vel ultionem, vel cupiditatem, sed propter

Hostiensis (SUMMA AUREA, lib. 1, Rub. 34) a fait sienne cette formule que l'on retrouve dans un grand nombre d'auteurs :

La guerre juste est celle qui est faite d'après une ordonnance du prince, pour rentrer en possession de choses qui ont été enlevées ou pour repousser les ennemis. Il faut regarder comme juste celui qui tire l'épée soit sur l'ordre, soit avec le consentement de son supérieur agissant régulièrement; quant à celui qui tire l'épée de son autorité privée, il mérite d'être frappé par l'épée.

Plusieurs auteurs disent que la guerre peut être injuste de cinq manières :

1. A raison de son objet, si elle n'est pas faite pour recouvrer des biens ou défendre sa patrie.

2. A raison de sa cause, si elle se fait volontairement et non par nécessité.

3. A raison de l'intention, comme lorsqu'on la fait par vengeance.

4. Si elle est faite sans l'ordre du prince.

5. A raison de la personne, par exemple, si cette personne est un ecclésiastique auquel il n'est permis de répandre le sang, par lui-même, ni par les autres.

A la vérité, la formule d'**Hostiensis** ne diffère guère de celle de saint Thomas. Il ajoute aux trois conditions de la guerre juste indiquées par ce dernier, la question des personnes, que saint Thomas traite, non sans raison, dans un article spécial (2, 2, qu. XL, art. 2) : puis il fait une condition à part de la nécessité.

Sylvestre le constate (SUMM. SYLV., V. BELLUM) quand, après avoir exposé les trois conditions indiquées par saint Thomas, il ajoute :

Il y en a qui indiquent deux autres conditions : la personne à laquelle il doit être permis de faire la guerre, ce qui est défendu aux

pietatem, justitiam et obedientiam.

5º *Auctoritas*, ut si auctoritate Ecclesiæ, præsertim cum pugnatur pro fide vel auctoritate principis.

Si aliquod istorum defuerit, bellum dicetur injustum. Videtur tamen casus in quo sine auctoritate speciali Principis vel Ecclesiæ possit moveri bellum, videlicet, pro rebus repetendis et defensione patriæ : nam de jure cuique licitum est vim vi repellere incontinenti et hoc cum moderamine inculpatæ tutelæ

clercs, mais cela est une prohibition spéciale; puis, que la guerre soit faite pour recouvrer des choses enlevées ou pour défendre la patrie ou autres considérations de même nature, mais cela revient à la définition de la juste cause.

Quoi qu'il en soit, la formule d'**Hostiensis** se rencontre très fréquemment, particulièrement chez les canonistes.

Monalde (SUMMA MONALD. DE BELLO JUSTO) rappelle d'abord la définition de saint Isidore, et ensuite les cinq conditions indiquées par saint Raymond de Penafort. Il y ajoute naturellement la guerre défensive.

Ange Carletti (SUMMA ANGEL.) dit qu'il faut pour que la guerre soit juste qu'elle ait une cause légitime et naturelle, comme la rébellion ou l'opiniâtreté des adversaires, et qu'elle se fasse dans l'intention non de se venger des coupables, mais de les punir. Il expose ensuite les cinq conditions indiquées par Hostiensis.

De même **Guerrero** (DE BELLO JUSTO ET INJUSTO, cap. XLV), **Bellini** (DE RE MILITARI), etc. **Lupus** (op. cit.) cite à la fois les deux formules.

Quelques-uns donnent de plus une classification des guerres que nous reproduisons à titre documentaire, mais qui nous semble peu recommandable, en particulier, à cause de l'erreur manifeste par laquelle elle débute.

Il y a, disent-ils, sept genres de guerres :

1. La guerre contre les infidèles, celle-là est toujours juste et elle est appelée la guerre *romaine* (1).

2. La guerre *judiciaire*, qui se fait contre les sujets rebelles par ordre du prince légitime. Cette guerre est juste; ceux contre lesquels on la fait ne sont pas à proprement parler des ennemis.

3. La guerre *présomptueuse*, c'est celle que font les rebelles et elle est injuste.

(1) Comme on le verra dans la note A, à l'appendice, Hostiensis avait accepté cette classification et défendu l'erreur par laquelle elle commence; erreur condamnée par Innocent IV, dans l'Apparatus aux Décrétales.

4. La guerre *légitime*, qui se fait en vertu d'un droit et qui est juste.

5. La guerre *téméraire*, qui se fait contre le droit et qui est injuste.

6. La guerre *volontaire*; c'est, dit **Jean de Lignano**, celle que déclarent les princes inférieurs sans l'autorité de leur souverain; elle est injuste.

7. La guerre *nécessaire*, dans laquelle on se défend contre les envahisseurs en vertu du droit naturel : cette dernière guerre est juste.

CHAPITRE V.

La cause juste.

———

I. Les Théologiens.

Les deux définitions de la guerre juste qui se trouvent dans le *Décret* et que nous avons rapportées en tête du chapitre précédent, donnent toutes deux également des définitions ou du moins des exemples de causes justes.

Prenant comme point de départ la définition de *saint Augustin*, à savoir qu'il y a cause juste quand il s'agit d'une nation qui a commis une faute, **saint Thomas** (Summa 2.2 qu. xl, art. 1) s'exprime ainsi :

Pour qu'il y ait cause juste, il faut que ceux que l'on attaque aient, par une *faute, mérité d'être attaqués* (1). C'est pourquoi, ajoute-t-il, saint Augustin dit : « On a coutume d'appeler justes les guerres qui » ont pour but de venger des injures, lorsqu'une ville ou une nation » qu'il faut contraindre par la guerre, n'a pas voulu punir une mau- » vaise action faite par les siens ou rendre ce qui a été pris injus- » tement. »

Cette définition de la cause juste se retrouve chez tous les commentateurs de saint Thomas et ceux d'entre eux qui ont étudié la question de la guerre en déduisent tous leurs développements et toutes leurs conclusions.

Juste cause, dit **saint Antonin** (Summa théol. Pars III, tit. IV, cap. 1), c'est-à-dire que ceux auxquels on fait la guerre l'aient

---

(1) Causa justa, ut scilicet illi qui impugnantur propter aliquam culpam, impugnationem mereantur.

5

méritée par quelque *faute*, par exemple pour avoir négligé de punir des actions injustes ou malhonnêtes dont les leurs sont coupables.

Il y a cause juste, dit ailleurs le même Docteur (SUMMA, TOM. IV, TIT. III, CAP. 2) quand la cité contre laquelle la guerre est entreprise, a causé de fréquents et importants dommages à la cité qui lui déclare la guerre, et si, alors qu'on lui a demandé de réparer ces dommages, elle a négligé de le faire. Autrement on ne voit pas ce qui pourrait être, au point de vue de la conscience, une cause suffisante de guerre, alors que la guerre détruit une infinité de choses, cause la perte de tant de corps et de tant d'âmes et engendre tant de calamités.

Sylvestre (SUMMA. SYLV. verbo : bellum), et **Cajétan** (SUMMULA, verbo : bellum) citent textuellement, le premier, le texte de saint Thomas, le second, celui de saint Augustin qu'il commente dans le même sens que saint Thomas, ainsi que nous le verrons dans le chapitre suivant.

Victoria (DE JUR. BELLI, 10, 11, 12, ET SEQ.) examine les différentes causes possibles des guerres : *La différence de religion*, dit-il, ne peut être une juste cause : c'est l'opinion de saint Thomas et de tous les docteurs, et je ne connais personne qui soutienne l'opinion contraire.

L'extension de l'empire n'est pas davantage une juste cause : il est à peine besoin de le démontrer. S'il en était autrement, la guerre serait juste des deux côtés à la fois : tous les combattants seraient innocents, il ne serait donc pas permis de les tuer, ce qui implique contradiction : à savoir que la guerre serait juste, mais qu'il ne serait pas permis de tuer les adversaires.

La gloire du Prince ou tout autre avantage qui lui serait propre ne saurait être une juste cause. En effet, le Prince doit tout ordonner, la paix comme la guerre, pour le bien commun de l'État : il n'a pas le droit de dépenser les revenus publics, encore bien moins d'exposer ses sujets à de grands périls, dans son propre intérêt ou pour sa propre gloire. C'est la différence qui existe entre le roi légitime et le tyran : celui-ci gouverne dans son intérêt et pour son avantage particulier : celui-là dans l'intérêt du bien public. Le prince, qui a reçu l'autorité de l'État, doit en user pour le bien de l'État.

Les lois, d'autre part, ne doivent jamais être faites en vue d'un intérêt particulier, mais en vue de l'utilité commune de tous les citoyens. Donc les lois en vertu desquelles se fait la guerre doivent être faites pour l'utilité de tous et non uniquement pour celle du prince.

La seule et unique cause juste de la guerre, c'est la *violation d'un droit* (1).

1° On peut le démontrer par l'autorité de saint Augustin, la définition de saint Thomas et l'opinion de tous les docteurs.

2° La guerre offensive a pour but, comme il a été dit, de punir une action injuste et de sévir contre les ennemis : mais la vindicte ne peut être exercée que là où il y a eu d'abord *faute* et violation d'un droit.

3° Le Prince n'a pas sur les étrangers une autorité plus grande que sur ses sujets : or, à l'égard de ceux-ci, il ne peut se servir du glaive que s'ils ont commis une action injuste : il en est de même à l'égard des étrangers.

4° Et tout cela est confirmé par la parole de saint Paul : « Ce n'est » pas sans motif que le Prince porte le glaive, car il est le ministre de » Dieu pour exécuter sa vengeance contre celui qui fait le mal. » (2) D'où il résulte qu'il ne peut être permis de se servir du glaive contre ceux qui ne nous font pas de mal, car tuer des innocents est défendu par la loi naturelle.

Toute violation de droit, quelle qu'en soit l'importance, ne suffit pas pour justifier une déclaration de guerre. Il est aisé de le prouver : car dans les causes ordinaires et naturelles, il n'est pas permis d'infliger, pour n'importe quelle faute, des peines énormes comme la mort, l'exil ou la confiscation des biens. Or, dans la guerre, tout est grave et atroce, meurtres, incendies, dévastations : il n'est donc pas permis de punir par la guerre ceux qui sont seulement les auteurs d'injures légères : car suivant la grandeur du délit doit être la grandeur du châtiment.

Il ne peut y avoir juste guerre, dit **Suarez** (DE TRIP. VIRT. THEOL., DE CARIT. PARS. III. DISP. XIII, SECT. 4) sans cause légitime et nécessaire. C'est une proposition certaine et évidente. Quant à cette cause juste et suffisante, c'est une *grave violation du droit*, qui ne peut être réparée ou punie par un autre moyen. C'est l'opinion de tous les théologiens qui la déduisent des écrits de Saint-Augustin.

Une première raison, c'est que la guerre est permise seulement pour que l'État puisse se protéger et assurer sa sûreté : car d'un autre côté, elle est contraire au bien général du genre humain, à cause des

(1) Unica est et sola causa justa inferendi bellum, injuria illata.
(2) SAINT PAUL, ad. Rom. XIII, 4.

meurtres, des désastres qu'elle entraîne, etc. Donc si ce motif n'existe
pas, la guerre ne peut être juste. Une seconde raison, c'est que par la
guerre, les hommes sont dépouillés de leurs biens, perdent la liberté
et la vie; faire, sans juste cause, des choses semblables, c'est tout ce
qu'il y a de plus inique, sinon les hommes pourraient sans motif se
tuer mutuellement. En troisième lieu, la guerre dont nous parlons
est surtout la guerre offensive; la plupart du temps, elle est entreprise
contre des hommes qui ne sont pas des sujets; il est donc nécessaire
qu'il y ait eu de leur part une *faute* à raison de laquelle ils sont devenus
sujets; autrement à quel titre seraient-ils dignes d'une *peine* et tom-
beraient-ils sous une juridiction étrangère? Enfin si ces motifs que les
païens invoquaient pour faire la guerre, — l'ambition, la cupidité.
l'orgueil, le désir de montrer son courage — étaient licites et suffisants, chaque État pourrait aspirer à dominer les autres et alors la
guerre serait juste des deux côtés à la fois, juste en elle-même et hors
le cas d'ignorance, ce qui est tout ce qu'il y a de plus absurde : car
deux droits contraires ne peuvent être justes en même temps.

Il faut faire à ce sujet quelques observations : d'abord pour faire la
guerre, il ne suffit pas de n'importe quelle cause : il faut une *cause*
grave et proportionnée aux maux qui résultent de la guerre. Il serait
tout à fait contraire à la raison de provoquer des désastres à l'occasion
d'une légère injure. Le juge ne peut punir ainsi toutes espèces de
délits, mais seulement ceux qui s'opposent au bien commun, et à la
paix de l'État. Il faut toutefois considérer ceci : parfois une injure
paraît légère, qui est en réalité grave, tout bien considéré, ou qui est
telle que si on en autorisait d'autres semblables, il en résulterait de
graves préjudices. Ainsi s'emparer même d'une petite place forte, par
exemple, sera parfois une injure grave ; de même faire des incursions
sur un territoire étranger, lorsque le prince qui a commis ces délits,
ne tient aucun compte des avertissements qu'on lui donne.

Ensuite, il faut remarquer que les injures pouvant donner lieu à une
cause juste de guerre, sont de diverses natures et peuvent se rapporter
à trois chefs principaux :

1° Un Prince s'est emparé de ce qui appartient à un autre et il refuse
de le lui restituer.

2° Il refuse, sans cause raisonnable, des choses qui sont communes,
d'après le droit des gens, comme le droit de passage, de commerce, etc.

3° Il a porté une grave atteinte à la bonne renommée ou à l'honneur
d'un prince étranger ou de ses sujets. Le Prince est le gardien de l'État
et le défenseur de ses sujets : il est donc suffisant que l'on ait atteint

ceux qui sont sous la protection du Prince, ou aussi ses alliés ou ses amis, ainsi qu'on le voit dans la Genèse (XIV, IN ABRAHAM) et dans le Livre des Rois (XXVIII, IN DAVIDE) car « mon ami est un autre moi-même », ainsi que le dit Aristote.

Mais ceci n'est vrai que si lesdits amis ont eux-mêmes le droit de faire la guerre, et si l'on est certain d'agir conformément à leur volonté, explicitement ou implicitement exprimée. La raison en est que l'injure faite à un autre ne me confère pas le droit d'en punir l'auteur, sauf quand cet autre ne peut lui-même se faire justice, et qu'en fait il le voudrait ; dans cette hypothèse, l'aide que je lui prête est une coopération à une action bonne et juste. Mais si ce désir n'existe pas chez lui, il n'est pas permis à n'importe qui de s'immiscer dans la cause; car alors il y a bien offense, mais ni l'offenseur ni personne n'est soumis à une obligation. Par conséquent, ceux qui disent que les Souverains ont pouvoir de punir toutes les injustices de la terre, disent une chose absolument fausse et confondent tous les ordres de juridictions, sans distinction : une telle puissance ne leur a pas été donnée par Dieu, et il n'y a pas de raison pour qu'elle existe.

Pour qu'une guerre soit juste, dit **Soto** (DE JUSTITIA ET JURE LIB. V, QU. III, ART. 5), il ne suffit pas d'une cause quelconque, mais il *faut que la cause soit proportionnée* aux grands périls qui résultent des guerres, aux calamités, aux désastres qu'elles amènent dans les États. Car par les troubles qui les accompagnent ce ne sont pas seulement les intérêts matériels des États, ce sont aussi leurs intérêts spirituels et sacrés et la foi elle-même qui sont mis en péril.

II. — LES CANONISTES.

Saint Isidore de Séville, ainsi qu'on l'a vu au chapitre précédent (page 41), indique comme cause de juste guerre, en dehors de la guerre défensive, *propulsandorum hostium causa*, la répétition de biens enlevés, *de repetendis rebus*.

Saint Raymond de Penafort et **Hostiensis** se sont contentés de reproduire à peu près textuellement la phrase de saint Isidore. Il en est de même de **Monalde, Carletti, Guerrero, Bellini**, etc. Quelques canonistes ont cru bon de faire des énumérations plus ou moins longues et plus ou moins fantaisistes de ce qu'ils considéraient comme des causes de justes guerres. Ces énumérations sont loin de présenter l'intérêt et la valeur d'une définition générale : elles se ressentent des idées personnelles de l'auteur et souvent contiennent des erreurs manifestes. Nous nous contenterons d'en donner un exemple pris dans **Guerrero** (*De bello justo et injusto*).

Après avoir rappelé les trois conditions de la guerre juste, telles qu'elles sont indiquées dans saint Thomas, il cite parmi les causes de justes guerres :

1º Si une province blasphème Dieu par le culte des idoles ;
2º Si elle s'est éloignée du culte de Dieu ;
3º Si elle cesse d'être fidèle à son Seigneur temporel ;
4º Si elle se rebelle contre son Souverain ;
5º Si elle défend les malfaiteurs ;
6º Si elle se rend coupable d'une injure à l'égard d'un Prince ou de son Légat ;
7º Un Prince peut faire la guerre pour se libérer d'un injuste tribut ;
8º Pour délivrer de ses ennemis une nation amie ou alliée ;
9º Pour faire recouvrer la liberté à ses sujets ;
10º Pour recouvrer l'intégrité de son royaume ;
11º Il peut aussi déclarer la guerre à celui qui aide un ennemi à devenir plus fort.

Et il invoque généralement à l'appui de chacun de ces cas l'autorité de la Bible.

Plus pittoresque, sinon plus scientifique est la classification donnée par **Christine de Pisan** (Le liv. des faits d'armes et de chevalerie, ch. IV).

Cinq mouvements y a principaux sur quoi les guerres sont fondées, dont trois sont de droit et les autres de voulunté.

Le premier de droit pourquoy doivent être guerres emprises et maintenues est pour *soutenir droit et justice.*

1º Porter ou soutenir l'Église et son patrimoine ;
2º Son vassal s'il a bonne et juste querelle ;
3º Aider un autre s'il en est requis, en cas que la querelle soit juste.

Le second est pour *contrestre aux mauvais* qui veulent fouler, grever et oppresser la contrée, la paix et le peuple.

Le tiers est pour *recouvrer* terres, seigneuries et aultres choses par autry ravies et usurpées à injuste cause qui au prince ou utilité du pays ou de subjets deussent appartenir.

Item des deux de voulunté.

L'un est pour cause de *vengeance* pour aucun grief receu d'autruy. L'autre est pour *conquérir* terres et seigneuries estranges, sans avoir autre titre que de conquéreurs.

Et elle ajoute que pour ces deux derniers cas, *elle ne les trouve pas dans la loi divine, ne en autre escripture.*

CHAPITRE VI.

La guerre est un acte de justice vindicative.

——— ——

Cette idée était si généralement admise au moyen-âge(1)
que dans le décret de Gratien on a réuni dans un même
article la définition de la guerre juste et celle du juge,
toutes deux empruntées au Livre des Origines de *saint
Isidore*.

> La guerre juste est celle qui est faite d'après un édit, pour reprendre
> des choses enlevées ou pour repousser les ennemis. § I. Le juge est
> ainsi nommé parce qu'il rend la justice ou qu'il se prononce sur le
> droit. Se prononcer sur le droit, c'est juger justement: car il n'y a
> pas de juge s'il n'y a pas en lui la justice (2).

Elle se trouve, comme on l'a vu, implicitement contenue
dans la définition de la guerre juste de *saint Augustin*,
et ressort également de la définition de *saint Thomas*, où
il est fait mention d'une *faute* de ceux qu'on attaque qui
leur ait *mérité* d'être attaqués.

Ses commentateurs ont non seulement développé et
expliqué sa doctrine, ils l'ont prise comme argument et
motif de leurs opinions quand ils ont voulu définir et limiter

---

(1) Guerre et bataille qui est faite à juste querelle n'est aultre chose que droite
exécution de justice (Ch. de Pisan, Liv. de fait d'armes, 2.)

(2) Justum est bellum, quod ex edicto geritur, de rebus repetendis, aut propul
sandorum hostium causa. § 1. Judex dictus, quasi jus dicens populo, sive quod
jure disceptet. Jure autem disceptare, est juste judicare. Non est autem judex si
non est in eo justitia.

.es droits et les devoirs du prince qui a guerre juste, c'est-
à-dire qui remplit le rôle de juge.

Celui qui a juste guerre, dit **Cajétan** (SUMMULA. VERBO : BELLUM)
remplit le rôle d'un juge agissant en matière criminelle. Qu'il remplisse le rôle d'un juge, cela résulte de ce que la guerre est *un acte
de justice vindicative.* C'est au Prince, c'est au juge, et non au particulier qu'est attribué le droit de punir : car il est écrit : « c'est à moi
qu'appartient la vengeance ». Qu'il agisse en matière criminelle, cela
résulte de ce que sa sentence a comme résultat la mort, la servitude
des personnes, la perte des biens : car tout cela, ce sont des résultats
de la guerre, bien qu'aujourd'hui on n'admette plus la servitude, du
moins entre les chrétiens.

De tout cela il résulte que celui qui a juste guerre, n'est pas partie,
mais en raison même de la cause nécessaire de la guerre, il est *juge*
des ennemis (1) ; pour la même raison il peut de sa propre autorité
user du glaive contre les perturbateurs intérieurs ou extérieurs de
l'ordre ; cette raison, c'est la perfection de l'État. Ce ne serait pas en
effet, un État parfait, celui qui n'aurait point le pouvoir de punir,
conformément à la justice, ceux qui troubleraient sa tranquillité,
qu'ils soient des citoyens ou des étrangers. Et s'il en était autrement,
comme aucun homme n'a personnellement d'autorité sur son égal,
toutes les guerres, sauf les guerres défensives, seraient injustes : mais
celui qui a juste guerre remplit *la fonction d'un juge agissant en
matière criminelle,* contre les étrangers qui troublent la paix de l'État,
et quand la guerre est commencée, il devient le maître de la cause.

Que l'ennemi s'en prenne à lui-même, si par sa propre faute, il en
est arrivé à cet état de choses que la *justice vindicative* puisse être
exercée contre lui par des étrangers, il avait toute facilité auparavant
de l'éviter en donnant satisfaction.

La guerre offensive, dit **Victoria** (De JUR. BELLI. 13) a, comme
il a été dit, pour but de *punir* une action injuste et de sévir contre les

---

(1) Habens justum bellum gerit personam judicis criminaliter procedentis. Et
quòd gerat personam judicis, patet ex eo quòd prælium justum est actus vindica-
tivæ justitiæ, quæ propriè est virtus principis, seu judicis, non enim est privatæ
personæ opus vindicare ; scriptum est enim : « Mihi vindictum »; quod verò criminaliter procedentis, patet ex eo quòd procedit ad cædem, ad servitutemque personarum et damnum rerum : hæc enim omnia justum bellum infert, quamvis hodie a
servitute inter Christianos abstineatur : manifestatur quoque idem, quod habens
justum bellum, non est pars, sed ex ipsâ ratione necessitante ad bellum, efficitur
judex hostium suorum.

ennemis : mais la vindicte ne peut être exercée que s'il y a eu d'abord *faute* et violation d'un droit (1).

Si l'État possède le pouvoir d'infliger des peines et des supplices à ses propres sujets qui sont dangereux pour lui, nul doute que le monde le possède à l'égard de tous ceux qui sont dangereux et malfaisants. Or ce pouvoir, il ne peut l'exercer que par les princes : il faut donc tenir pour certain que les princes peuvent punir les ennemis de l'État qui ont violé ses droits, et que lorsqu'une guerre a été justement entreprise, les ennemis sont absolument soumis au prince comme à leur *juge* propre (OP. CIT. 19).

Le vainqueur doit se considérer comme un juge qui prononce entre deux États, dont l'un a violé les droits de l'autre, et c'est comme *juge* et non comme accusateur qu'il doit prononcer la sentence qui rétablit la justice en faveur de la partie lésée. Mais après avoir châtié les coupables comme il convient, il faut s'attacher à réduire autant que possible le désastre et le malheur de l'État coupable, d'autant plus que la plupart du temps, chez les chrétiens, toute la faute provient des princes. (OP. CIT. 60.)

A toutes les pages de son livre, on retrouve les idées de faute, de jugement et de peine qui sont les éléments nécessaires d'une sentence de justice vindicative : il les rappelle sans cesse pour justifier les diverses propositions qu'il énonce, ou répondre aux questions qu'il soulève.

Peut-on s'emparer des biens des ennemis jusqu'à concurrence des dépenses de la guerre et des dommages injustement causés par eux (après avoir repris les choses enlevées et l'équivalent de celles qui n'existeraient plus)?

S'il y avait un *juge* légitime des deux parties qui se font la guerre, il devrait condamner l'injuste agresseur, violateur du droit, non seulement à la restitution des choses enlevées, mais encore à la réparation de tous les dommages, y compris les dépenses occasionnées par la guerre, or, le prince qui a juste guerre remplit dans la cause de la guerre *le rôle de juge*; il peut donc exiger des ennemis la réparation de tous les dommages. (OP. CIT. 17.)

(1) Bellum offensivum est ad vindicandam injuriam et animadvertendum in hostes, ut dictum est, sed vindicta esse non potest, ubi non præcessit culpa et injuria.

Que faut-il faire quand la justice de la guerre est douteuse, c'est-à-dire quand il y a des deux côtés des raisons probables de justice?

Si l'un des princes est en état de possession légitime, l'autre ne peut lui déclarer la guerre.

Si la chose se passait devant un tribunal établi par la loi, jamais le juge, en cas de doute, ne dépouillerait le possesseur : donc étant donné que les princes, qui prétendent faire valoir leurs droits sont *juges* dans la cause, ils ne peuvent dépouiller le possesseur tant que le doute existe. (OP. CIT. 27.)

Celui qui a des doutes sur son droit, alors même qu'il est en possession légitime, doit examiner la question avec grand soin et écouter pacifiquement les arguments de son adversaire.

N'ayant pas de supérieurs, les princes sont *juges en leur propre cause*; or, il est certain que si l'on présente une objection au légitime possesseur, le juge est tenu d'étudier la question ainsi soulevée : par suite, les princes sont aussi tenus d'étudier la cause en cas de doute. (OP. CIT. 29.)

Peut-on mettre à mort ceux qui sont coupables d'avoir pris part à une guerre injuste?

Cela est permis à l'egard des malfaiteurs qui sont sujets de l'État : cela l'est donc aussi à l'égard des malfaiteurs étrangers. Car on l'a vu, le prince qui fait la guerre, a, par le droit de guerre, autorité sur les ennemis comme un *juge* et un prince légitime. (OP. CIT. 46.)

Pour qu'un jugement, dit **Soto** (DE JUST. ET JURE, liv. V, qu. III, art. 5), soit convenablement rendu, il faut que trois conditions soient remplies : l'autorité du juge, la recherche de la justice, une étude loyale et prudente de la cause. Si l'un de ces éléments fait défaut, le jugement sera vicié et par conséquent illicite. Car un jugement n'est un acte de justice qu'autant qu'il est droit et par conséquent juste. Les trois conditions ci-dessus indiquées sont nécessaires pour un acte de justice : elles le sont donc également pour un jugement digne de ce nom.

Il faut de même pour qu'une guerre soit juste que l'on suive *les formes de droit* et cela plus exactement encore que dans les jugements

privés: car les dangers sont plus grands quand il s'agit du bien
public.

De telle sorte que la guerre ne doit être entreprise que lorsqu'on
n'a plus aucun moyen de conserver la paix, et elle ne doit pas être
poursuivie au delà de ce que réclame la justice.

Et (Op. cit., liv. V, qu. VI, art. 2), pour prouver que dans
la guerre injuste on n'a même pas le droit de se défendre,
il écrit :

Celui qui a été justement et légalement condamné n'a pas le droit de
se défendre contre celui qui l'a légitimement condamné. (Celui qui
résiste aux puissances établies, dit saint Paul, résiste à Dieu, et se condamne lui-même à la damnation.) La raison en est que la guerre ne
peut être à la fois juste des deux côtés, à moins qu'elle n'ait comme
excuse l'ignorance de l'une des deux parties. C'est avec justice que *le
juge s'empare du coupable, le retient et le condamne.*

De même, dit **Suarez** (DE TRIP. VIRT. THEOL. DE CARIT. PARS.
III, DISP. XIII SECT. 4) que dans un État, pour conserver la paix,
il faut un pouvoir légitime qui réprime les délits, de même dans le
monde, pour que les différents États puissent vivre en paix, il faut
un pouvoir qui punisse ceux qui violent le droit des autres. Mais ce
pouvoir ne réside dans aucun supérieur, puisqu'il n'en existe pas,
comme nous l'avons vu : il faut donc, de toute nécessité, qu'il existe
chez le souverain de l'État lésé, auquel, à raison du délit, l'autre est
soumis. C'est ainsi que la guerre tient la place d'une *juste sentence de
justice vindicative* . . . (1).

La guerre dont nous parlons est surtout la guerre offensive et elle
est dirigée contre des étrangers: il est donc nécessaire qu'il y ait eu
de la part de ceux-ci une faute, à raison de laquelle ils sont soumis au
prince qui déclare la guerre: autrement à quel titre seraient-ils dignes
d'un châtiment et *soumis à une juridiction étrangère*? (2).

(1) Sicut intra eamdem Rempublicam, ut pax servetur, necessaria est legitima
potestas ad puniendum delicta; ita in orbe, ut diversæ Respublicæ pacatè vivant,
necessaria est potestas puniendi injurias unius contra aliam. Hæc autem potestas non
est in aliquo superiore, quia nullum habent, ut ponimus : ergo necesse est ut sit in
supremo principe Reipublicæ læsæ cui alius subdatur ratione delicti. Unde hujusmodi bellum introductum est loco justi judicii vindicativi

(2) Bellum, de quo agimus, præcipue aggressivum est, et sæpe indicitur contra
non subditos ; unde necesse est, ut intercedat eorum culpa, ratione cujus efficiantur
subditi : alioquin, quo titulo essent digni pœna, aut subessent alienæ juridictioni ?

Le pouvoir de déclarer la guerre, dit-il encore (Op. cit. Sect. 2), est un pouvoir de juridiction, dont l'acte se rapporte *à la justice vindicative*, et qui est indispensable à l'état pour sévir contre les malfaiteurs. Il en résulte que, de même que l'autorité suprême peut punir les sujets quand ils nuisent aux autres, elle peut de même punir un prince étranger ou un État qui, à raison du délit qu'il a commis, tombe sous son autorité : cette peine ne peut être sollicitée d'un autre Juge, puisque le Prince dont nous parlons n'a pas de supérieur temporel : donc s'il n'est pas disposé à donner satisfaction, il peut y être contraint par la guerre.

Voir au sujet de la question qui nous occupe, le passage du même auteur que nous avons reproduit (chap. I, § 1, page 20), et dans lequel il répond à l'objection que dans ce cas le prince qui déclare la guerre est à la fois *juge et partie*.

La guerre, écrit **Vasquez** (COMM. IN SUMMA. Disp. LXIII.cap.III 12) est un acte de *justice punitive*, par lequel une peine et une punition sont infligées à des rebelles : mais nul ne peut être jugé digne de peine et être qualifié de rebelle, s'il agit en vertu d'une opinion qu'il croit probable...

On pourra également relire utilement sur cette question le passage du même auteur cité plus haut (Chap. I, § III, page 27), sur l'impossibilité de la guerre juste des deux côtés.

CHAPITRE VII.

De l'autorité nécessaire pour déclarer la guerre.

Nous ferons tout d'abord remarquer que cette question, secondaire aujourd'hui, avait au moyen-âge une importance capitale. Chaque prince, on pourrait presque dire chaque seigneur, prétendait avoir le droit d'entreprendre des guerres soit contre ses sujets ou ses vassaux, soit contre des adversaires étrangers.

D'autre part, nous avons supprimé tout ce qui est relatif à la guerre défensive : d'abord parce que nous traiterons plus loin ce sujet en détail (Appendice, note E.), ensuite parce que tous les auteurs sont d'avis qu'en cas d'attaque injuste, il est permis de repousser la force par la force, sans attendre, sauf si on le peut sans aucun inconvénient, l'ordre du souverain.

I. *Déclarer la guerre est un attribut de la souveraineté.*

Saint Augustin (Cont. l'Aust, XXII, 75) expose ce principe dans les termes suivants :

L'ordre naturel qui conduit à la paix entre les hommes demande que la décision et le pouvoir de déclarer la guerre appartiennent au souverain.

Saint Thomas (Summa, 2, 2, qu. XL., art. 1) le développe ainsi :

Parmi les trois conditions nécessaires à la justice d'une guerre, il indique :

L'autorité du prince d'après l'ordre duquel on doit faire la guerre : car, il n'appartient pas à un particulier de faire la guerre, parce qu'il peut avoir recours pour obtenir justice au jugement de son supérieur. Ce n'est pas non plus au particulier à convoquer la multitude, comme il faut le faire pour combattre. Mais parce que le soin de l'État est confié aux princes, il leur appartient de défendre la cité, le royaume ou les provinces qui se trouvent sous leurs ordres : Et comme il leur est permis de les défendre par le glaive matériel contre ceux qui les troublent à l'intérieur en punissant les malfaiteurs, suivant cette parole de l'apôtre (Rom. XIII. 4) : *Ce n'est pas sans motif que le prince porte le glaive: car il est le ministre de Dieu, pour exécuter sa vengeance contre celui qui fait le mal*, de même c'est à eux qu'il appartient de tenir l'épée dans les combats pour défendre l'État contre les ennemis extérieurs. Aussi le Psalmiste dit-il aux princes (Ps. LXXXI. 4) : *Arrachez le pauvre et délivrez l'indigent des mains du pécheur*. C'est ce qui fait dire à saint Augustin (Cont. Faust. XXII. 74) : *L'ordre naturel le plus favorable à la paix des hommes exige que la décision et le pouvoir de déclarer la guerre appartiennent aux princes* (1).

Cajétan (Summa. S. Th. comm. illustrata. 2. 2. qu. lx) commente ainsi le texte de saint Thomas :

Il y a ici une question qui se présente. Faut-il par ce mot de princes, entendre seulement les princes qui n'ont pas de supérieur ? Si un prince quelconque, qui a un Supérieur, déclarait la guerre, alors qu'il peut poursuivre son droit en recourant à ce Supérieur, ce serait ne pas tenir compte de l'autorité de ce dernier.

Mais par contre, on objecte que le droit de se servir du glaive de la guerre appartient à ceux qui ont le droit de se servir du glaive maté-

---

(1) *Primo* quidem auctoritas principis, cujus mandato bellum est gerendum. Non enim pertinet ad personam privatam bellum movere ; quia potest jus suum in judicio superioris prosequi. Similiter etiam convocare multitudinem, quod in bellis oportet fieri, non pertinet ad personam privatam. Cum autem cura reipublicæ commissa est principibus, ad eos pertinet rempublicam civitatis vel regni vel provinciæ sibi subditæ tueri; Et sicut licite defendunt eam materiali gladio contra interiores perturbatores, dum malefactores puniunt, secundum illud Apost. ad Romanos : « Non sine causâ gladium portat; minister enim Dei est vindex in iram ei qui male agit »; ita etiam gladio bellico ad eos pertinet rempublicam tueri ab exterioribus hostibus. Unde et principibus dicitur in Psal. 81 : Eripite egenum, et pauperem de manu peccatoris liberate. Unde Augustinus dicit, contra Faustum (lib. 22, c. 75) : Ordo naturalis mortalium paci accommodatus hoc poscit, ut suscipiendi belli auctoritas atque consilium penes principes sit.

riel contre leurs sujets, ce qui est le cas des Princes, même ayant un Supérieur.

Le mot Prince est employé ici par opposition à : personne privée, il veut dire : personne publique, mais personne publique parfaite. Il y a de nombreuses personnes auxquelles a été délégué le droit de se servir du glaive contre les sujets et auxquelles n'a pas été concédé celui de déclarer la guerre à des étrangers ; ainsi des villes, des gouverneurs, etc.

Plusieurs auteurs, dont quelques canonistes, font remarquer que déclarer la guerre sans l'ordre ou l'autorisation du prince Souverain est un outrage à la Souveraineté de ce prince.

Le particulier, dit **Covarruvias** (REG. PECCAT, CAP. 9) qui engage une guerre sans l'autorisation du prince, fait injure au Prince sous la dépendance duquel il est placé, s'il entreprend la guerre malgré lui ou sans son autorisation.

Nous avons vu (Chap. v, p. 48) que **J. de Lignano** (TRACT. DE BELLO PARS I. CAP. 79), qualifie de volontaires, et classe parmi les guerres injustes, celles qu'entreprennent les princes séculiers de son temps, sans l'autorisation de leur Souverain.

Bellini fait une observation analogue à propos des guerres entreprises par les Seigneurs :

Si celui qui déclare la guerre a un supérieur, et si celui à qui on la déclare n'en a pas, il faut demander l'autorisation du Souverain supérieur ; la raison en est claire et certaine ; agir autrement, ce serait ne faire aucun cas de lui, alors que son intervention peut avoir une grande importance, alors que souvent les guerres gagnent de proche en proche les voisins, et que d'ailleurs le seigneur est tenu de défendre son vassal et d'empêcher qu'on lui fasse subir des injustices (1).

(1) Voici en quels termes H. Bonet et Ch. de Pisan traitent ce même sujet :
Le conseil de faire guerre est devers les princes, mais selon la vérité, aultre personne qui ne soit prince ne peut commander guerre générale... Toutefois aujourd'huy chascun veult commander guerre et mesme ung simple chevalier contre ung autre. Ce que faire ne se doit selon les droits. (H. BONET. *Arbre des batailles*, ch. IV.)
Et assavoir que sans faire doulte, selon la détermination du droit et des lois à nul n'appartient bataille, ne guerre entreprendre pour quelconque cause se ce n'est aux princes souverains, sicomme Empereurs, rois, ducs et seigneurs terriens lesquels

II. — *Ceux qui peuvent déclarer la guerre.*

D'après plusieurs auteurs, dit **Monalde** (SUMMA, VERBO : BELLUM) le prince qui n'a aucun supérieur, qu'il soit roi ou empereur, peut déclarer la guerre de sa propre autorité, s'il a juste cause, tant contre des sujets que contre des étrangers. Il peut aussi donner à ses sujets l'autorisation de combattre soit un prince étranger, soit d'autres de ses sujets.

Tous les États, dit **Victoria** (DE JUR. BELLI, 5, 6 et 7), ont l'autorité suffisante pour déclarer ou entreprendre la guerre... Ils ont l'autorité suffisante non seulement pour se défendre, mais aussi pour se faire justice à eux et à leurs membres.

Le Prince a, en cette matière, la même autorité que l'État. C'est l'opinion de Saint Augustin et la raison le prouve : le Prince, en effet, n'existe que par le choix de l'État : il en remplit donc le rôle et en a l'autorité ; quand un État a à sa tête un prince légitime, toute l'autorité réside en lui et aucune décision générale concernant soit la paix, soit la guerre, ne saurait être prise sans lui.

Toute la difficulté est de savoir ce que c'est qu'un État, et qui peut être, à proprement parler, appelé Prince. A quoi l'on peut répondre en quelques mots, qu'à proprement parler, on appelle État une communauté parfaite ; mais il reste à définir la communauté parfaite. Pour cela, il faut remarquer que *parfait* est la même chose que *complet*. On appelle en effet imparfait ce à quoi il manque quelque chose, et, au contraire, parfait ce à quoi il ne manque rien. Est donc parfait l'État (ou la communauté) qui est par lui même complet, c'est-à-dire qui n'est pas partie d'un autre État, qui a ses lois, son conseil et ses

soient mesmement chiefs principaux de juridiction temporelle. Né à baron quelconque, ne à autre tant soit grent ne appartient sans licence et voulente de son souverain seigneur... Car se autrement estoit, de quoy doncques serviraient princes souverains, qui pour autre chose ne furent establis que pour faire droit à ung checun de leurs subjects qui oppressez seraient par aucunes extortions et de les défendre et garder ainsi que le bon pasteur qui expose sa vie pour ses aulles. Et pour ce, doit fuyr le subject du Seigneur comme à son reffuge quant aucun grier lui est fait. Et le bon Seigneur prendra les armes pour lui se besoing est : c'est-à-dire lui aidera de sa puissance à garder son bon droit, soit par voye de justice ou par execucion d'armes. (CH. DE PISAN. *Liv. de faits d'armes.*)

Voir sur cette question : Monalde ; Summa, verbo : bellum ; Lupus, Tractatus de bello et bellatoribus ; Sylvestre : Summa Sylv. verbo : bellum, qui concluent dans le même sens.

magistrats. Ainsi le royaume de Castille et d'Aragon, le Principat de
Venise et autres semblables (1).

Voici en quels termes **Suarez** (DE TRIP. VIRT. THEO. DE
CARIT. disp. XIII. sect. 2), traite la même question.

1° Le prince souverain qui n'a aucun supérieur temporel ou l'État
qui a gardé pour lui un semblable droit, a de droit naturel le pouvoir
légitime de déclarer la guerre. C'est l'avis de saint Thomas (2, 2, qu.
XL, art. 1). La raison en est d'abord que, ainsi que nous l'avons
montré, la guerre est quelquefois permise par le droit naturel : il
faut donc que le pouvoir de la déclarer existe chez quelqu'un ; c'est
pourquoi il appartient surtout à celui qui a la suprême puissance, car
c'est à lui qu'incombe principalement le soin de défendre l'État et de
commander aux princes inférieurs.

Ensuite, parce que le droit de déclarer la guerre comporte un
certain pouvoir de juridiction, dont l'exercice se rapporte à la justice
vindicative qui est indispensable dans l'État pour la répression des
malfaiteurs : il en résulte que si le souverain peut punir les sujets,
quand ils nuisent aux autres, il peut de même punir un autre prince
ou un autre État qui, à raison du délit commis, tombe sous sa juridiction : cette vindicte ne peut être demandée à un autre juge, puisque
le prince dont nous parlons n'a pas de supérieur temporel ; donc, s'il
n'est pas disposé à réparer l'injustice commise, il peut y être contraint
par la guerre.

J'ai dit : le prince qui n'a pas de supérieur temporel *ou l'État*, afin
d'englober dans ma conclusion tous les genres de gouvernements, car
pour tous, la raison est la même. Toutefois, il faut remarquer que
dans le gouvernement monarchique, après que l'État a transféré le
pouvoir à quelqu'un, il n'a plus le droit de déclarer la guerre, contre
la volonté de celui-ci, car dans ce cas, il n'est plus souverain.

. . . .

On demandera peut-être ce que c'est qu'un État parfait ou un
prince souverain. On peut répondre qu'en cette matière, tous les rois
sont souverains. Beaucoup de ducs revendiquent pour eux le pouvoir
suprême et, d'autre part, ce fut l'erreur d'un certain nombre de
canonistes, de soutenir que seul l'Empereur était souverain. En réalité, cela résulte du mode de juridiction propre à chaque prince ou à
chaque État. La marque de la juridiction suprême, c'est qu'il existe

(1) Voir sur la même question SOTO, De Just. et Jure, Lib. V, qu. III, art. 5.

auprès du prince ou de l'État un tribunal où se terminent tous les
débats du principat et qu'on ne peut en appeler à un tribunal supérieur. Toutes les fois qu'on peut en appeler à un autre tribunal,
c'est la preuve que le principat est imparfait, car l'appel est un acte
qui démontre la supériorité d'un homme sur un autre. Il en résulte
que tous les États soumis à un même roi ne sont pas nécessairement imparfaits par eux-mêmes, car il arrive que cet assemblage de
royaumes est accidentel, ce qu'indique la différence des lois, des
impôts, etc.

Et si cette différence n'est pas très importante par rapport au pouvoir dont nous parlons, car ce pouvoir réside dans le roi, elle l'est
par rapport au pouvoir que possède un tel État, contre son roi s'il
tombe dans la tyrannie. Car si l'État est parfait, il a pouvoir contre
son roi, même si celui-ci a d'autres royaumes; mais s'il est imparfait
et fait seulement partie d'un royaume, il ne peut rien sans le consentement du royaume tout entier, et ces principes, dérivant de la loi
naturelle, sont communs aux chrétiens et aux infidèles.

III. *Ceux qui ne peuvent pas déclarer la guerre.*

D'après la loi, dit **Hostiensis** (SUM. AUR. LIB. I, RUB. 34), on
n'appelle à proprement parler ennemis que ceux auxquels le Peuple
Romain déclare la guerre, ou ceux qui la déclarent au Peuple Romain:
les autres sont de vils brigands : les guerres que se font chaque jour
entre eux les princes à notre époque, sont injustes : ils n'ont même pas
le droit de se provoquer et d'accepter un défi : car il existe naturellement entre nous un certain lien de parenté, et l'homme ne peut
attaquer un autre homme ; on ne peut échapper aux obligations
créées par ce lien ni par une convention, ni par un consentement
mutuel : car des arrangements d'ordre civil ne peuvent abolir les lois
naturelles : les auteurs de ces guerres doivent donc être punis, car
le mal doit recevoir son châtiment; d'une manière générale, il est
interdit de juger en sa propre cause : sans un édit, on ne peut faire la
guerre, ni prendre les armes à l'insu du prince, et celui qui fait la
guerre contre l'ordre, c'est-à-dire sans ordre du prince, est coupable de
lèse-majesté.

Quant à nos comtes qui chaque jour, sans l'autorité de leur prince
prennent les armes, les font prendre aux leurs et vont dépouiller leurs
vassaux, je ne doute pas qu'ils soient tenus de restituer, s'ils n'observent l'ordre du droit, qui est d'entendre le vassal, s'il veut s'en

rapporter à la justice; si celui-ci refuse, ils peuvent l'attaquer, soit en vertu du droit, soit d'après l'ordre d'un juge : mais si le vassal obéit, on n'a pas le droit de se servir du glaive...

Mais si le Seigneur qui est sous la dépendance directe du Prince, a à se plaindre de son vassal et s'il veut suivre une voie tout à fait sûre au point de vue de sa conscience, je lui conseille de ne pas prendre les armes d'après le jugement qu'il aura porté lui-même ou d'après l'autorité du prince, mais de recourir au chef diocésain du vassal ; si celui-ci refuse de se conformer à ses avertissements, il encourra l'excommunication à raison de sa faute, et s'il reste pendant un an sous le coup de cette excommunication, alors le chef diocésain disposera de lui et de ses biens. Ainsi le bras séculier doit recourir au bras ecclésiastique, comme le contraire a lieu.

Il résulte évidemment de ce qui précède, dit **Victoria** (DE JURE BELLI, 9), que les autres rois de petits États ou princes qui ne sont pas des chefs d'États parfaits, mais font partie d'autres États, ne peuvent ni déclarer, ni faire la guerre ; ainsi le Duc d'Albe ou le Comte de Bénévent qui font partie du royaume de Castille et dont par conséquent les États ne sont point parfaits. Mais comme de telles situations proviennent en grande partie du droit des gens, ou du droit établi par les hommes, la coutume peut leur donner la faculté ou le pouvoir de faire la guerre (1).

Le prince et l'état imparfait, dit **Suarez** (op. cit. XXIII. 2) et quiconque a un supérieur temporel ne peut légitimement faire la guerre sans l'autorité de ce supérieur. La raison en est qu'un tel prince peut demander justice à son supérieur; il n'a donc pas le droit d'entreprendre une guerre; car, en ce cas il se trouve dans la condition d'un particulier, et les particuliers ne peuvent déclarer la guerre.

En second lieu, une semblable déclaration de guerre va à l'encontre du droit de Souverain qui est surtout investi de ce pouvoir parce que sans lui il ne pourrait pacifiquement et convenablement gouverner.

Bellini (TRACT. DE RE. MILIT.) envisage particulièrement les guerres entre un seigneur et son vassal.

Le maître **Nannus** dit que pour trois motifs on n'a pas le droit de prendre les armes, sans l'assentiment ou contre la volonté de son Seigneur : d'abord parce que c'est défendu par les lois, ensuite parce que les guerres sont contraires au droit naturel, hors le cas de défense nécessaire, et enfin parce qu'on ravage par la guerre des territoires

(1) Voir plus loin (page 70) ce que dit SUAREZ à ce sujet.

qui appartiennent au Seigneur ; c'est pourquoi, dit **Baldus**, le vassal qui ne demande pas l'autorisation de son Seigneur perd son fief.

IV. *Existe-t-il des exceptions à ces règles ?*

Victoria le croit et en indique deux. (DE JUR. BELLI. 9).

1° Si une ville ou un prince a par suite d'une coutume très ancienne le droit de déclarer la guerre de sa propre autorité, il ne convient pas de le lui dénier, bien que d'autre part il ne paraisse pas remplir les conditions d'un État parfait.

Suarez (OP. CIT. XIII. 2) ne partage pas entièrement cet avis :

A la vérité Victoria fait des réserves à ce sujet et Cajétan également. D'abord ils admettent qu'une coutume contraire et très ancienne peut exister. Ceci est peut-être exact, lorsque la guerre est déclarée à des étrangers qui ne sont pas les sujets du même Roi que celui qui les attaque, mais s'il s'agissait de sujets du même royaume, une telle coutume paraîtrait contraire au droit naturel ; en effet, quand il existe un tribunal et un pouvoir supérieur commun aux deux parties, il est contraire au droit naturel d'employer la force pour obtenir justice, de sa propre autorité. Ainsi, entre particuliers, le droit naturel s'y oppose sans aucun doute : or deux membres d'un même État, si importants personnages qu'ils soient, sont à cet égard dans la même condition que des particuliers.

2° La seconde exception indiquée par **Victoria** (OP. CIT. 9) est la suivante :

D'autre part, la nécessité peut également conférer ce pouvoir et cette autorité. Si à l'intérieur d'un Royaume, une ville attaquait une autre ville ou un des ducs du Royaume un autre duc du même Royaume, et si le roi s'abstenait ou n'osait pas punir les injures commises, la ville ou le duc, qui en serait victime, pourrait non seulement se défendre, mais porter la guerre chez les ennemis, sévir contre eux et mettre à mort les malfaiteurs ; car, s'il en était autrement, ils ne pourraient même pas convenablement se protéger. En effet, les ennemis ne s'abstiendraient pas des injures si ceux qui en sont victimes n'avaient d'autre pouvoir que celui de se défendre. Pour la même raison, il est permis à un particulier de s'emparer de son ennemi, si aucune autre voie ne lui permet de se défendre contre ses injures.

Suarez (OP. CIT. XIII. 2) fait au sujet de cette seconde exception l'observation suivante :

Ensuite Victoria dit que si le souverain néglige de punir une injustice, le prince inférieur qui en a été victime peut la punir lui-même. Or je n'admets pas cela, surtout entre membres d'un même État : car un particulier qui ne peut obtenir ce à quoi il a droit par un jugement public, peut à la vérité se rembourser légitimement et s'il n'y a pas de scandale à craindre; mais il ne peut employer la force et la guerre, et encore moins punir le coupable, si le juge lui fait défaut. La vindicte qu'on exerce de son autorité privée est un mal en soi; sous couleur de vindicte, on soulèverait trop facilement des troubles et des guerres dans l'État : le droit de vindicte qu'a une partie de l'État ou un particulier n'est qu'un droit imparfait et il comporterait trop d'inconvénients : aussi ne faut-il lui permettre de s'exercer que dans les limites d'une juste défense.

Cependant, s'il arrivait que le prince mît une telle négligence à défendre et à venger l'État, qu'il s'ensuivît de très graves inconvénients pour le bien public, alors l'État tout entier pourrait se venger et enlever l'autorité au prince : l'État, en effet, est toujours censé conserver la puissance si le prince manque à son devoir.

V. *Doit-on demander l'autorisation du supérieur de celui qu'on attaque ?*

Voici ce que dit à ce sujet **Cajétan** (SUMMA. S¹ TH. 2. 2. QU. XL. ART. I) :

Il n'est pas besoin pour déclarer la guerre, de l'autorisation du supérieur de celui à qui on déclare la guerre : d'abord la plupart du temps, il n'en a pas : ou s'il en a un, celui-ci est son complice en négligeant de le punir. Mais il est toujours permis, avant de déclarer la guerre, si l'on a quelque espoir d'obtenir justice, de demander cette justice au supérieur de son adversaire, car le demandeur doit s'adresser au tribunal du défendeur. C'est ainsi que le peuple d'Israël demanda à la tribu de Benjamin, justice contre les hommes de Gabaa (JUD. 20). S'il fait justice, on ne peut pas, et s'il ne fait pas justice, on peut déclarer la guerre. Le but de cette démarche n'est pas d'acquérir l'autorité de déclarer la guerre, car on ne la demande pas au supérieur de l'adversaire et il ne la donne pas, mais de montrer la disposition d'esprit pacifique de celui qui agit.

Sur le même sujet, **Lupus** (TRACT. DE BELLO ET BELLATOR.) écrit :

La guerre proprement dite est celle qui est déclarée par l'autorité légitime, c'est-à-dire par un prince qui n'a pas de supérieur, comme l'Empereur ou le Pape.

Contre celui qui a ou qui reconnaît un supérieur, on n'a le droit de faire la guerre, qu'après avoir demandé d'abord à ce supérieur de contraindre celui qui lui est soumis à faire ce qui est juste ; ce n'est que s'il refuse que l'on peut entreprendre la guerre : celui qui entreprend une guerre de sa propre autorité, fait une guerre injuste, même si on l'a provoqué, et celui qu'il attaque ainsi a guerre juste. Aussi, le premier est-il tenu de réparer les dommages causés et de rembourser les dépenses occasionnées par la guerre. Et en effet, le demandeur ne peut prononcer lui-même l'arrêt et être juge dans sa propre cause ; il doit aller devant le tribunal du défendeur. C'est un principe général. Et ceci reste vrai, même si celui qui porte ou veut porter la guerre chez un autre a la justice pour lui, à plus forte raison s'il ne l'a pas. Si celui à qui on veut faire la guerre n'a pas de supérieur, je pense que s'il est disposé à s'en rapporter à la justice ou à la décision d'arbitres ou d'hommes de bien, celui même qui a pour lui le bon droit ne peut faire la guerre, car la guerre doit être de nécessité (1).

---

(1) Suarez fait, sur la question qui nous occupe *op. cit*, XIII, 2), la remarque suivante : Une guerre entreprise sans autorité légitime, est non seulement opposée à la charité, mais aussi à la justice, même s'il existe une juste cause. En effet, un acte accompli sans juridiction légitime est un acte illégitime. Aussi, une telle guerre entraîne t-elle l'obligation de réparer tous les dommages causés. Si elle n'a eu comme conséquence que de faire rentrer celui qui l'a faite en possession de ce qui lui appartient, il n'est pas tenu de le restituer, mais seulement de compenser les dommages qu'il a occasionnés.

CHAPITRE VIII.

L'intention droite.

───────

Puisque le prince, en déclarant la guerre, remplit l'office d'un juge, il s'ensuit qu'il doit :

1° Écarter toute pensée étrangère à la mission qu'il remplit et qui suffirait à vicier même une sentence juste ;

2° Faire abstraction, de peur d'être influencé par elles, de toutes considérations personnelles, comme sa haine contre le coupable ou les avantages qu'il peut retirer de sa condamnation, ce qui l'exposerait à rendre une sentence injuste.

Une intention mauvaise, dit **Cajétan** (SUMMULA, VERBO : BELLUM) rend la guerre vicieuse, même si les autres conditions de la guerre juste sont remplies, de même que la juste punition d'un voleur est rendue vicieuse si la justice est rendue avec un sentiment de haine : le juge pêche par sa mauvaise intention, dans une œuvre d'ailleurs juste.

Saint Antonin (SUMMA THEOL. PARS. IV. TIT. III. CAP. 2) cite à ce propos l'exemple de Saül

... qui fut blâmé par Dieu parce que dans la guerre qu'il fit aux Amalécites il ne conserva pas une intention pure, et ne se conforma pas à l'ordre reçu de Dieu, mais épargna les troupeaux par cupidité.

Saint Augustin (CONT. FAUST. XXII. 74) a résumé les principales intentions mauvaises dans un passage qui a été reproduit par la plupart des théologiens.

Que trouve-t-on à blâmer dans la guerre ? Est-ce le fait qu'on y tue des hommes qui doivent tous mourir un jour, afin que les survivants soient maîtres de vivre en paix ? Faire ce reproche à la guerre serait le fait d'hommes pusillanimes, mais non point d'hommes religieux. Ce qu'on blâme, à juste titre, dans la guerre, c'est le désir de nuire, la cruauté de la vengeance, une âme implacable, ennemie de toute paix, la fureur des représailles, la passion de la domination (1) et autres sentiments semblables (2).

Pour qu'une guerre soit juste, dit **saint Raymond de Penafort**, (SUMM. RAY., LIB. II, TIT. V. 12), il faut qu'elle ne se fasse pas par haine, par vengeance ou par cupidité, mais par piété, par justice et par obéissance.

La guerre est injuste, dit **Hostiensis** (SUMMA AUREA, I, 34) quand elle se fait par esprit de vengeance.

Et la plupart des auteurs qui ont suivi sur cette question les deux précédents, **Lupus, Ange Carletti, Guerrero**, etc., ont reproduit leurs formules.

Saint Thomas (SUMMA. 2. 2. QU. XL. ART. I) développe ainsi qu'il suit la pensée de saint Augustin :

3° Il est nécessaire que l'intention de ceux qui combattent soit droite, c'est-à-dire qu'ils se proposent de faire le bien ou d'éviter le mal. C'est ce qui fait dire au même docteur que « chez les véritables » serviteurs de Dieu, les guerres elles-mêmes sont pacifiques n'étant » pas entreprises par cupidité, ni par cruauté, mais faites par amour » de la paix, dans le but de réprimer les méchants et de soulager les » bons (3). »

Par conséquent il peut arriver que, quoique la guerre ait été déclarée par l'autorité légitime et pour une juste cause, elle n'en soit pas moins

---

(1) Libido dominandi. — Voici quelques citations de saint Augustin à ce sujet : La passion de la domination trouble le genre humain et l'écrase d'immenses calamités (*Cité de Dieu*, liv. III, chap 14).

Qui dira ce que c'est que la passion de la domination ? Qu'elle domine trop souvent dans les âmes des tyrans, les guerres civiles sont là pour l'attester. (*Cité de Dieu*, liv, XIV, chap. 15.)

Si les animaux n'ont pas le désir de dominer, il ne faut pas cependant croire que l'excès de ce désir nous rende supérieurs à eux. (*Du Libre Arbitre*, liv 1. chap. 8.)

(2) Quid culpatur in bello ? An quia morituri quandoque moriuntur, ut dominentur in pace victuri ? Hoc reprehendere timidorum est, non religiosorum. Nocendi cupiditas, ulciscendi crudelitas, impacatus atque implacabilis animus, feritas rebellandi, libido dominandi, et si qua similia, hæc sunt quæ in bellis jure culpantur.

(3) Voir la note p. 8.

illicite en raison de la perversité de l'intention de celui qui la fait. Car saint Augustin dit (*Contra Faustum*. L. XXII. cap. 74) : « Le désir de
» nuire, la cruauté de la vengeance, une âme implacable, ennemie de
» toute paix, la fureur des représailles, la passion de la domination et
» tous autres sentiments semblables, voilà ce qui mérite à juste titre
» d'être condamné dans la guerre » (1).

Sylvestre (SUMM. SYLV. VERBO : BELLUM) examine les conséquences au point de vue de la restitution.

La troisième condition requise est l'intention droite de ceux qui font la guerre, c'est-à-dire que leur but doit être d'obtenir un bien ou d'éviter un mal. On n'a le droit de faire la guerre que pour la justice et la charité, non par esprit de haine ou pour tout autre motif de ce genre. M s il faut comprendre que cette troisième condition est requise pour éviter une faute, mais qu'elle n'empêche pas de conserver ce que l'on a pris dans la guerre, car la mauvaise intention n'influe pas sur la justice ou l'injustice desquelles dépend le droit de retenir ou l'obligation de restituer ce que l'on a pris.

Cajétan (SUMMULA. VERBO : BELLUM) exprime la même opinion :

Il n'y a pas lieu à restitution, car le voleur ou le vaincu auquel on a repris ce qu'il avait enlevé, en est justement privé et ne subit aucun dommage injuste, bien que de la part de celui qui a condamné, il y ait eu une malice pernicieuse pour l'âme, puisqu'il a fait une chose juste sans avoir l'intention d'agir justement.

Le jurisconsulte **Bellini** (TRACT. DE RE MILIT.) prétend que la guerre étant illicite, les vainqueurs ne peuvent garder ce qu'ils ont pris (2).

(1) *Tertio* requiritur ut sit intentio bellantium recta, qua scilicet intenditur, vel ut bonum promoveatur vel ut malum vitetur. Unde Augustinus in libro de Verbis Domini (23, q. 1) : « Apud veros Dei cultores etiam illa bella pacata sunt, quæ non cupiditate aut crudelitate, sed pacis studio geruntur, ut mali coerceantur et boni subleventur. » Potest enim contingere ut si sit legitima auctoritas indicendi bellum, et causa justa, nihilominus propter pravam intentionem bellum reddatur illicitu .: Dicit enim Augustinus in lib. contra Faustum (l. 22. c. 74) : « Nocendi cupiditas, ulciscendi crudelitas, impacatus et implacabilis animus, feritas rebellandi, libido dominandi, et si qua similia, hæc sunt quæ in bellis jure culpantur. »
(2) Peut-être Bellini se trouverait-il d'accord avec les précédents auteurs, moyennant une distinction entre les choses *prises* et les choses *reprises* par les vainqueurs.

Quand la guerre est déclarée, même pour une juste cause, si elle est faite par esprit de haine ou de vengeance, elle est illicite, de sorte que les vainqueurs ne peuvent garder ce qu'ils ont pris. Mais personne n'a l'audace de contrarier l'avis des princes. Il est plus agréable et plus avantageux de les aduler que de leur dire la vérité : rien de surprenant dès lors, si la plupart du temps, en fait de juste cause, il n'y a que la passion du prince.

Comme on l'a vu dans un chapitre précédent (Chap. v, p. 50), **Victoria** n'admet pas que la guerre soit juste si on la fait dans l'intention de faire changer un peuple de religion, ou d'agrandir son empire, ou pour la gloire ou l'intérêt du Prince. Quant aux sentiments qui doivent exister dans l'esprit de celui qui déclare la guerre, il les a merveilleusement exprimés dans ce qu'il appelle la *première règle* de la guerre (*De jure belli*, n° 60), que nous avons reproduite plus haut. (Chap. iv, p. 44).

Des guerres de conquête.

Il est à peine besoin de faire remarquer, après ce que nous venons de voir, que les guerres de conquête ne peuvent être considérées comme justes ; l'agrandissement du territoire n'est pas une cause juste de guerre ; encore moins la passion de la domination dont parle saint Augustin, puisqu'elle vicie même une guerre qui aurait juste cause ; enfin, il n'y a, dans la prétention des adversaires de vouloir conserver ce qui leur appartient, aucune faute qui puisse rendre légitime un châtiment.

Aussi saint Augustin les a-t-il qualifiées (*De Civ. Dei Lib. IV, 6*) *d'immenses brigandages* (1).

L'historien latin de la Grèce ou plutôt des peuples étrangers, Justin, abréviateur de Trogus-Pompée, commence ainsi son histoire :

« Dès l'origine, la puissance était entre les mains des rois qui » devaient leur élévation à cette dignité suprême, non aux brigues

(1) Quid aliud quam grande latrocinium nominandum est.

» populaires, mais à leur modération reconnue par les gens de bien.
» Aucune loi ne liait les peuples, la volonté des princes leur tenait
» lieu de la loi : on était plus jaloux de conserver que d'étendre les
» limites de son empire. Ces limites étaient pour chaque souverain
» celle de sa propre patrie. Ninus, roi des Assyriens, fut le premier
» qui, par une soif de commander jusqu'alors inconnue, ruina ces
» antiques traditions d'équité, ce régime de modération héréditaire.
» Le premier, il porta la guerre chez ses voisins et jusqu'aux frontières
» de la Lybie, il étendit sa domination sur des peuples inhabiles à se
» défendre. »

Et un peu plus loin : « Ninus, dit-il, affermit par une possession
» durable l'étendue de ses conquêtes. Vainqueur des voisins, recrutant
» chez les nouveaux vaincus de nouvelles forces pour passer à d'au-
» tres exploits, chaque victoire devient comme l'instrument d'une
» victoire nouvelle et tous les peuples de l'Orient sont soumis. » Quoi
que l'on pense de la fidélité de Justin et de Trogus, car des récits
plus véritables font connaître qu'ils en imposent sur plusieurs points,
il est néanmoins constant, au témoignage unanime des historiens, que
le roi Ninus donna un prodigieux accroissement au royaume d'Assy-
rie, royaume qui a subsisté si longtemps que Rome n'égale pas encore
son âge. Car, au rapport des chronologistes, douze cent quarante ans
se sont écoulés depuis la première année de cet empire jusqu'au temps
où il passa aux Mèdes. Or, faire la guerre à ses voisins pour s'élancer
à de nouveaux combats, écraser, réduire des peuples dont on n'a reçu
aucune offense, seulement par appétit de domination, qu'est-ce autre
chose qu'un immense brigandage ?

Dans un autre passage (DE CIV. DEI, IV, 15), il répond
aux Romains de son temps qui prétendaient que Rome
n'avait jamais fait d'autres guerres que des guerres légitimes.

Mais je le demande, convient-il donc aux gens de bien de se réjouir
de l'accroissement de leur empire ? Car les progrès en sont dus à l'injustice de leurs ennemis qui a provoqué de justes guerres : et l'État
serait encore faible, si les voisins, fidèles observateurs de la justice et
de la paix, n'eussent, par aucune offense, appelé contre eux les armes
vengeresses: les destinées humaines s'écouleraient plus heureuses, si
l'union d'un paisible voisinage eût laissé les États dans la médiocrité ;
le monde compterait plusieurs royaumes, comme la cité plusieurs

familles. Ainsi, guerroyer, dompter les nations, étendre son empire, est aux yeux des méchants une félicité, aux yeux des bons une triste nécessité Or, comme il serait encore plus triste que les auteurs de l'injure devinssent les maîtres de ceux qui l'ont reçue, il n'est pas sans raison d'appeler bonheur une victoire juste : mais nul doute que le bonheur ne fût plus grand de vivre dans l'union avec un bon voisin que de briser l'épée d'un mauvais. C'est un coupable désir que de souhaiter d'avoir à haïr ou à contraindre pour avoir à vaincre. Si donc ce n'est que par des guerres légitimes, et non par d'impies, par d'injustes conquêtes, que les Romains ont pu étendre si loin leur empire, ne devraient-ils pas aussi invoquer comme une déesse l'injustice étrangère ? Car elle a puissamment coopéré à l'œuvre de la grandeur romaine lorsqu'elle inspirait aux étrangers d'injustes hostilités pour donner à Rome sujet d'entreprendre une guerre juste et profitable à sa puissance. Et pourquoi l'injustice, du moins l'injustice étrangère, ne serait-elle pas une déesse, puisque la peur, la paleur, la fièvre ont mérité d'être mises au rang des divinités romaines. Avec ces deux divinités, l'Injustice Étrangère et la Victoire, l'une qui fait naître les causes de la guerre, l'autre qui lui donne une heureuse issue, l'empire a pu grandir sans troubler le repos de Jupiter.

L'extension de l'empire, dit **Victoria** (DE JUR. BELLI. 11) n'est pas une juste cause de guerre : cela est tellement clair qu'il n'est pas besoin de le prouver. S'il en était autrement, la guerre serait également juste des deux côtés, et tous les combattants seraient innocents. Il en résulterait qu'il ne serait pas permis de les mettre à mort : ce qui implique contradiction : savoir que la guerre serait juste, mais qu'il ne serait pas permis de tuer les adversaires.

Mais si une guerre entreprise dans le but d'agrandir son territoire est injuste, quels que soient d'ailleurs les prétextes mis en avant pour en dissimuler le véritable objet, si même elle devient injuste par le seul fait qu'aux motifs légitimes de faire la guerre vient se mêler l'ambition d'agrandir son territoire, faut-il en conclure que toute augmentation de ce territoire sera toujours et dans tous les cas coupable ?

Non, dit **Victoria** (DE JURE BELLI. 55); pour assurer sa sécurité et se mettre à l'abri de tout danger provenant de l'ennemi, il est permis de s'emparer d'une citadelle ou d'une ville ennemie, et de la *conserver*, quand elle est *nécessaire* à la défense ou si l'on doit ainsi enlever aux ennemis l'occasion ou la possibilité de nuire.

Puis à titre de peine, c'est-à-dire, comme punition de l'injustice qu'ils ont commise, il est également permis de condamner les ennemis *en proportion de l'injure reçue*, à l'abandon d'une partie du territoire, ou pour la même raison, à la cession d'une citadelle, d'une ville forte : mais cela, nous l'avons dit, doit se faire avec modération et non en proportion de ce que l'on peut prendre ou envahir par la force ou la puissance des armes. Et si la nécessité ou la raison de la guerre exige que la plus grande partie du territoire ennemi soit envahie et que plusieurs villes soient prises, il faut, lorsque l'apaisement s'est fait et que la guerre est terminée, tout rendre en ne conservant que ce qui est justifié, soit par la compensation des dommages et des dépenses, soit par la punition de l'injure (1), en agissant toujours avec équité et humanité : car la pe' e doit être proportionnée à la faute. Il serait inadmissible que si les Français avaient pillé des troupeaux en Espagne, ou mis le feu à un bourg, les Espagnols se crussent pour cela autorisés à s'emparer de tout le royaume de France. (OP. CIT. 56) (2).

(1) Voir page III.
(2) Nous avons vu (ch. V, p. 55) que Christine de Pisan dit que l'un des motifs des guerres de son temps est « pour conquérir terres et seigneuries estranges sans avoir autre tiltre que de conquereur » et ajoute qu'elle n'a jamais trouvé ce cas « en la loi divine, ne en autre Escripture. »

CHAPITRE IX.

Obligations des princes et de leurs conseils.

Cette question ayant été particulièrement étudiée par
Victoria et par Suarez, nous nous contenterons d'exposer
comment ces deux auteurs l'ont traitée.

Victoria (De jure belli, N°s 20, 21 et seq.) s'exprime ainsi :

Suffit-il, pour que la guerre soit juste, que le prince croie avoir
juste cause ?

Non, cela ne suffit pas toujours et il est facile de le démontrer.

Comme on le sait, dans d'autres causes de moindre importance,
il ne suffit, ni au prince, ni aux particuliers de croire qu'ils agissent
suivant la justice : il se peut en effet que leur opinion soit fausse,
qu'elle ne soit pas impartiale et qu'elle puisse être rectifiée : et pour
qu'un acte soit bon, il ne suffit pas de l'opinion de chacun, il faut qu'il
se fasse conformément au jugement des sages (N° 20) (1).

Il faut pour qu'il y ait guerre juste que l'on examine avec grand soin
la justice et les causes de la guerre et que l'on écoute aussi les arguments des adversaires s'ils veulent discuter *ex æquo et bono;* car, ainsi
que le dit Térence, le sage doit plutôt vider les différends par la discussion que par les armes. Il faut donc prendre l'avis des gens honnêtes et sages qui sachent parler librement, sans colère, sans haine, sans
partialité ; car dès que ces passions-là, dit Salluste, prennent part au
débat, il n'est pas aisé de découvrir la vérité. Et cela est évident :
en effet dans les questions morales, il est difficile de discerner ce qui
est juste et vrai, et par suite, on se trompera facilement si on les étudie légèrement : l'erreur dans ces conditions ne saurait être une excuse
pour ses auteurs, surtout dans une question de cette importance
quand il s'agit de dangers et de calamités qui frappent des multitudes

(1) Voir à ce sujet une seconde raison que donne Victoria. (Chap. I, § 3, p. 26.

d'hommes, lesquels, cependant, sont notre prochain et que nous sommes tenus d'aimer comme nous mêmes. (Nº 21.)

Les Sénateurs, les princes et en général tous ceux qui sont admis au conseil de l'État, ou à celui du prince, qu'ils y soient appelés ou qu'ils soient libres d'y venir d'eux mêmes, ont l'obligation et le devoir d'apprécier les causes d'une guerre injuste. En effet :

1º Quiconque peut empêcher le danger ou le dommage du prochain, est tenu de le faire, surtout quand il s'agit du danger de la mort et de maux considérables, comme ceux qui résultent de la guerre. Or, les hommes dont nous parlons peuvent par leurs conseils et leur autorité, en appréciant les causes de la guerre, l'empêcher si elle est injuste ; donc ils y sont obligés.

2º Si par suite de leur négligence, une guerre injuste était entreprise, ils en paraîtraient les complices : car on impute avec raison à un homme les faits qu'il peut et doit empêcher, s'il ne le fait pas.

3º Seul le roi ne suffit pas pour apprécier les causes de la guerre : il est vraisemblable qu'il peut se tromper et que son erreur entraînera le malheur et la mort d'une foule d'hommes : par suite, ce n'est pas le seul avis du roi, ce n'est même pas l'avis de quelques-uns, mais bien l'opinion d'un grand nombre d'hommes et d'hommes vertueux qui doit décider de la guerre. (Nº 24.)

Voici comment sur le même sujet s'exprime **Suarez** (DE TRIP. VIRT. THEOL. DE CARIT. XIII, SECT. VI) :

Le souverain est tenu d'examiner avec soin la justice de la cause : ceci fait, il doit agir selon ce que lui aura appris cet examen. En effet, la guerre est une chose très grave : or dans toute chose, il faut, la raison l'exige, apporter un soin et une diligence proportionnés à sa gravité. Si le juge pour porter une sentence dans une affaire privée doit examiner avec soin la cause, il doit en être proportionnellement de même quand il s'agit d'une cause publique. Enfin s'il en était autrement la témérité des Princes occasionnerait des troubles continuels (1).

(1) *Dico primo* : Supremus Rex tenetur ad diligentem causæ et justitiæ examinationem ; qua facta, operare debet juxta scientiam inde comparatam. Fundamentum prioris partis est : quia negotium belli est gravissimum : ratio autem postulat, ut in quovis negotio adhibeatur consultatio et diligentia qualitati ejus accommodata. Item, ut judex sententiam ferat in privato negotio, debet diligentem adhibere examinationem ; ergo proportionaliter in publica belli causa. Tandem, quia alias temeritate Principum facile turbarentur omnia. Itaque, in priori hac assertionis parte nulla est difficultas.

Les Ducs et les autres Princes du Royaume, toutes les fois qu'ils sont appelés à donner leur avis sur la justice d'une guerre à déclarer, sont tenus de rechercher avec soin la vérité : mais s'ils ne sont pas appelés au Conseil, ils n'ont pas plus d'obligations que tous les autres soldats.

La première partie de la proposition est évidente : car s'ils sont appelés, ils sont tenus en justice de donner un conseil juste : autrement ils seront responsables s'il y a quelque injustice dans la guerre. La seconde partie peut se démontrer : car s'ils ne sont pas appelés, ils n'ont pas d'autre situation que les autres militaires: on les met en mouvement, ils ne se meuvent pas d'eux-mêmes et c'est une question secondaire qu'ils soient nobles ou riches. **Victoria**, à ce sujet, ajoute que la charité les oblige à rechercher si la guerre est juste, afin de donner leur avis quand il faudra, mais si leur obligation résulte seulement de la charité, elle n'aura lieu qu'en cas de nécessité. Dans les autres cas, ils n'y seront pas tenus à proprement parler (1).

(1) Il nous paraît intéressant de rapporter ici ce qu'a écrit à ce sujet Christine de Pisan (*Liv. de faits d'armes et de cheva'erie*) : on verra combien cette femme était pénétrée des idées des théologiens de son époque.

Et pour ce que fera le juste prince soy sentant injurié par autruy puissance. s'en doit-il donc pour obéir rapporter à divine loy? (3) Nennul, car elle ne défend pas justice, ains commande qu'elle soit faicte et veult et requirt de méfaits pugnicion. Et pour ce afin qu'il euvre, tiendra justement cette voye et assemblera grant conseil de sages en son parlement ou en celui de son souverain s'il est subject. Et ne assemblera pas seulement ceux de son pays, afin que dehors en soit tout soupeçon de faveur, mais aussi de pays estranges qu'on sache non adhérens à nulle partie, tant anciens nobles comme juristes et autres. Présens iceux, proposeras ou feras proposer tout au vray et sans paliacion. Car autrement Dieu ne te peut aider à conseiller. Tout tel droit et tel tort qu'il peut et en concluant que de tout se veult rapporter et tenir à la détermination de droit à bref dire par ces pavis cette chose mise en droit bien vener bien dispute telment qu'il appere par vray jugement qu'il ait juste cause. Adont fera sommer son adversaire pour avoir de lui restitution et admende des injures et torts faits par lui receus. Dont s'il advient que ledit adversaire baille deffenses et contredire vouldra, qu'il soit entièrement oye.

(3) C'est-à-dire, attendre la justice divine.

CHAPITRE X.

Obligations des sujets.

En ce qui concerne l'obligation d'obéir à l'ordre légitime du prince qui les appelle à la guerre, sauf le cas où celle-ci est évidemment injuste, tous les auteurs sont d'accord et suivent l'opinion de **saint Augustin**, telle qu'elle résulte des deux passages suivants (1) :

Le soldat qui tue un autre soldat, en obéissant au pouvoir légitime, n'est pas, d'après les lois civiles, coupable d'homicide : en ne le faisant pas, il serait coupable de désobéissance et de mépris de l'autorité : en le faisant de lui même et de sa propre autorité, il commettrait le crime de répandre le sang humain. Il est donc puni, s'il agit sans ordre et s'il n'agit pas, en ayant reçu l'ordre. (DE CIV. DEI. I, 26).

Un homme juste, si par hasard il lui arrive de faire la guerre sous un roi, même sacrilège, peut, sans manquer à la justice, combattre, si, contrevenant à la paix pour maintenir l'ordre, il est *certain que ce qui lui est ordonné n'est pas contraire à la loi de Dieu*, ou du moins *s'il n'est pas certain que cela lui soit contraire :* de sorte qu'il pourra se faire que l'injustice de l'ordre rende le roi coupable, tandis que l'obéissance laissera le soldat innocent. (CONT. FAUST. XXII. 75) (2).

Mais il n'est jamais permis de prendre part à une guerre évidemment injuste :

(1) Il n'y a de difficulté qu'en cas de doute sur la justice de la guerre ainsi que nous le verrons au chapitre XIII.

(2) Ergo vir justus, si forte sub rege, homine etiam sacrilego, militet, recte potest illo jubente bellare, si, vice pacis ordinem servans, quod sibi jubetur, vel non esse contra Dei præceptum, certum est, vel utrum sit, certum non est : ita, ut fortasse reum faciat regem iniquitas imperandi, innocentem autem militem ostendat ordo serviendi.

Les sujets, dit Ange **Carletti** (SUMMA, VERBO : BELLUM) qui suivent leur seigneur dans une guerre injuste sont-ils excusables ? non, s'ils le font en connaissance de cause, et ils ne peuvent être excusés par la crainte de perdre leur fief ou d'autres biens,

Si pour le sujet, dit **Victoria** (DE JURE BELLI. 22) l'injustice de la guerre est évidente, il ne lui est pas permis de se battre, même si le Prince le lui ordonne. Cela est l'évidence même.

1º Aucune autorité ne peut ordonner la mise à mort d'un innocent. Or dans ce cas les ennemis sont des innocents : il n'est donc pas permis de les tuer.

2º Le Prince est coupable en déclarant la guerre dans ce cas : mais « *ce ne sont pas seulement ceux qui font le mal, mais aussi ceux qui s'accordent avec eux, qui sont dignes de mort*(1) », par conséquent, les soldats non plus n'ont pas d'excuse, s'ils sont de mauvaise foi.

3º Il n'est pas permis, même sur l'ordre du prince, de mettre à mort des citoyens innocents : pas davantage des étrangers Il s'ensuit que si en conscience, les sujets sont convaincus de l'injustice de la guerre, il ne leur est pas permis de la faire, qu'ils soient ou non dans l'erreur, car : « *tout ce qu'on ne fait pas de bonne foi est un péché* »(2).

Mais les sujets sont-ils tenus d'examiner la justice de la guerre ?

Les sujets inférieurs, dit **Victoria** (DE JURE BELLI. 25) qui ne sont pas admis, ni écoutés dans les conseils du prince ou de l'État ne sont pas tenus d'étudier les causes de la guerre, mais il leur est permis de combattre en faisant confiance à leurs supérieurs.

1º Il n'est pas possible, et il ne serait pas sans inconvénient de rendre raison des affaires publiques à tous les membres d'une nation.

2º Les hommes des classes inférieures même s'ils jugeaient la guerre injuste, n'auraient pas les moyens de l'empêcher et leur avis ne serait pas écouté : ce serait donc sans résultat qu'ils étudieraient les causes de la guerre.

3º Pour ces hommes, à moins que le contraire ne soit évident, ce doit être, en faveur de la justice de la guerre une présomption suffisante de savoir qu'elle est faite par une décision et avec l'autorité publiques : ils n'ont par suite pas besoin de se livrer à d'autres études sur la question.

Telle est aussi l'opinion de **Suarez**. (DE TRI. VIRT. THEOL. DE CARIT. PARS III. DISP. XIII, SECT. 6.)

(1) Non solum qui male agunt, sed et qui consentiunt facientibus, digni sunt morte (S. Paul. Ad Rom. 1).
(2) Omne quod non est ex fide peccatum est. (St Paul ad Rom. 14.)

Les soldats ordinaires, sujets du prince, ne sont pas tenus d'apprécier les causes de la guerre, mais appelés à y prendre part, ils peuvent combattre tant qu'il n'est pas évident pour eux que la guerre est injuste. Quand en effet l'injustice de la guerre n'est pas évidente pour les soldats, l'avis commun du Prince et du conseil du Royaume suffit pour qu'ils puissent combattre. De plus, en cas de doute (spéculatif) (1), les sujets sont tenus d'obéir à leur supérieur et cela pour une bonne raison : c'est que, en cas de doute, il faut choisir le parti le plus sûr : et comme le Prince possède un droit, il est plus sûr de lui obéir : de même l'exécuteur des arrêts de justice, peut exécuter une sentence, sans s'être livré à aucun examen de la cause, pouvu que son injustice ne soit pas évidente.

Toutefois, fait remarquer **Victoria** (DE JURE BELLI. 26) il pourrait y avoir de telles présomptions et de tels indices de l'injustice de la guerre, que l'ignorance ne serait pas une excuse pour les sujets de cette catégorie qui prendraient part à la guerre.

1° Une telle ignorance pourrait fort bien être affectée et provenir de mauvais desseins à l'égard des ennemis.

2° Autrement les Infidèles seraient excusables de suivre leurs Princes dans la guerre contre les Chrétiens et il ne serait pas permis de les tuer : car il est hors de doute qu'ils croient avoir juste cause de guerre. De même il faudrait excuser les soldats romains qui ont crucifié Jésus-Christ, à cause de leur ignorance et parce qu'ils ont exécuté l'ordre de Pilate ; et aussi le peuple Juif, qui, convaincu par ses supérieurs, criait : crucifiez le, crucifiez-le.

Il résulte de ce qui précède que, de la part des soldats, il pourra arriver que la guerre soit juste des deux côtés.

En effet, dit encore **Victoria** (op. cit. 32), cela peut fréquemment arriver chez les sujets : admettons en effet que le prince fasse une guerre injuste et qu'il soit conscient de son injustice : comme il a été dit, les sujets peuvent de bonne foi suivre leurs princes, et ainsi de part et d'autre les sujets ont le droit de se battre.

Et c'est une situation, dit-il plus loin (n° 59) dans le même ouvrage, dont il faudra tenir compte après la victoire : car il est évident que dans ces conditions, on ne saurait les considérer et les traiter comme des coupables.

Si un tyran, dit **Lupus** (TRACT. DE BELLO ET BELLATOR), ou

(1) Voir : doute spéculatif et doute pratique, page 96.

un homme qui aurait usurpé l'Empire ou une dignité quelconque, ou encore un particulier, déclarait la guerre, il ne faudrait en aucune façon lui obéir.

Bien plus, s'il apparaît à un sujet que le vrai prince qui ne reconnaît aucun supérieur temporel, fait une guerre injuste et convoque ses sujets pour une guerre de ce genre, les sujets, dont la conscience serait ainsi lésée, ne doivent pas obtempérer aux ordres qu'on leur donne, car il vaut mieux obéir à Dieu qu'aux hommes. (Saint Aug. ad. Donat. cap. Impérator II. q. 3 ; Jerôme, Ep. ad. Ephes. c. si Dominus; Ambrosius. c. Julianus. II. 9. 3.)

CHAPITRE XI.

De la demande et de l'offre de satisfaction.

Si celui contre lequel on veut entreprendre une guerre n'a pas de supérieur, et s'il est disposé à s'en rapporter au droit, à la décision d'arbitres ou d'hommes de bien, je pense, dit **Lupus** (TRACT. DE BELLO ET BELLAT.), qu'on n'a pas le droit de lui faire la guerre, même si l'on a le bon droit de son côté, car la guerre doit être de nécessité.

Celui dont le droit a été violé, écrit **Silvestre** (SUM SYLV. VERBO: BELLUM), pécherait en entreprenant une guerre, si son adversaire lui offre satisfaction (1).

Si l'adversaire est disposé à donner satisfaction, la guerre que l'on ferait contre lui ne serait pas juste (**Cajétan**, SUM. S. TH. 2. 2 QU. XL. art. 1) (2).

Une juste cause de guerre, dit **Suarez** (DE TRIP. VIRT. THEOL. DE CARIT. Pars. III. Disp. XIII. Sect. IV. 5), est que celui qui a violé un droit soit justement puni s'il refuse sans la guerre, de donner une juste satisfaction. Il faut ici, comme dans ce qui précède, tenir compte de cette condition que l'adversaire ne soit disposé ni à restituer ce qu'il a pris, ni à donner satisfaction: car s'il y était disposé, lui déclarer la guerre serait injuste (3).

Et il développe ainsi qu'il suit cette idée (OP. CIT., SECT. VII, 3):

Avant d'entreprendre une guerre, le Prince est tenu d'exposer à l'État adverse la juste cause de la guerre et de demander une réparation

---

(1) Tamen passus injuriam peccaret movendo bellum, si alter satisfactionem offert.

(2) Si enim satisfacere vellet, justum bellum non moveretur.

(3) Justa etiam causa belli est, ut qui injuriam intulit juste puniatur, si recuset absque bello justam satisfactionem præbere. Est communis, in qua, et in præcedenti est observanda illa conditio, ut non sit alter paratus restituere, vel satisfacere : nam, si paratus esset, injusta redderetur aggressio belli.

convenable: si l'adversaire accepte de la lui donner, il est tenu de
l'accepter et d'abandonner la guerre; sinon, celle-ci sera injuste :
mais si l'adversaire refuse de donner satisfaction, il aura le droit
de commencer justement la guerre. Toute cette conclusion forme
un ensemble et la dernière partie est évidente : car si l'on suppose
avec les autres conditions, l'opiniâtreté de l'adversaire, Prince ou
État, il n'y a plus rien à faire. Et il cite à l'appui de sa thèse
divers auteurs, parmi lesquels les deux derniers que nous avons
rapportés ci-dessus et aussi le passage suivant du Deutéronome.
(Cap. XX, 10.)

 « *Quand vous vous approcherez d'une ville pour l'assiéger,*
» *d'abord vous lui offrirez la paix* (1) ».

La raison en est, ajoute-t-il, que tout autre mode de faire la guerre
serait injuste et dès lors la cause même de la guerre deviendrait
injuste. Car où est offerte une pleine et suffisante satisfaction volontaire, il n'y a pas de place pour la violence, surtout, parce que la
raison commande que la justice vindicative se fasse avec le moindre
dommage général, pourvu que l'équité soit satisfaite. D'autre part, le
Prince n'a le droit d'employer la force pour contraindre l'autre Prince
que lorsque celui-ci agit injustement, c'est-à-dire quand il refuse de
donner satisfaction (2).

Tous les auteurs sont donc d'accord pour admettre que si
l'adversaire, avant le début de la guerre, offre une satisfaction convenable, on n'a pas le droit de commencer les hos-

(1) Si quando accesseris ad expugnandam civitatem, offeres ei primum pacem.

(2) Ante bellum inchoatum tenetur Princeps proponere justam causam belli
Reipublicæ contrariæ, ac petere restitutionem condignam; quam si altera offerat,
tenetur acceptare, et a bello desistere; quod si non faciat, bellum erit injustum : si
alter vero neget satisfactionem, tunc poterit juste bellum inchoare. Tota conclusio
est communis, et ultima pars est clara : quia supposita pertinacia alterius Principis, seu Reipublicæ, aliisque conditionibus, nihil est, quod spectetur. Prior
sumitur ex Augustino, cap. *Noli.* 23, quæst. 1 et cap. *Dominus*, quæst. 2, et consentiunt omnes Doctores. Major in 4, quæst. 20; Dried., lib. 2 de libertate christiana, cap. 6 Cajetan, verbo *Bellum;* Sylvester, ibid., quæst. 4, conclusio 2; Vide-
turque recte colligi ex illo loco Deuter. 20, *si quando accesseris ad expugnandam, etc.* Ratio est : quia alius belli modus esset injustus, et inde fieret causa ipsa
injusta. Nam ubi offertur plena, et sufficiens satisfactio voluntaria, non est locus
violentiæ; præsertim, quia ratio dictat, ut vindicativa justitia fiat cum minimo
damno communi, servata tamen æqualitate. Præterea, Princeps non habet vim
coactivam in alium Principem, nisi quando is injuste agit, atque adeo, quando
non vult satisfacere.

tilités; mais est-on toujours tenu de les cesser, s'il n'offre
cette satisfaction que lorsque la guerre est commencée ou
presque terminée.

Telle n'est pas l'opinion de Cajétan :

Il faut, dit-il (SUMMULA. V. BELLUM), distinguer trois périodes : le
commencement, le milieu et ce qui est presque la fin de la guerre.
Au commencement, quand la guerre est déclarée, que les troupes sont
rassemblées, etc. mais avant tout combat, alors que la vindicte n'a pas
commencé à être exercée, le Prince est tenu d'accepter la satisfaction
et de révoquer l'ordre de guerre. La raison en est que, ainsi que le dit
saint Augustin, la guerre ne doit pas être de volonté, mais de nécessité. Et la nécessité de la guerre cesse par le fait même que l'on offre
satisfaction alors que tout est encore dans l'état primitif. Mais il faut
avoir du bon sens et comprendre ceci : c'est que la satisfaction ne
comprend plus alors seulement la réparation de l'injustice première,
mais aussi la compensation des dépenses faites, des dommages
causés, etc.

Mais quand la guerre est à moitié faite, quand il y a eu des morts
d'hommes, celui qui a juste guerre n'est pas tenu de révoquer l'ordre
de guerre par cela seul qu'à ce moment l'ennemi lui offre satisfaction.
Et la raison en est que celui qui a juste guerre remplit les fonctions
d'un juge prononçant en matière criminelle. Il remplit les fonctions
d'un juge : car le juste combat est un acte de justice vindicative : c'est
seulement au prince ou au juge, non aux particuliers, qu'il appartient
d'exercer la vindicte : il est en effet écrit : « A moi seul appartient la
vengeance. » Il prononce en matière criminelle : car la guerre aboutit
à la servitude, à de grands dommages pour les personnes et les choses;
tels sont les résultats de la guerre, bien qu'aujourd'hui la servitude ait
été abolie entre chrétiens : tout cela montre que celui qui a juste guerre
n'est pas partie, mais par la raison même qui a nécessité la guerre, il
est devenu le juge de ses ennemis, et si le Prince peut de sa propre autorité se servir du glaive contre les perturbateurs de l'État, qu'ils soient
citoyens de l'État ou étrangers, c'est pour une même raison, qui est la
perfection de cet état. Un État n'est pas un État parfait s'il n'a pas la
puissance vindicative, et s'il ne peut l'exercer conformément à la justice,
aussi bien contre les ennemis intérieurs de l'État que contre les
ennemis extérieurs. D'ailleurs s'il n'en était pas ainsi, comme un
homme n'a pas de pouvoir sur son égal, toutes les guerres, sauf les
guerres défensives, seraient injustes. Donc celui qui a juste guerre,

remplit vis-à-vis des pertubateurs étrangers de l'État le rôle d'un juge
procédant selon les règles de la justice vindicative. Or au milieu de la
guerre, il est déjà devenu maître de la cause, l'œuvre de la vindicte
est entamée, il peut, s'il ne préfère user de miséricorde, poursuivre
la guerre et exercer par le glaive de la guerre la justice vindicative.
Que l'ennemi ne s'en prenne qu'à lui, s'il s'est mis dans un cas où la
justice vindicative peut être exercée contre lui par des étrangers : il
était en son pouvoir d'offrir satisfaction au début. Et si l'on objecte
à cela que dans ce cas la continuation de la guerre n'est plus de
nécessité, mais de volonté, parce que la nécessité de la guerre s'est
trouvée interrompue par cette offre nouvelle de satisfaction, on peut
répondre qu'une offre nouvelle de satisfaction de cette espèce n'a pas
le pouvoir d'interrompre la nécessité d'une guerre déjà à moitié
faite, attendu que ceux qui ont injuste guerre ne sont plus en état de
« satisfaire » mais de « satispatir » (si l'on peut employer ce mot) conformément au jugement de ceux qui ont contre eux juste guerre. Par
le fait même qu'ayant injuste guerre ils n'ont pas voulu satisfaire
quand ils le pouvaient et le devaient, et ont préféré faire la guerre,
ils ont changé de condition et sont passés de la condition de ceux qui,
conformément à la droite raison, peuvent « satisfaire » à la condition
de ceux qui doivent « satispatir » de la juste guerre : pour ce motif,
ce n'est pas à eux, mais à ceux qui exercent la justice vindicative à
décider si la vindicte continuera à s'exercer par la guerre, en subju-
guant les ennemis et leur territoire, (ce qui est faire « satispatir les
ennemis ») ou par la voie de la restitution ou de la satisfaction. Si le prince
le juge convenable, il peut continuer la guerre, pour le même motif de
nécessité qui la lui a fait entreprendre : car cette nécessité n'est pas
interrompue à l'égard d'une guerre commencée contre ceux qui n'ont
point voulu satisfaire quand ils étaient en état de le faire. Sans doute la
volonté des coupables a changé et ils voudraient maintenant « satisfaire » : mais ils ne sont plus en état de « satisfaire » ; volontairement
ils se sont mis dans un état de « satispatir » : l'ancienne nécessité et
l'autorité de faire la guerre subsistent donc, comme subsiste chez le
maître dont un homme est devenu l'esclave à cause d'une somme
qu'il devait, le droit de le retenir esclave, quand bien même il voudrait
payer ce qu'il doit. C'est donc surtout de la décision du prince qui a
guerre juste que dépend la continuation de la guerre quand celle-ci
est presque finie, même si les ennemis offrent alors de satisfaire.

Suarez (Op. cit. vii, 4) combat cette thèse de Cajétan.

Mais, demanderais-je à Cajétan, qu'entend-il par une guerre à moitié faite ou presque finie ?

S'il entend par là le dernier combat actuel, qui va mettre fin à toute la guerre, il n'y a pas de doute : si en effet l'action est déjà entamée, et que la victoire commence à être remportée par celui qui a juste guerre, il n'est pas tenu d'accepter la satisfaction offerte avant d'avoir la victoire complète : car moralement celle-ci lui est déjà acquise, et il peut moralement, en qualité de vainqueur, traiter de la paix. Mais s'il entend une guerre dans laquelle il y a eu seulement quelques combats, je ne vois pas sur quelle base sérieuse on s'appuierait pour soutenir qu'il est alors davantage « maître de la cause » qu'avant le commencement de la guerre : car il avait auparavant, pour commencer la guerre le même droit qu'il a maintenant pour la poursuivre. Seulement il faut remarquer que l'injure a augmenté et que par suite a augmenté aussi le droit à une plus grande satisfaction. D'autre part, les raisons justes procèdent dans un cas comme dans l'autre des mêmes principes, et la continuation de la guerre. tout comme son début, doit être de nécessité. Ajoutons que la continuation de la guerre serait très-nuisible au bien général, ce qu'on doit éviter autant que le permet la sauvegarde de ses droits : or ceux-ci sont saufs puisqu'il est offert satisfaction : continuer la guerre ne donnerait pas le droit d'être plus exigeant après la victoire : enfin le droit de la guerre est un droit terrible, sa peine est extrêmement grave et elle doit par suite être réduite autant que possible.

Le contraire de ce que dit Cajétan me paraît donc plus près de la vérité, mais il faut ajouter que la satisfaction complète devra comprendre : d'abord la restitution de tout ce qui était injustement détenu, ensuite la compensation de toutes les dépenses faites à l'occasion de l'injustice de l'adversaire. Si la guerre est à peine commencée, on pourra équitablement demander toutes les dépenses faites auparavant : on pourra également exiger quelque chose, comme punition de la violation du droit ; puisque la guerre n'a pas seulement le caractère d'un acte de justice commutative, mais aussi de justice vindicative. Enfin on peut avec justice demander tout ce qui, pour l'avenir, paraîtra nécessaire à la conservation et à la défense de la paix ; car c'est là la fin principale de la guerre, établir la paix pour l'avenir.

CHAPITRE XII.

Cas de doute sur la justice de la guerre.
Le Souverain.

___

Nous avons vu que tous les docteurs et les théologiens sont d'accord pour reconnaître la justice de la guerre sous certaines conditions parmi lesquelles se trouve la cause juste. Aucune difficulté lorsque celle-ci est évidente : mais il n'en est plus de même lorsque la cause est douteuse, c'est-à-dire lorsque celui qui songe à déclarer la guerre reconnaît ou doit en conscience reconnaître que son adversaire a des droits égaux aux siens, ou ce qui est le cas le plus fréquent qu'il a des droits inférieurs aux siens peut-être, mais cependant existants ou tout au moins discutables.

On comprend l'importance d'une telle question à une époque où Souverains, Rois et Princes cherchaient très souvent à profiter de toutes les occasions pour agrandir leur empire en invoquant des droits dont il n'était pas toujours facile de déterminer la légitimité ou l'importance relative.

C'est ce qui fait dire à **Vasquez** (COMM. IN SUMMA SANCTI THOMÆ. TOMA II, DISP. LXIV, CAP. 3) comme introduction à la remarquable étude qu'il fait de cette question :

Il arrive fréquemment en ce qui concerne le droit à un royaume, que les avis sont partagés : les uns affirment que probablement le droit sur un royaume appartient à tel roi, les autres que probablement il appartient à tel autre : il en résulte d'habitude que les deux rois se déclarent mutuellement la guerre et que chacun s'efforce de s'emparer du royaume contre la volonté de l'autre. Comme le roi, dans une telle circonstance, agit comme juge, il s'agit de savoir s'il suffit de l'opinion probable que le royaume lui appartient pour que le jugement droit de sa conscience lui permette de déclarer la guerre, si elle est nécessaire à l'obtention du royaume, même s'il le voit déjà occupé par un autre. Selon moi, la chose mérite que les Théologiens la traitent avec le plus grand soin; car c'est d'elle surtout que dépendent la paix et la discorde entre les princes chrétiens. Quelle est l'importance d'une telle question, chacun le voit clairement. Mais peu de Docteurs s'en sont occupés et ils ont peu écrit sur ce sujet. Je commencerai donc par dire ce que l'on a trouvé chez eux et dirai ensuite ce que je considère comme plus probable (1).

Suarez (DE TR. VIRT. THEOL., DE CARITATE. DISP. XIII, SECT. 6) fait remarquer que la question intéresse, non seulement les Rois et les grands du royaume qui sont appelés à donner leur avis et à décider de la guerre, mais tous ceux qui y prennent part. Nous nous occuperons des derniers dans le chapitre suivant, ne considérant dans celui-ci que ce qui concerne les Rois et leurs conseils.

Il faut distinguer trois classes de personnes : le Souverain, Prince ou Roi, les personnages principaux de l'État, Ducs, etc. et les simples militaires, et supposer que chez tous il s'agit d'acquérir une certitude pratique qui est la suivante; *Il m'est permis de combattre.* Tout le doute vient d'une certitude spéculative qui peut se formuler ainsi : *La guerre de laquelle il s'agit est juste en soi,* ou : *cette chose que je prétends obtenir par la guerre est à moi* (2).

I. *Cas où l'un des adversaires est en état de possession légitime.*

Un premier cas examiné par les théologiens est celui où le royaume convoité a déjà un souverain à sa tête.

(1) La question n'est pas de moindre importance à notre époque où les Nations qui se font la guerre prétendent toujours avoir le bon droit de leur côté et où on en est venu à considérer la guerre comme un moyen légitime de régler des conflits, c'est-à-dire où l'on accepte souvent la notion païenne de la guerre juste des deux côtés à la fois.

(2) Distinguenda sunt tria genera personarum. scilicet, Supremus Rex et Princeps; Primarii homines, et Duces; communesque milites: et supponendum, in omnibus requiri certitudinem practicam, quæ explicatur hoc judicio : *Mihi licitum est bellare.* Dubium totum vertitur de certitudine speculativa, quæ ita explicatur : *hæc causa belli justa est in se.* vel, *hæc res, quam prætendo per bellum, mea est.*

Que faut-il faire, dit **Victoria** (DE JURE BELLI, 27), quand la justice de la guerre est douteuse, c'est-à-dire, lorsque des deux côtés il y a des raisons apparentes et probables ?

En ce qui concerne les Princes, il semble que si l'un d'eux est en état de possession légitime, l'autre ne peut, tant que le doute persiste, user de la guerre et des armes. Si, par exemple, le Roi de France est en possession légitime de la Bourgogne, même s'il y a doute au sujet du droit qu'il peut avoir sur cette province, il ne semble pas que l'Empereur puisse la reprendre par les armes, et de même le Roi de France ne pourrait prendre Naples ou Milan si son droit sur ces villes était douteux.

Et il en donne diverses raisons que nous résumons ainsi qu'il suit :

1° En cas de doute, meilleure est la condition de celui qui possède.

2° Devant un tribunal ordinaire, on ne dépouillerait pas le possesseur tant que le doute subsisterait. Or le prince remplit les fonctions d'un juge.

3° Ce sont les Princes eux-mêmes qui ont établi les lois d'après lesquelles devant les tribunaux, on ne dépouille pas le possesseur : qu'ils subissent donc la loi qu'ils ont faite.

4° Autrement la guerre serait juste des deux côtés, ce qui est impossible.

Si, dit **Suarez** (OP. CIT., SECT., VI, 3), après avoir fait toute diligence, on trouve une égale probabilité de part et d'autre, si de quelque côté qu'il vienne, le doute est équivalent, alors, si l'un possède, il faut le préférer ; de même dans un jugement, on préfère celui qui est en possession, comme ayant plus de droit que l'autre : c'est pourquoi, celui qui ne possède pas ne peut déclarer la guerre à celui qui possède, lequel est en sécurité et peut justement se défendre.

Adrien (4. MATERIA DE RESTITUTIONE) croit au contraire que puisqu'il doute si ce qu'il détient lui appartient ou non, il n'est pas en sécurité. **Soto** aussi (DE JUST. qu. 5, n° 4), dit que celui qui doute est tenu de partager avec l'autre ou de lui donner une compensation à cause de son doute ; cela serait vrai si dès le début, il avait commencé à posséder en doutant : car dans ce cas, une telle possession ne confère pas de droit ; mais si dès le début il était possesseur de bonne foi, et si son doute est né postérieurement, si ayant alors fait toute diligence pour rechercher la vérité, il n'a pu la trouver, il peut en toute sécurité retenir le tout ; car le doute reste entièrement spécu-

8

latif et une semblable possession confère le droit à la chose toute
entière, comme nous l'avons longuement démontré en matière de
conscience.

Victoria dit cependant à ce sujet, que le possesseur dans un tel cas
doit, quand le doute se produit, rechercher avec soin la vérité et qu'il
peut y être contraint, même par la guerre, s'il s'y refusait, attendu
qu'en réalité cela est exigé par la justice et la droiture.

En effet, **Victoria** (DE JURE BELLI, 29), écrit ce qui suit :

Celui qui a des doutes au sujet de son droit, alors même qu'il possède paisiblement, est tenu d'examiner avec soin la cause et d'écouter
pacifiquement les arguments de son adversaire, afin d'arriver à connaître si possible la vérité ou à son égard ou à l'égard de l'autre
partie. Car :

1. On n'est plus possesseur de bonne foi quand on doute et que l'on
néglige de s'enquérir de la vérité.

2. Si devant un juge on présente une objection au légitime possesseur, le juge est tenu d'étudier la question ainsi soulevée; or le prince
remplit le rôle de juge.

Mais si après examen de la cause (OP. CIT. 30), on peut raisonnablement continuer de douter, le légitime possesseur n'est pas tenu
d'abandonner ce qu'il possède; il a le droit de le conserver :

1. Un juge n'aurait pas le droit de le dépouiller, il n'est donc pas
obligé de s'en dépouiller lui-même.

2. **Adrien** déclare expressément que celui qui doute a le droit de
conserver la possession.

II. *Cas où il n'y a pas de possesseur légitime.*

Un second cas examiné par les théologiens est celui où,
pour une cause quelconque, le royaume en litige serait
vacant.

Si la ville ou la province, dit **Victoria** (DE JURE BELLI, 28), au
sujet de laquelle s'est élevé le doute, n'a pas de légitime possesseur,
si par exemple, elle se trouve sans souverain, par suite de la mort du
prince légitime, et si l'on doute que l'héritier soit le roi d'Espagne ou
le roi de France, sans pouvoir d'une façon certaine l'établir en droit,
il semble que si l'une des parties propose un arrangement, un partage
ou une compensation partielle, l'autre est tenue d'accueillir la propo-

sition, même lorsqu'elle est la plus forte et qu'elle pourrait s'emparer du tout par les armes ; sinon elle n'aurait pas juste cause de guerre.

1. En effet, l'adversaire en demandant le partage ne commet aucune injustice.

2. Dans les causes entre particuliers, on ne permettrait pas à l'une des parties de prendre toute la propriété.

3. La guerre, s'il était permis de la faire, serait juste des deux côtés.

4. Un juge équitable n'accorderait pas la totalité de la chose à l'une des parties.

Suarez (OP. CIT., SECT. VI, 4) est du même avis :

Autre chose est si aucun ne possède, lorsque le doute ou la probabilité sont équivalents. L'opinion la plus répandue est que chacun a alors le droit d'occuper le premier, d'où il résulterait que la guerre serait juste des deux côtés, ce qui est impossible, hors le cas d'ignorance. On donne comme raison que, en pareil cas, le juge pourrait à sa volonté attribuer la chose à celle des parties qu'il voudrait. Je ne puis admettre que le juge puisse avoir en ce cas une telle faculté, car il est simplement le répartiteur d'une chose sur laquelle il ne possède lui-même aucun droit. Si donc les droits des parties sont absolument équivalents, il n'y a pas de raison pour qu'il puisse attribuer toute la chose à l'un ou à l'autre, il est en conséquence tenu de la diviser, ou si la chose est indivisible, il faudra par un moyen quelconque qu'il donne satisfaction à chaque partie. Les princes sont soumis à la même obligation en cas de guerre ; ils se diviseront donc l'objet du conflit, ou le tireront au sort, ou par tout autre moyen, termineront le litige. Que si l'un des deux essayait de s'emparer de toute la chose et d'en exclure l'autre, par le fait même il ferait à l'autre une injure que ce dernier aurait le droit de repousser et ce serait un juste titre de guerre qui lui permettrait de s'emparer du tout.

III. *De l'arbitrage.*

A ce propos, il fait (OP. CIT., SECT. VI, 5) quelques réflexions sur l'arbitrage, en observant toutefois que c'est un moyen peu usité à son époque, et d'autre part qu'il ne peut être imposé si, après examen, le droit paraît évident.

On se demande si, dans des cas semblables, les souverains sont obligés de s'en rapporter à l'arbitrage de gens de bien. La question se pose au point de vue de la loi naturelle seulement, sans parler de l'autorité du Pape, dont nous avons dit quelque chose plus haut. Je crois que l'affirmative est très probable : car on est tenu d'éviter la guerre par tous les moyens possibles et honnêtes. Si donc il n'y a aucune injustice à redouter, c'est de beaucoup le meilleur moyen et il faut l'employer. En effet, il est impossible que l'auteur de la nature ait laissé les choses humaines, qui sont plus souvent régies par des conjectures que par des certitudes, dans un état si critique que tous les conflits, entre les Souverains ou les États, ne puissent se terminer que par la guerre : ce serait contraire à la prudence et au bien général du genre humain, donc contraire à la justice. Il en résulterait, en outre, que les plus puissants posséderaient régulièrement plus que les autres, et que la force des armes serait la mesure des droits, ce qui serait aussi absurde que barbare.

Mais il faut faire sur ce point deux observations :

Le souverain n'est pas obligé de s'en rapporter au jugement de ceux qu'il n'a pas lui-même institués comme arbitres ; il faut donc que les arbitres soient agréés par les deux parties : mais on n'aime pas beaucoup à employer ce moyen : aussi y recourt-on très rarement. La plupart du temps le prince tient pour suspects les juges étrangers.

Ensuite, il faut remarquer que le souverain, agissant de bonne foi, peut faire examiner ses droits par des hommes prudents et savants, et que, si leur opinion est que *son droit est évident*, il peut la suivre et n'est pas tenu de s'en rapporter à d'autres.

La raison en est qu'il faut juger de son droit comme d'une juste contestation : car, dans un juste jugement, il y a deux choses à considérer : l'examen de la cause et la connaissance du droit des deux parties : pour cela point n'est besoin de juridiction, mais bien de science et de prudence. Cela n'est pas le but de la guerre, c'est, au contraire, ce qui sert de base à la guerre, et l'on ne voit pas, dès lors, pourquoi on recourrait à des arbitres. Autre chose est l'exécution du droit ainsi clairement établi : ici il faut une juridiction que le souverain possède par lui-même, quand, d'autre part, son droit est suffisamment évident. Alors on ne voit pas pourquoi il serait tenu d'attendre l'arbitrage d'autrui, bien qu'il doive accepter de justes accords, si on les lui offre (1).

(1) Sed quæres, an in hujusmodi casibus teneantur Supremi Principes arbitrio bonorum virorum judicium relinquere ? Est autem quæstio, stando in lege naturali tantum, ut omittamus Papæ authoritatem, de qua jam diximus. Censeo vero, pro-

IV. *Cas où l'un des adversaires considère son droit comme plus probable.*

Mais le même auteur (op. cit., Sect. VI, 2) fait une réserve que l'on ne trouve pas dans Victoria et que Vasquez combat, comme on le verra plus loin, pour le cas où le prince après examen resterait convaincu que son droit est préférable à celui de son adversaire, que son opinion est plus probable que l'autre.

Quand la chose est probable pour chacune des parties, le Roi doit alors se comporter comme un juge équitable : si l'opinion qui lui est favorable lui paraît plus probable, il peut avec justice poursuivre son droit, parce que, à mon avis, il faut, quand il s'agit de prononcer une sentence, suivre toujours le parti le plus probable ; en effet, quand il s'agit de justice distributive, il faut préférer le plus digne, et le plus digne est celui dont le droit paraît le plus probable. Pour la même

babilem valdè esse partem quæ affirmat. Etenim tenentur ii, quoad possunt, vitare bellum honestis mediis. Si ergo nullum periculum injustitiæ timeatur, illud planè est optimum medium : erit ergo amplectendum. Confirmatur : nam impossibile est, authorem naturæ in eo discrimine reliquisse res humanas quæ frequentius conjecturis potius, quam certa ratione reguntur, ut omnes lites inter Principes supremos et Respublicas non nisi per bellum terminari debeant ; est enim id contra prudentiam ac bonum commune generis humani : ergo contra justitiam. Præterquam quod jam regulariter ii haberent majus jus, qui potentiores essent, atque adeo armis esset metiendum : quod barbarum et absurdum satis apparet.

. Sed in hoc observandum primo erit, non teneri supremum Principem stare judicio eorum, quos ipse non constituit ad judicandum ; oporteret ergo, ut utriusque partis consensu arbitri eligerentur : quod quidem medium quia raro amplectantur, ideo solet esse rarissimum. Nam sæpissime alter Princeps suspectos habet judices externos. Deinde, advertendum, posse Supremum Principem, si bona fide procedat, expendere jus suum per prudentes et doctos viros ; quorum judicium (si per illud sibi constat de jure suo) sequi potest, sicque non tenebitur stare aliorum judicio. Ratio est : quia ita est de hoc jure judicandum, sicut de justa lite : in justo autem judicio duo intenduntur. Unum est, examen causæ, et cognitio juris utriusque partis : cui negotio necessaria non est jurisdictio, sed scientia potius, et prudentia. Quia, cùm non intendatur per bellum, sed bello supponatur, non est cur arbitris sit committendum. Alterum est, executio juris jam patefacti : ad hoc vero jurisdictio postulatur, quam per se habet Supremus Princeps, quando aliàs sibi constat satis de jure : tunc ergo non est, cur expectare teneatur alterius arbitrium, quamvis debeat justa pacta acceptare, si offerantur.

raison, si la partie adverse a pour elle l'opinion la plus probable, le
Prince ne peut en aucune manière lui déclarer la guerre.

Comme nous l'avons dit précédemment, **Vasquez**(OP. CIT.)
a fait une très intéressante étude de la question et, malgré
sa longueur, nous la reproduisons ci-dessous.

Après un préambule, que l'on trouvera au début de ce
chapitre, il reproduit en les résumant les doctrines de Victoria, et ajoute ensuite :

J'approuve cette doctrine quand entre les deux parties le doute est
tel que pour aucune d'elles il ne paraît probable qu'on puisse arriver
à une opinion commune : dans ce cas, en effet, comme nous le montrerons plus loin (dist. LXVI. c. 7) meilleure est la condition de celui
qui possède. Si aucun des deux n'est en possession, il paraît juste de
partager en présence de l'égalité des doutes. D'ailleurs la difficulté que
nous envisageons n'est pas celle qui se présente quand la chose est
douteuse et qu'aucune des parties ne voit la probabilité d'une opinion
commune, mais bien quand chaque prince qui prétend au royaume, a
de son côté une opinion probable que les Docteurs qu'il a consultés
regardent comme plus probable. Peut-il, avec cette seule opinion
probable, ou plus probable de son droit, se faire, en toute rectitude
de conscience un jugement qui lui permette de recourir aux armes
s'il en est besoin ?

Navarre (1) enseigne (SUMM. CAP. 25. 4) que lorsque deux princes
ont entre eux un litige relativement à un royaume ou un État, litige qui
ne peut être terminé par les voies de droit, parce qu'aucun d'eux n'a
de supérieur, ni être clos par les armes, attendu que l'un et l'autre
sont également puissants et forts, il faut s'en remettre à la décision
d'arbitres : que si les princes ne voulaient ni choisir des arbitres, ni
accepter leur décision et les conventions qu'ils proposeraient, ils
commettraient une faute très grave, vu les malheurs qui résulteraient
de leur discorde et de la guerre pour la république chrétienne : mais
cet auteur ne dit pas si un prince pêche à l'égard d'un autre, quand
regardant comme plus probable son droit au trône, il déclare la

(1) Martin Azpilcueto, qu'on nomme ordinairement Navarre, parce qu'il était de
Pampelune, dans le Royaume de Navarre, vivait au xvie siècle et passait pour un
des plus doctes jurisconsultes de son temps. Il était prêtre et chanoine régulier de
St-Augustin : il mourut en 1586, à l'âge de 92 ans.

guerre à l'autre prince, pour l'obtenir et c'est là la difficulté présente.
Il semble toutefois d'après la doctrine de Navarre et de Victoria (1).

(1) Assurément, à l'époque où vivait Vasquez (qui mourut en 1604), on rencontrait déjà des théologiens, tels que Valentia, Molina, etc., qui, s'écartant de la doctrine du droit de guerre professée depuis douze siècles et dont le présent livre contient l'exposé, considéraient que la guerre pouvait être admise comme acte de justice commutative et non seulement comme acte de justice vindicative, qu'elle pouvait être juste des deux côtés à la fois, résoudre le conflit de deux opinions probables, etc. Nous avons vu (page 101) que Suarez lui-même concédait le droit de déclarer la guerre au Prince qui considérait son opinion comme plus probable que celle de son adversaire.

Sans l'affirmer absolument, car il emploie des expressions telles que : « il semble », « Navarre paraît admettre », Vasquez laisse entendre que ce pourrait être le cas de Navarre et de Victoria.

En ce qui concerne Navarre, voici le passage de cet auteur auquel Vasquez fait allusion : il se trouve dans son *Enchiridium, seu manuale confessoriorum* (que Vasquez appelle : *Summa*), chap. XXV. De peccatis Regum, n° 4.

Considérant les fautes spéciales que peuvent commettre les Rois et parmi elles, il indique la guerre injuste, et même le seul fait de déclarer la guerre de sa propre autorité, sans avoir pris l'avis de ses conseils, il écrit ce qui suit :

9° Peccat qui habet cum alio Rege Christiano super aliquo regno, vel dominio, aliquam dubiam et antiquam contraversiam, quæ de jure non potest extingui, quia non habent superiorem; neque bello, quippe quorum arma adeo creverunt, ut neuter ab altero omnino superari possit, nisi facta per strages copia Turcis invadendi, quod reliquum est christiani orbis, vel bonam partem ejus, et non vult in arbitros suspicione carentes convenire, nec petere, vel accipere conditiones honestas quibus pax firma fiat, quod probavimus.

Et à ce propos son ouvrage renvoie à une autre de ses œuvres, l'une des premières qu'il ait écrites : le *De oratione* (chap. XIX, n°ˢ 91 et suiv.). Dans cet ouvrage, il avait longuement examiné un cas spécial, la situation toute particulière faite à l'Europe et à la Chrétienté par les luttes de François Iᵉʳ et de Charles-Quint. Ces guerres, dit-il, sont le résultat de très anciennes querelles que l'on ne peut résoudre juridiquement, puisque les souverains dont il s'agit n'ont pas de supérieur : elles intéressent et affaiblissent toute l'Europe, car presque tous les peuples de la Chrétienté y prennent part. D'un autre côté, elles menacent de se prolonger indéfiniment, car on ne voit même pas qu'elles puissent se terminer par la victoire de l'un des adversaires qui disposent tous deux de forces considérables et à peu près équivalentes. Il y a dans leur continuation et dans le fait que rien ne peut en faire prévoir la fin, une cause d'affaiblissement pour la Chrétienté, que menacent les Turcs, et un danger pour l'Eglise. Dans de telles conditions, ajoute-t-il, je ne crois pas qu'il soit paradoxal de soutenir, comme je l'ai fait jadis dans une assemblée célèbre, que les deux Souverains sont tenus en conscience de mettre fin à la guerre par une transaction et qu'en refusant de le faire, ils compromettent le salut de leurs âmes.

Conclure de là que Navarre admettait que si l'un d'eux avait été certain de triompher de son adversaire par les armes, il aurait eu par là même le droit de s'emparer des territoires litigieux nous paraît d'autant plus exagéré, que Navarre

que chacun des deux peut étudier et faire étudier par les Docteurs de son royaume les causes de la guerre et les raisons de son adversaire, et que si l'avis des Docteurs est que son droit au trône est plus probable que celui de son adversaire, il peut prononcer une sentence en sa propre faveur et s'emparer du royaume par la force des armes, si c'est la seule voie possible. Je conclus cela de ce qu'ils disent : que le Souverain ne peut être jugé par personne, d'où il semble résulter que le Prince peut juger en sa propre cause, et porter une sentence en sa faveur, sans que l'autre Prince ait commis une injure à son égard. Car si Navarre dit que les princes devront recourir à des arbitres, il semble que ce soit de peur que la République Chrétienne, lorsque la cause ne peut être résolue par les armes, ait à souffrir de ses ennemis extérieurs, par suite de la longueur des guerres intérieures. Mais si la cause pouvait être résolue par les armes, alors qu'elle ne peut l'être par un jugement, puisqu'aucun des deux princes ne peut-être jugé par l'autre, Navarre paraît admettre qu'il n'y aurait aucune injustice à s'emparer du royaume : cette opinion a été défendue par quelques auteurs plus récents, qui s'appuient sur cette raison que le prince, étant souverain, et n'ayant aucun supérieur ne doit se soumettre au jugement de personne et par suite peut prononcer dans sa propre cause. C'est pourquoi, disent-ils, si par lui-

n'a exprimé dans aucun de ses ouvrages une opinion analogue et que toute son œuvre semble indiquer qu'il était à ce sujet d'accord avec tous ses prédécesseurs.

En ce qui concerne Victoria, il a longuement étudié les devoirs du Souverain en cas de doute, dans la troisième question de la deuxième partie du : De Jure belli. Comme nous l'avons vu (page 97), il enseigne que si l'un des Souverains est en état de possession légitime, l'autre n'a pas le droit, en cas de doute, de lui déclarer la guerre ; mais (page 98) que celui qui possède, est obligé d'examiner avec soin les arguments de son adversaire : si après examen de la cause, le doute subsiste, il peut conserver ce qu'il possède. Si aucun des deux Souverains n'est en état de possession légitime, dit-il encore (page 99), et si l'une des parties propose un arrangement, l'autre doit l'accepter, même quand elle serait assez forte pour s'emparer par les armes de tout ce qui fait l'objet de la contestation. Il a également écrit (voir page 29) : Si l'une et l'autre des parties ont des droits évidents, il n'est pas permis de faire la guerre, ni pour attaquer, ni pour se défendre.

Il ne semble donc pas possible de lui attribuer l'opinion dont parle Vasquez et qui, croyons nous, a été exprimée pour la première fois par des théologiens de la fin du xvie siècle (quelques auteurs plus récents, dit Vasquez) : opinion qui marque le premier abandon de la doctrine de St-Augustin et de St-Thomas, l'adoption de l'idée de la possibilité d'une guerre juste, sans la notion de *faute* de la part de celui à qui on la déclare, notion de plus en plus abandonnée par les théologiens des siècles suivants, et dont l'oubli amènera l'opinion publique, même chez les catholiques, à la conception païenne de la guerre juste des deux côtés à la fois, de la guerre voie de droit, moyen de résoudre les conflits entre les peuples, etc.

même ou par les docteurs de son royaume, il a trouvé que son droit
au trône était plus probable que celui de son adversaire, il peut prononcer une sentence en sa faveur, recourir aux armes et déclarer la
guerre à l'autre prince.

Je n'ai jamais pu accepter une telle doctrine, j'ai toujours considéré,
au contraire, qu'elle n'avait pour elle aucune probabilité et qu'elle
pouvait amener les plus grands maux dans la république chrétienne,
ainsi qu'on le verra plus loin : c'est pourquoi je vais exposer mon avis
en quelques mots :

Tout d'abord, j'estime qu'aucun souverain dans une controverse
dont les solutions ont même probabilité, et qui existe entre lui et un
prince qui ne lui est pas soumis, n'a le droit de prononcer une sentence
et d'en poursuivre l'exécution par les armes. J'ai dit : *controverse dont
les solutions ont même probabilité*, car si le droit de l'un des princes
au trône était évident, il pourrait, tout le monde est d'accord sur ce
point, par suite de la certitude qui résulterait de l'évidence de son
droit, faire la guerre à l'autre si cela était nécessaire pour obtenir son
royaume. On voit facilement la raison des deux propositions ci-dessus.

D'abord, parce que, quand un souverain a le droit évident de régner
sur un pays, et qu'un autre s'efforce de l'en empêcher, l'injustice faite
par ce dernier est manifeste ; par conséquent, attendu qu'il n'y a pas
de supérieur auquel il puisse en demander la juste punition, il peut
l'infliger lui-même et user des armes pour repousser l'injure qu'on veut
lui faire ou venger celle qu'on lui a faite (1) ; car étant donnée l'orga-
nisation du monde, le droit naturel lui-même accorde aux souverains
le droit de guerre, lequel consiste en ceci : qu'ils peuvent se servir des
armes, soit pour repousser une injustice manifeste qu'un autre veut
leur faire, soit pour la punir si elle a été faite ; de cela personne ne
doute.

Mais ce que nous allons démontrer maintenant, c'est que, au contraire, si la cause des deux princes est litigieuse et probable de part et
d'autre, il n'est pas permis à l'un d'eux de faire la guerre à l'autre,
même quand son droit au trône lui paraîtrait plus probable que celui
de son adversaire.

Toute controverse qui résulte de la différence d'opinions touchant
un droit quelconque doit être tranchée, non par la puissance des
armes, mais par un jugement : c'est une coutume digne des barbares
que d'attribuer le meilleur droit à celui qui a les meilleures armes.

_____

(1) Voir l'avis au lecteur, p. III.

Et **Vasquez** continue sa démonstration, en rappelant
d'abord que la guerre est un acte de justice punitive, et que
tant que la question n'a pas été résolue par un jugement, on
ne saurait regarder comme coupable celui qui se conforme
à une opinion probable (voir chap. vi, p. 62.) : puis il réfute
l'opinion d'après laquelle les deux princes pourraient entreprendre une guerre qui serait juste des deux côtés (voir
chap. i, § 3, p. 27.), en montrant d'abord qu'aucun d'eux
n'a le droit de prendre lui-même une décision et de faire la
guerre à l'autre : ensuite (voir même chap., p. 31.), qu'une
guerre ne peut être juste des deux côtés, sinon dans le cas
d'ignorance invincible et qu'on n'a pas le droit de confondre
avec l'ignorance invincible la divergence de deux opinions
probables. Il conclut (voir même chap., p. 29.) par ces
mots : « Puisque le jugement d'un seul prince est insuffisant
pour terminer le litige, il s'ensuit nécessairement qu'il faudra
recourir au jugement d'un tiers. »

V. — *Des tiers au jugement desquels on peut avoir recours.*

Reste maintenant, continue-t-il, à dire quel sera le tiers auquel les
princes qui ont des opinions opposées touchant le droit au trône,
devront soumettre leur litige.

Nous supposons d'abord que ni l'Empereur, ni le Souverain Pontife, n'ont dans la cause dont il s'agit le droit de prononcer une sentence : car, selon l'avis général des théologiens, auquel je me
conforme, ni l'un ni l'autre n'ont sur les autres princes la juridiction
temporelle dont il est ici question : cela posé, j'estime qu'il faut en
cette matière distinguer ;

En effet, le souverain qui croit son droit probable est en litige avec
un autre prince, souverain ou non, au sujet, soit, par exemple, d'un
marquisat qui dépend d'un autre royaume, soit d'un royaume souverain, d'un principat qui ne dépend de personne.

1° S'il s'agit d'un marquisat qui est soumis à un royaume quelconque, j'estime d'abord que tous ceux entre lesquels existe le différend, même s'ils sont souverains, doivent se soumettre à la décision
du juge suprême, c'est-à-dire de celui qui a le marquisat en litige dans
son royaume et sous son empire, et que, même le souverain d'un

autre royaume, ne peut se soustraire au jugement de celui sous l'empire et la dépendance duquel se trouve le marquisat, objet de la discussion. La raison en est claire : le souverain qui réclame le marquisat n'est pas à la vérité soumis au roi, duquel dépend le marquisat, à raison de sa dignité royale, mais, parce que le marquisat est soumis à ce roi, et gouverné par les lois de ce royaume, la cause et le droit à ce marquisat doivent être jugés et définis d'après les lois du royaume : l'auteur de ces lois, celui qui peut légitimement les appliquer, c'est seulement le chef de ce royaume; donc, l'autre roi doit s'en rapporter à son jugement.

La même raison prouve que toute autre personne, qu'elle soit ou non sujette du roi, sous la dépendance duquel est le marquisat, doit être jugée par ce roi.

Remarquons d'ailleurs que le non-sujet devient sujet à raison du territoire qui donne lieu à la contestation, car il n'est pas juste que, sans jugement et consentement du roi sous la dépendance duquel se trouve le territoire, un autre s'en empare, alors que le territoire lui-même et son prince, ce dernier à cause du territoire, doivent demeurer soumis au roi, comme autrefois il est arrivé pour les rois d'Espagne, qui, en tant que comtes de Flandre, étaient soumis aux rois de France.

2° Si le litige est relatif à un royaume souverain, dont le trône est vacant, j'estime que tous ceux entre lesquels existe le différend, qu'ils soient souverains ou non, que l'un le soit tandis que l'autre ne l'est pas, doivent se soumettre au jugement du royaume; et par royaume j'entends ceux qui, après la mort du prince ont, par l'élection des villes, le droit de gouverner. Et, dans notre Espagne, on a vu le fait se produire au temps de saint Vincent, de l'ordre des Prédicateurs, dans le royaume d'Aragon. Tous ceux qui se disputaient le royaume et prétendaient y avoir des droits durent se soumettre au jugement du royaume. La raison évidente de ceci, c'est que ce droit de succession, au sujet duquel il existe des opinions différentes, doit être défini par quelque règle. Or de règle, il n'y en a pas d'autre que les lois du royaume lui-même; et quand le roi est mort, le seul interprète légitime de ces lois, c'est le royaume lui-même. Ce n'est pas à des étrangers qu'il convient d'en donner la légitime interprétation : tous ceux qui ont des prétentions diverses doivent en conséquence se soumettre au jugement du royaume.

Première observation. — A tout ce qui précède, j'ajoute d'abord que toutes les fois qu'un plaideur dans une cause semblable a de valables raisons de suspecter les juges ordinaires, il peut demander que sa cause soit remise entre les mains d'arbitres exempts de tout soupçon, et que son adversaire doit acquiescer à sa juste demande. Ce même droit, qu'a tout particulier, de récuser le juge ordinaire devant lequel il doit comparaître et d'en demander un autre, tout prince qui prétend avoir des droits sur un royaume ou un principat quelconque, le possède également. Si son adversaire n'acquiesce pas à sa demande, il commet une évidente injustice, que l'autre peut à bon droit punir par les armes.

Deuxième observation. — Enfin il faut observer ceci : le droit qu'un roi peut avoir à l'encontre d'un autre, doit être considéré comme litigieux, et devant être défini par un jugement et non par les armes, si, d'après l'opinion des jurisconsultes, il existe pour chacun des prétendants des raisons probables, telles que s'il s'agissait de princes non souverains, la cause paraîtrait litigieuse et délicate à résoudre au point que, aucun des adversaires ne semblerait soulever une contestation évidemment contraire à la justice, s'il réclamait pour lui ce qui fait l'objet de la controverse ; dans ce cas, on l'a déjà dit et expliqué, c'est par un jugement et une sentence, prononcés non par lui-même, mais par un tiers, que le prince doit mettre fin au litige ; car si le droit de son adversaire est clair et évident, il n'y a aucune raison pour demander un jugement ou une sentence à qui que ce soit

CHAPITRE XIII.

Cas de doute sur la justice de la guerre. Les sujets.

I. *Observations préliminaires.*

Une première question a été posée par plusieurs auteurs, c'est la suivante : Dans le doute, la guerre doit-elle être présumée juste ?

Hostiensis soutenait la négative (voir chap. VII, p. 68), mais les autres auteurs, tant théologiens que canonistes, paraissent être tombés d'accord pour établir la distinction indiquée par les deux textes suivants :

Si la guerre, dit **Sylvestre** (SUMMA SYLV. V. BELLUM) est déclarée par un souverain, elle est, en cas de doute, présumée juste. Si elle est déclarée par un Prince qui reconnaît un supérieur, elle est dans le même cas présumée injuste.

Toute guerre, dit à son tour **Arias** (DE BELLO ET EJUS JUSTITIA), est présumée injuste et coupable, si elle est déclarée par un Prince qui a un supérieur, sans l'autorité de ce supérieur; il en est autrement quand elle l'est par un Prince Souverain : alors la juste cause se présume.

D'autre part, ainsi que nous l'avons vu au Chapitre X :

1° On n'a jamais le droit de prendre part à une guerre que l'on sait être injuste, ni même, fût-on dans l'erreur, à une guerre que l'on croirait injuste. (*Victoria*, voir p. 86).

Les soldats qui meurent dans une guerre injuste, et avec ce seul péché mortel, sont damnés (**Saint Antonin**, SUMMA, TOM. I, PARS. II, CAP. VI) (1).

---

(1) Si in bello illicito, et cum illo solùm mortali decedant, pereunt.

La guerre injuste est par elle-même un péché mortel. (**Cajetan**, SUMMULA V. BELLUM) (1).

2° Les sujets inférieurs (c'est-à-dire autres que le roi et ses conseils) ne sont pas tenus d'examiner les causes de la guerre : ils peuvent combattre en faisant confiance à leurs supérieurs. (*Victoria, Suarez*, etc.) (2)

Mais si les sujets ne sont pas tenus d'examiner les causes de la guerre, ils peuvent le faire. Il peut donc arriver en fait qu'ils conçoivent des doutes sur la justice de la cause, ou, pour d'autres motifs que la cause, sur la justice de la guerre.

De là, la question de savoir ce que doit faire, en conscience, le soldat qui doute de la justice de la guerre à laquelle il est appelé à prendre part, question que nos auteurs ont étudiée et résolue, comme on va le voir.

II. *Cas où ni la justice, ni l'injustice de la guerre ne sont évidentes.*

Nous avons déjà vu (Chap. X, p. 85), la formule employée vis-à-vis de ce cas, par **saint Augustin** (Cont. Faust. XXII-75).

Un homme juste, si par hasard il lui arrive de faire la guerre sous un roi même sacrilège, peut, sans manquer à la justice combattre si, contrevenant à la paix pour maintenir l'ordre, *il est certain que ce qui lui est ordonné n'est pas contraire à la loi de Dieu ou du moins s'il n'est pas certain que cela lui soit contraire* (3).

(1) Bellum injustum ex propriâ ratione constat esse peccatum mortale.

(2) Quand la guerre est publiquement déclarée, à moins que l'injustice de la cause ne soit manifeste, l'ordre du prince doit tranquilliser la conscience des soldats. (*Soto*. De just. et jure. Lib. V, qu. III, art. 5.)

Pour cette raison, Sylvestre et Victoria enseignent que les sujets convoqués pour la guerre doivent obéir à l'ordre de leur roi, sans examiner si la cause de la guerre est juste ou non, parce qu'il n'est pas expédient de dire à tout le monde les causes de la guerre, et que, d'ailleurs cela ne serait pas possible. (Vasquez,) (Comm. in summa, Tom. II, 1. 2. Disp. LXVI. 52)

(3) Ergo vir justus, si forte sub rege, homine etiam sacrilego, millitet, recte potest illo jubente bellare, si, vice pacis ordinem servans, quod sibi jubetur, vel non esse contra Dei præceptum, certum est, vel utrum sit, certum non est.

Cette formule a servi de base à la doctrine des théologiens.

Le sujet de celui qui fait la guerre, s'il le suit dans une guerre injuste, en sachant qu'elle est injuste, n'est pas, parce qu'il le suit, excusé de pêché, ni exempté de la réparation du dommage qu'il a causé lui-même; mais si, après qu'il a pris l'avis de gens expérimentés sur de telles questions, il reste dans le doute relativement à la justice de la guerre, alors il est excusé, car dans le doute il doit obéir; mais son Seigneur n'est pas excusé. (**Saint Antonin.** SUMMA. PARS. III. TIT. IV. CAP. 2.)

Si les sujets doutent de la justice de la guerre, s'ils ont interrogé à ce sujet, autant qu'ils l'ont pu, des hommes expérimentés, et si leurs doutes subsistent, ils sont excusés à cause du motif d'obéissance : autrement, non. (**Ange Carletti.** SUMM. V. BELLUM)

Le sujet qui prend part à une guerre, sans savoir si elle est juste, est excusé par raison d'obéissance ; comme est excusé le ministre du juge qui met à mort un condamné, à moins que la sentence ne contienne une erreur manifeste. Et la raison générale qui fait que dans le cas de doute l'obéissance est une excuse, c'est que ce n'est pas le rôle des sujets de discuter les avis et les décisions de leurs maîtres : ils doivent présumer qu'ils sont justes, à moins qu'ils ne contiennent une injustice évidente. (**Cajétan.** SUMMULA V. BELLUM.)

Il n'est pas douteux que dans la guerre défensive il soit permis aux sujets en cas de doute de suivre leur prince à la guerre et qu'ils soient tenus de le faire : il en est de même dans la guerre offensive. Les preuves sont les suivantes :

1º Comme il a été dit, le Prince ne peut pas et ne doit pas toujours rendre compte à ses sujets des raisons de la guerre : et si les sujets ne pouvaient combattre qu'après qu'ils se seraient assurés de la justice de la guerre, l'État pourrait courir de grands dangers ; la porte serait ouverte à toutes les injustices ;

2º En cas de doute, il faut suivre le parti plus sûr ; or, si en cas de doute les sujets ne suivent pas leur Prince à la guerre, ils s'exposent au danger de livrer l'État à ses ennem'' , ce qui est bien plus grav. que de les combattre lorsque l'on j u.ce : ils doivent donc plutôt combattre ;

3º Le licteur est tenu d'exécuter la sentence du juge, même lorsqu'il doute de sa justice : agir autrement serait tout ce qu'il y a de plus dangereux ;

4° Saint Augustin a défendu cette opinion contre les Manichéens : un homme juste, etc. (voir plus haut). On le voit, saint Augustin donne une définition précise : s'il n'est pas certain, que ce qui lui est commandé soit contraire à la loi de Dieu, c'est-à-dire s'il doute, il lui est permis de se battre. Adrien (1) ne peut quoi qu'il fasse échapper à l'autorité de saint Augustin : or, sans aucun doute, notre conclusion est la formule même de ce saint. (**Victoria**, DE JURE BELLI. 31.)

Le soin d'apprécier les raisons de la justice de la guerre incombe surtout aux princes; pour ce motif, les soldats seront parfois excusés, bien que pour le prince l'injustice de la guerre soit évidente. Cependant l'injustice peut être tellement flagrante que les sujets eux-mêmes ne sauraient être excusés. (**Soto**, DE JUST. ET JURE. LIB. V, Q, III, ART. 5.)

Quand l'injustice de la guerre n'est pas évidente pour les soldats, l'avis commun du prince et du conseil du Royaume suffit pour qu'ils puissent combattre ; de plus en cas de doute (spéculatif) les sujets sont tenus d'obéir à leur supérieur, et cela pour une bonne raison : c'est que, en cas de doute, il faut choisir le parti le plus sûr : et comme le prince possède un droit, il est plus sûr de lui obéir : de même l'exécuteur des actes de justice, peut exécuter la sentence sans s'être livré à aucun examen de la cause, pourvu que son injustice ne soit pas évidente. (**Suarez**, DE TRI. VIRT. THEO. DE CARITATE. Disp. XIII. Sect. VI.)

Pour la même raison, ce qu'enseignent Victoria et les auteurs les plus récents est exact : à savoir que lorsque leur prince les appelle à la guerre, les inférieurs et les sujets peuvent et doivent obéir, lorsque l'injustice de la guerre n'est point évidente. C'est la doctrine de saint Augustin. Il y a aussi, comme le dit fort bien Victoria, dans ce cas une raison particulière : c'est que le roi n'a pas à rendre compte à tous ses sujets des motifs pour lesquels il entreprend une guerre contre un autre roi : il suffit que les sujets sachent qu'il y a autour du roi des hommes de savoir et de piété qui après avoir étudié la question, ont donné au roi un bon conseil. (**Vasquez**, COMM. IN SUMMA TOM. II. Disp. LXII. 33.)

De même **Guerrero** (DE BELLO JUSTO ET INJUSTO).

Le sujet qui ne sait pas si une guerre est juste est excusé par la raison d'obéissance, les guerres doivent être présumées justes, si elles ne contiennent pas une évidente iniquité.

(1) Voir au sujet d'Adrien, p. 115.

III. *Les amis de celui qui fait la guerre, les étrangers et les soldats de métier.*

Les premiers n'étant pas tenus au devoir d'obéissance, ne peuvent prendre part à une guerre, si la justice leur en paraît douteuse. Tel est l'avis d'un certain nombre de théologiens. Aussi **saint Antonin** écrit : (Summa. Pars III, T. IV, cap. 2.)

Le sujet (1) ou l'ami de celui qui fait la guerre, ou celui qui a loué ses services, s'il prend part, non seulement à une guerre injuste, mais même à une guerre sur la justice de laquelle il a des doutes, pêche mortellement et si la guerre est véritablement injuste, il est tenu de réparer les dommages causés (Raym.).

De même **Ange Carletti** (Summa v. bellum) :

Mais on ne doit pas excuser les amis ou les parents ou autres qui volontairement prêtent leur concours, tout en doutant de la justice de la guerre même; si la guerre était injuste, ils seraient tenus à la réparation de tous les dommages causés, et solidairement.

De même **Sylvestre, Cajétan**, etc., mais tel ne paraît pas être l'avis de **Vasquez**. (Op. cit. Disp. LXVI, 53.)

Sylvestre établit toutefois une différence entre les sujets et les amis qu'on convoque pour la guerre : les amis ne peuvent s'y rendre dans le doute tandis que les sujets le peuvent. Il n'y a pas de différence, car le sujet qui doute de la justice de la guerre ne peut obéir tant que son doute persiste, soit qu'il considère en elle-même la cause de la guerre, soit qu'il envisage les circonstances extérieures. Si tout au moins les circonstances extérieures l'amènent à croire qu'il peut aller à la guerre, il peut le faire. De même l'ami, s'il ne s'est pas fait une opinion au moins de la même manière, c'est-à-dire par des considérations extérieures, ne peut aller à la guerre. Et en vérité l'ami ne doit pas demander les causes justes de la guerre : le roi ne doit pas et ne peut pas les exposer à tous ses amis et à chacun d'eux ; il leur suffit de savoir que le roi est un homme juste et prudent qui n'a pas l'habitude d'entreprendre une guerre sans l'avis de son conseil.

(1) Il faut sans doute entendre par ce mot le sujet qui n'est pas obligé de prendre part à la guerre par opposition à celui qui suit son prince à la guerre et dont il est parlé plus haut. (Voir page 110.)

Cajétan (SUMMULA V. BELLUM) assimile aux sujets les mercenaires étrangers, du moins ceux qui étaient au service du roi au moment de la déclaration de la guerre.

Mais ceux qui ne sont pas sujets ne sont pas excusés. Et je comprends parmi les sujets ces soldats mercenaires qui sont continuellement à la solde de quelque roi, aussi bien en temps de paix qu'en temps de guerre : car il faut les traiter comme des sujets. De même ceux que l'on emploie à l'exécution des arrêts de justice n'ont pas besoin d'être des sujets; peu importe leur origine ; il suffit qu'ils aient loué leurs services en vue de l'exécution des arrêts, pour qu'ils soient excusés dans le cas où par ignorance ils auraient exécuté une injuste sentence.

Mais il faut que le confesseur fasse une différence entre les étrangers qui louent leurs services au moment d'une guerre dont la justice est douteuse, et ceux qui à ce même moment étaient déjà à la solde du roi en vue des guerres à entreprendre. Ceux-ci sont considérés comme ayant été engagés pour servir dans une guerre juste : et l'ordre de service par lequel ils se sont mis à la solde du roi fait qu'ils n'ont point à discuter la justice de la guerre. Les autres sont comme ceux qui voudraient louer leurs services à un juge dont la justice est douteuse ; il est évident que ce n'est pas avec sécurité qu'ils s'exposent au danger d'exécuter ses sentences.

Quant à ceux qui, sujets ou non, dès qu'ils entendent parler de guerre, sans se préoccuper de la question de justice, accourent aussitôt au bruit de l'argent, ils sont étrangers aux questions de conscience; ils sont manifestement en état de damnation, à moins qu'ils ne viennent à récipiscence : de même ceux qui courent aux massacres et au butin sans s'inquiéter du juste et de l'injuste.

C'est également l'avis de saint Antonin. (OP. CIT. CAP. II.)

En conséquence, tout soldat de métier, qui ne s'occupe nullement de la justice ou de l'injustice de la guerre, mais seulement de la solde qu'il reçoit, est en mauvais état d'âme, et on ne doit pas lui donner l'absolution, à moins qu'il abandonne son métier ou qu'il déclare au moins qu'il est disposé à ne pas prendre part à une guerre qu'il saurait injuste et à s'abstenir de toute rapine et de tous dommages injustes.

IV. *Opinion d'Adrien* (1).

Adrien, explique **Victoria** (DE JURE BELLI, 3o et 3ı), dit (2) que le sujet qui a des doutes sur la justice de la guerre, c'est-à-dire qui doute si la cause mise en avant est suffisante ou simplement s'il y a une cause suffisante pour déclarer la guerre, n'a pas le droit, même sur. l'ordre de son supérieur, de prendre part à la guerre, et il le prouve en disant qu'il s'expose ainsi au danger de commettre un péché; or, selon les docteurs, cela ne doit pas s'entendre seulement de ce qui est fait contre la conscience quand elle est certaine ou a une opinion arrêtée, mais aussi quand elle est dans le doute et **Sylvestre** (V. BELLUM, ı. §9), paraît être du même avis.

Adrien ne peut, quoi qu'il fasse, échapper à l'autorité de saint Augustin : or, sans aucun doute, notre conclusion (voir ci-dessus, p. 111), est la formule même de ce saint.

Et il ne suffit pas de dire que le sujet doit dissiper son doute et acquérir en conscience la conviction que la guerre est juste ; car il reste possible, moralement parlant, qu'il ne le puisse pas comme il arrive dans beaucoup d'autres cas de doute. Voici ce qui me paraît constituer l'erreur d'Adrien : Il a cru que si je doutais qu'une guerre fût juste au point de vue du prince ou qu'il y ait une juste cause de guerre, il s'ensuivait immédiatement que je doutais qu'il me fût permis de prendre part à cette guerre.

Je reconnais qu'en aucune manière il ne m'est permis d'agir contre le doute de ma conscience et que, si je doute si une action m'est permise ou non, je pêche en la faisant : mais il ne s'ensuit pas que si je doute de la juste cause d'une guerre, je doute nécessairement de mon droit de prendre part à cette guerre et de combattre. C'est le contraire qui s'ensuit. Si en effet, je doute de la justice d'une guerre, la conséquence de ce doute, c'est que j'ai le droit d'obéir à l'ordre de mon prince en y prenant part; de même si le licteur doute de la justice de l'arrêt rendu par le juge, la conséquence n'est pas qu'il doute de son droit d'exécuter la sentence, mais qu'il sait qu'il est tenu de l'exécuter.

Suarez (OP. CIT. SECT. VI, 9.) combat également l'opinion d'Adrien :

Adrien, lui, nie complètement qu'ils aient le droit d'aller à la guerre

(1) Adrien, né à Utrecht en 1459, fit ses études à Louvain; cardinal en 1517, il demeura seul gouverneur de la monarchie quand Charles-Quint partit en Allemagne en 1520. Devenu Pape en 1522, sous le nom d'Adrien VI, il mourut en 1523, après une année de pontificat.

(2) Quœst II. Quodlib, 2, prim. arg. principale.

s'ils ont des doutes, parce que d'abord il n'est jamais permis d'agir avec une conscience douteuse, ensuite parce qu'en allant à la guerre, ils choisiraient le parti le moins sûr ; car ils s'exposeraient au danger de tuer et de partager le butin, tandis qu'en n'y allant pas, ils ne pêchent que contre l'obéissance; or la justice oblige plus rigoureusement que l'obéissance.

Mais il faut remarquer que le doute, en ce cas, n'est pas un doute pratique, mais spéculatif, et c'est pourquoi il ne rend pas la conscience douteuse; et ce ne serait pas choisir le parti le plus sûr que de ne pas obéir, car une telle désobéissance amènerait la plupart du temps ce résultat, que les princes ne pourraient défendre leurs droits, ce qui serait un inconvénient considérable et général.

V. *Opinion de Sylvestre et résumé.*

Sylvestre (SUMM. SYLV. V. BELLUM, I. 9), fait une réserve :

Si le sujet prend part à une guerre juste sur l'ordre de son prince, il n'est pas tenu de restituer ce qui a été pris à la guerre, à moins d'un ordre de son prince; mais s'il savait que la guerre était injuste, il devait craindre Dieu plus que les hommes et il est alors obligé de restituer. S'il doute si la guerre est injuste ou non, il n'est pas tenu de restituer; il est excusé à cause de l'obéissance, même si le prince a été coupable, en lui donnant l'ordre de prendre part à la guerre. Monalde, Hostiensis et autres sont de cet avis.

Mais Raymond dit que cela n'est vrai que si, autant que cela lui était possible, il s'est enquis de la justice de la guerre et a consulté les hommes expérimentés et malgré cela est resté dans le doute; autrement, celui qui affecterait l'ignorance devrait être puni, tout autant que celui qui sait.

S'il a vu ou cru probable que la guerre était injuste, il doit restituer tout ce qu'il possède et même ce qu'il a consommé : car s'il était dans le doute, il n'est pas devenu possesseur de bonne foi. L'obéissance l'excuse de toute faute, mais non de l'obligation de restituer. Si, au contraire, il croyait probable que la guerre était juste, il n'est pas tenu de restituer ce qui a été consommé, sauf ce dont il se serait de la sorte enrichi.

Voici ce que dit **Suarez** (OP. CIT. SECT. VI, 9.) à ce sujet :

En ce qui concerne la réserve de Sylvestre, il faut remarquer que le doute peut être purement négatif, par exemple quand les soldats ignorent complètement, dans un cas déterminé, les raisons qui peuvent

rendre la guerre juste ou injuste, et alors ils ne sont pas tenus de s'en
enquérir, ils sont suffisamment couverts par l'autorité du prince ; ou
leur doute est positif, résulte de raisons concernant l'une et l'autre
partie ; et à la vérité si les arguments tendant à prouver l'injustice de
la guerre étaient tels qu'ils ne puissent eux-mêmes y trouver de
réponses, ils seraient alors tenus de rechercher la vérité de quelque
manière ; mais une telle charge ne devra pas leur être imposée facilement, à moins qu'il y ait des raisons qui fassent véritablement suspecter la justice de la guerre ; car alors il semblerait que la conscience
des soldats penche plutôt vers la conviction que la guerre est injuste ;
autrement s'ils ont des raisons probables de croire la guerre juste, ils
peuvent licitement s'en contenter.

Il me semble qu'il n'est pas absolument exact de dire,
ainsi que l'a fait Victoria, qu'Adrien et Sylvestre soient du
même avis. Le premier paraît, en effet, soutenir que si,
après étude de la question, le doute (1) persiste, les soldats ne
doivent pas se battre, ce qui semble contredire la doctrine de
saint Augustin. Sylvestre au contraire, dit que dans ce cas,
il leur sera permis de combattre, mais il croit que s'ils ont
des doutes sérieux, ils n'ont pas le droit de n'en tenir aucun
compte sous prétexte qu'ils ne font qu'exécuter un ordre
reçu (2). Ce en quoi il est, jusqu'à un certain point, d'accord
avec Victoria lui-même, lorsque celui-ci écrit (DE JURE
BELLI, 26) :

Cependant il pourrait y avoir de telles présomptions et de tels indices
de l'injustice de la guerre, que l'ignorance ne serait pas une excuse,
même pour les sujets inférieurs qui prendraient part à la guerre. En
effet, une telle ignorance pourrait bien être affectée et provenir de
mauvais desseins à l'égard des ennemis, et autrement il faudrait
excuser les infidèles qui suivaient leurs princes dans la guerre contre les
chrétiens, les soldats qui ont crucifié Jésus-Christ par ordre de Pilate,
et même les Juifs qui, en demandant sa mort, ne faisaient qu'obéir à
leurs supérieurs (3).

(1) Il s'agit ici du doute spéculatif. Sur sa différence avec le doute pratique, voir,
page 96, ce que dit Suarez.
(2) C'est d'ailleurs l'avis de beaucoup de théologiens ; Raymond de Penafort,
Cajétan, Vasquez, etc.
(3) Un théologien du XVIIe siècle, le cardinal Lugo, a, dans son traité : *De Justitia*

Comme on le voit, si les théologiens sont d'accord sur certains points, il existe entre eux des différences d'opinions sur d'autres.

et jure, étudié cette question des devoirs des soldats en cas de doute : nous reproduisons ci-dessous un résumé de ce qu'il a écrit à ce sujet.

Le soldat qui doute de la justice de la guerre peut-il y prendre part, sans examiner la question, mais en se conformant à l'ordre du chef ou du prince dont c'est le rôle d'apprécier la justice de la cause. On a, à ce sujet, exprimé diverses opinions.

La première est que les soldats, tant sujets que volontaires, peuvent combattre toutes les fois que l'injustice de la guerre ne leur paraît point évidente.

Tannerus en conclut qu'il ne faut pas facilement déclarer coupables d'un péché mortel les soldats, même non sujets, qui, disposés d'ailleurs à ne prendre part qu'à une guerre juste, se trouvent, après avoir fait une enquête sur les motifs de juste guerre qu'invoquent les deux partis, quand la guerre éclate entre des princes chrétiens, en présence d'un doute égal des deux côtés, sans pouvoir conclure positivement en faveur de l'un ou de l'autre et considèrent que chacun d'eux combat de bonne foi et avec un droit probable : de telle sorte qu'ils croiraient pouvoir en conscience servir indistinctement l'une ou l'autre des deux causes.

On le prouve ordinairement en disant que lorsque le soldat n'est point certain de l'injustice de la guerre, il ne pèche pas, en y prenant part : qu'il est obligé de penser que son prince a un juste titre de guerre, sans quoi il fait un jugement téméraire sans motif suffisant. Donc, toutes les fois que je reste en présence d'un doute probable, je dois penser que les deux adversaires combattent justement, chacun d'eux estimant qu'il a la justice pour lui. Mais cet argument n'a pas grande valeur. Et, en effet, il faut davantage pour agir et prendre effectivement part à un acte qui est préjudiciable au prochain que pour ne pas juger ou ne pas condamner l'action de quelqu'un. Quand je ne prends pas part à un acte, quand je n'y apporte pas mon concours, je ne dois pas examiner la justice ou l'injustice de l'acte ; mais je suis au contraire obligé de le faire, quand je prends part à l'acte afin de ne pas m'exposer au danger de commettre une injustice. Si, par exemple, je vois quelqu'un préparer du poison, je n'ai pas le droit d'en conclure qu'il veut empoisonner un homme, car il se peut que ce soit un remède qu'il prépare ou un chien qu'il veut tuer, mais s'il me demande de lui procurer du poison, je dois examiner dans quel but il le demande, afin de ne pas m'exposer à participer à un homicide. Pour faire la guerre et tuer des hommes il est plus demandé que pour ne pas juger et condamner celui qui entreprend une guerre. Car l'action que je fais moi-même entraîne plus d'obligations que celle d'un étranger qui ne me regarde pas.

Une seconde opinion est que ni le sujet ni le volontaire ne peuvent combattre, si, après avoir tout pesé, ils doutent de la justice de la guerre, parce qu'avec la conscience douteuse, on ne peut ni tuer le prochain, ni s'exposer au danger de le tuer.

Une troisième opinion enfin, assez répandue, distingue entre le sujet et celui qui n'est pas sujet. Celui-ci dans le doute ne pourrait pas combattre, tandis que les sujets le pourraient parce qu'ils doivent obéir à leur prince, et que cette raison n'existe pas à l'égard des étrangers et de ceux qui ne sont pas sujets.

Pour ma part j'estime qu'il n'y a aucune différence à faire entre les uns et les autres. Ou l'action dont il s'agit est licite ou elle ne l'est pas : si elle est licite, ceux

Ils sont d'accord sur les deux points suivants :
1° Si l'injustice de la guerre est manifeste ou si elle

mêmes qui ne sont pas sujets peuvent la faire; si elle ne l'est pas, nul, pas même les sujets ne le peut. Un supérieur n'a pas le droit de commander une action illicite, et son ordre ne peut la rendre licite.

On fait quelquefois, ajoute Lugo, une différence entre les étrangers qui ont loué leurs services avant que la guerre soit déclarée et ceux qui les louent lorsque la guerre est déclarée; les premiers, dit-on, se sont engagés à obéir ; mais ils ne se sont pas engagés à obéir à un ordre inique. Quant aux sujets, beaucoup d'entre eux ne vont pas à la guerre parce qu'ils en reçoivent l'ordre, mais bien d'eux-mêmes et parce qu'ils le veulent.

La seule différence que l'on pourrait admettre entre le sujet et celui qui ne l'est pas, c'est que ce dernier connaît moins bien le prince qui déclare la guerre et par conséquent sa rectitude et sa justice habituelles qui peuvent être des motifs de présumer la justice de la guerre qu'il entreprend.

Je crois donc qu'aucun soldat, sujet ou non, ne peut combattre s'il ne considère pas comme probable la justice de la cause qu'il va défendre.

Toute la difficulté est d'ordre pratique et c'est la suivante : Est-ce que la seule autorité du prince qui fait la guerre est une base suffisante pour que le soldat porte un jugement sur la justice de la guerre et en conclue qu'elle est probablement juste ? Il faut reconnaître que s'il en est souvent ainsi, on ne peut prétendre que cela soit vrai toujours et dans tous les cas. D'une façon absolue, on ne peut pas de la proposition « Le prince a commandé » conclure toujours avec probabilité : « Donc cela est juste ». Si le prince a, dans d'autres occasions, ordonné des choses criminelles, parce que telle était sa volonté et sans se préoccuper de ce qui était permis ou défendu, il est impossible de soutenir que l'on doit penser qu'une chose est juste parce qu'il l'ordonne. Si, au contraire, le prince a l'habitude de ne rien commander à la légère, mais d'examiner avec soin les causes justes des guerres, alors, si rien ne fait voir clairement l'injustice de la guerre, des gens même de conscience timorée pourront la croire juste.

Les princes infidèles ou hérétiques ont coutume de peu s'inquiéter de la justice des guerres : il faudra donc apporter beaucoup d'attention et de soin pour se former un jugement sur celles qu'ils entreprennent. Et ceux qui seront appelés à y prendre part devront s'enquérir des causes des guerres et de leur justice avant de s'y engager, car l'histoire est là pour montrer que souvent cette justice les préoccupe peu ; ce qu'ils considèrent, c'est la satisfaction de leur ambition, leur désir de s'enrichir ou d'agrandir leur empire, de se faire un nom célèbre, etc.

Quant il s'agit de princes chrétiens et qui vivent chrétiennement, les soldats peuvent faire fond sur l'ordre que ces princes leur donnent, et combattre sans examiner autrement la question, sauf cependant dans le cas où ils entendraient des gens sages et prudents déclarer la guerre injuste; ils devraient alors faire une enquête à ce sujet auprès d'hommes bien informés et vertueux. Car l'expérience montre suffisamment que parfois les princes chrétiens eux-mêmes entreprennent des guerres injustes, soit contre le Saint-Siège, soit contre d'autres princes chrétiens, par suite de haines qui se transmettent de générations en générations.

Dans les guerres défensives, il pourra arriver plus facilement que l'avis du

devient évidente après enquête, on n'a pas le droit d'y prendre part ;

2° Si le doute (1) sur la justice de la guerre persiste, après que l'on a cherché à le dissiper, on a le droit de se battre.

Adrien seul a soutenu l'opinion contraire qui paraît en contradiction formelle avec la doctrine de saint Augustin.

Mais, au moment où, pour des raisons sérieuses, la justice de la guerre paraît douteuse, peut-on ne tenir aucun compte de son doute et s'en rapporter à l'avis du prince, ou au contraire, est-on tenu de s'efforcer de dissiper son doute, en demandant — c'est le moyen indiqué par nos auteurs — l'opinion de gens compétents et sages ?

Oui, toujours, du moment où l'on doute, répondent *saint Raymond de Penafort, saint Antonin, Ange Carletti, Cajétan, Sylvestre.*

Quand il y a de telles présomptions ou de tels indices de l'injustice de la guerre que l'ignorance ne saurait être une excuse, dit *Victoria.*

Quand il y a des raisons qui font véritablement suspecter la justice de la guerre, dit *Suarez.*

Quand le prince qui déclare la guerre a fait voir par sa conduite antérieure le peu de souci qu'il prend de la justice ou de l'injustice de ses actes, et dans ce cas, le doute est de rigueur, dit *Lugo.*

Ou même quand le prince est un prince chrétien et qui a l'habitude d'agir chrétiennement et justement, si l'on entend des gens sages et prudents déclarer que la guerre est injuste, ajoute le même auteur.

prince suffise au sujet pour combattre justement ; mais ce n'est pas là une règle générale, ni absolue.

(1) Il s'agit toujours d'un doute spéculatif. (Voir pages 96 et 117.)

CHAPITRE XIV.

Les conséquences de la doctrine.

De tout ce qui précède, résultent les droits du vainqueur (1), qui sont les suivants :

1º Reprendre ce qui a été enlevé;
2º Assurer la paix, qui est le but de la guerre ;
3º Punir les coupables.

I. REPRENDRE CE QUI A ÉTÉ ENLEVÉ.

Il est permis dit **Victoria** (DE JURE BELLI, 16) de reprendre ce que l'on avait perdu en totalité ou en partie. Cela est si évident qu'il n'est pas besoin de démonstration; c'est, en effet, dans ce but que l'on entreprend ou que l'on fait la guerre.

Et, en effet, la guerre juste, dit **saint Isidore** (ORIG. XVII, CAP. I), et c'est une des définitions rapportées dans le *Décret de Gratien* (PARS. II, CAUSA XXIII, QU. II. C. I), est celle qui est entreprise *de rebus repetendis*, pour reprendre des biens.

Il est clair aussi que celui qui a été obligé de faire la guerre pour reprendre ce qui lui avait été enlevé aura droit à la compensation des dépenses qu'il a dû faire ou des dommages que la résistance de l'ennemi lui aura causés. **Saint Raymond de Pennafort** (SUMMA RAYM. LIB. II, TIT. V. 12.q.5) développe cette pensée.

On a le droit de garder ce que l'on prend aux ennemis, jusqu'à con-

---

(1) En supposant que le vainqueur soit celui qui a juste guerre Car celui qui n'a pas juste guerre n'a aucun droit : il est même comme nous le verrons au chapitre suivant tenu à la réparation des dommages qu'il a causés.

currence de son travail et de ses peines, et du dommage que l'on a éprouvé, soi et les hommes que l'on commande, tant que l'ennemi n'offre pas de faire droit ou de donner satisfaction : mais quant aux sujets qui, craignant Dieu plus que les hommes, n'ont pas voulu aider leur Seigneur dans une guerre injuste, de leur appui, leur secours ou leur aide, je crois qu'il est absolument défendu de les dépouiller, car la peine doit frapper les auteurs du délit et elle ne doit pas excéder le dommage causé.

De même **Victoria**.

On peut s'emparer des biens des ennemis jusqu'à concurrence des dépenses de la guerre et des dommages injustement causés par eux.

1° Ces dépenses et ces dommages sont dus par l'ennemi qui a violé le droit : le Prince peut donc les réclamer et les faire payer par la guerre;

2° Lorsqu'il n'a à sa disposition que ce seul moyen, le particulier peut s'emparer de tout ce qui lui est dû par son débiteur;

3° S'il y avait un juge légitime des deux parties qui se font la guerre, il devrait condamner les injustes agresseurs, violateurs du droit, non seulement à la restitution des choses enlevées, mais à la réparation de tous les dommages, y compris les dépenses occasionnées par la guerre. Or, le prince qui a juste guerre, remplit dans la cause de la guerre le rôle de juge : donc il peut exiger des ennemis la compensation de tous les dommages, (DE JURE BELLI, 17.)

On peut s'emparer du territoire, des forteresses, des villes fortifiées des ennemis et les garder dans la mesure où cela est nécessaire pour compenser les dommages causés par les ennemis si ceux-ci, par exemple, ont incendié une ville, ou des forêts, ou des vignes, ou des plantations d'oliviers. (OP. CIT., 54.)

Un cas particulier dans la reprise des biens est celui où peut s'exercer le droit de postliminie que **Sylvestre** (SUMMULA. V. BELLUM) expose ainsi qu'il suit :

Un troisième résultat de la guerre est le droit de postliminie (1); c'est

(1) Ce droit qui s'étendait autrefois aux personnes et par lequel les prisonniers de guerre, devenus esclaves, recouvraient leur liberté quand ils étaient délivrés de la puissance du vainqueur, n'existait plus au temps de Sylvestre que pour les choses.

L'abolition de l'esclavage entre chrétiens avait entraîné l'abolition du droit de postliminie relativement aux personnes, comme on le verra plus loin.

le droit, constitué par les lois et les coutumes, d'après lequel la chose
enlevée et qui est reprise à l'ennemi dans son état primitif, doit être
restituée à son propriétaire : ce droit en ce qui concerne les choses
doit être observé de telle façon que si quelqu'un a perdu dans la
guerre une chose lui appartenant, elle lui soit intégralement restituée
si on la recouvre. Ainsi les animaux enlevés par les ennemis et repris
par nos soldats doivent être restitués à leurs anciens propriétaires.
Cela est vrai pour les choses qui ont un postliminium, comme les
chevaux, les navires et leur chargement, les chars, les bœufs et autres
choses capables d'être utilisées à la guerre, et la prescription ne court
pas contre elles. Mais les armes ne sont pas restituées à ceux qui les
ont perdues, parce qu'il est honteux de les avoir perdues. Pourtant,
en conscience, elles doivent être rendues (Somme Angélique), mais
on admet le contraire parce que la loi l'a établi comme une peine
pour ceux qui ont été assez lâches pour les laisser prendre.

II. Assurer la paix, qui est le but de la guerre.

Le prince ayant juste guerre, dit **Victoria** (DE JURE BELLI, 18) peut
aller plus loin, dans la mesure où cela est nécessaire pour s'assurer la
paix et la sécurité du côté des ennemis : raser, par exemple, une de
leurs citadelles, et si cela est indispensable pour supprimer tout danger
ultérieur, construire un ouvrage fortifié sur le territoire ennemi.

1° Comme nous l'avons déjà dit, le but de la guerre, c'est la paix et
la sécurité : celui qui fait justement la guerre a donc le droit de faire
tout ce qui est nécessaire pour assurer la paix et la sécurité.

2° Les hommes mettent avec raison la sécurité et la paix au nombre
des biens désirables ; car même vivant dans l'abondance des autres
biens, ils ne pourraient vivre heureux s'ils n'avaient pas la sécurité.
Si donc les ennemis les attaquent et troublent la tranquillité de l'État,
ils peuvent chercher à l'assurer par les moyens convenables.

3° Contre les ennemis intérieurs, c'est-à-dire contre les mauvais
citoyens, il est permis d'agir ainsi : de même contre les ennemis
extérieurs. Si en effet, à l'intérieur de l'État, un citoyen viole le droit
d'un autre, le magistrat ne se contente pas de condamner l'auteur de
l'injustice à la réparer, mais encore, s'il donne pour l'avenir des motifs
de crainte, on l'oblige à fournir caution ou même à quitter la ville,
de manière à éviter tout danger de son fait. Il en résulte qu'après
que la victoire a été remportée et les biens enlevés restitués, on peut
exiger des ennemis, des ôtages, des armes, des navires ou toutes autres
choses qui, de bonne foi et loyalement, paraissent nécessaires pour

maintenir l'ennemi dans le devoir et écarter tout danger ultérieur provenant de lui.

Pour assurer la sécurité, dit-il encore (OP. CIT. 55) et se mettre à l'abri de tout danger provenant de l'ennemi, on peut aussi s'emparer d'une citadelle, d'une ville ennemie et la conserver quand elle est nécessaire à la défense et si on doit ainsi enlever aux ennemis l'occasion ou la possibilité de nuire.

III. Punir les coupables.

Non seulement tout cela est licite, ajoute **Victoria** (OP. CIT. 19) mais même, après avoir remporté la victoire, après être rentré en possession de ce qui avait été ravi, après avoir assuré la paix et la sécurité, on peut punir les violations de droit dont les ennemis se sont rendus coupables, sévir contre eux et les châtier à cause de l'injustice qu'ils ont commise (1).

Et *Victoria* en donne les raisons que nous avons déjà vues et longuement développées dans les chapitres précédents.

Et si les conséquences qu'il en tire, comme tous les autres théologiens de la même époque ou des temps antérieurs, nous paraissent parfois dures et même cruelles, c'est qu'à la notion de la guerre, acte de justice vindicative, nous avons substitué celle de la guerre, duel, moyen de terminer un conflit ou de décider qui règnera sur une province, c'est que nous sommes revenus à la théorie païenne de la guerre juste des deux côtés et du droit du plus fort, ou du moins du droit démontré par le fait même que l'on est le plus fort (2).

D'après la doctrine des théologiens du moyen-âge, la guerre n'est juste que s'il y a eu une faute commise, et une faute très grave, proportionnée aux maux de la guerre : elle

(1) Nec tantum hoc licet, sed etiam partâ victoriâ, recuperatis rebus, et pace etiam et securitate habita, licet vindicare injuriam ab hostibus acceptam, et animadvertere in hostes et punire illos pro injuriis illatis

(2) Combien y aurait-il encore de guerres possibles à notre époque si le droit international était, en ce qui concerne la guerre, basé sur la doctrine de saint Thomas et de ses commentateurs ?

suppose donc primitivement un coupable, et un très grand coupable, qui d'ailleurs aggrave considérablement son crime par le refus de le réparer et l'obligation dans laquelle son opiniâtreté met son juge de lui déclarer la guerre pour obtenir justice et paix. Le coupable est donc responsable non seulement de sa faute primitive, mais de toutes les morts et de tous les maux causés par la guerre, tant à ses propres sujets dont beaucoup souvent n'ont pas été complices de sa faute, qu'à ceux du prince qui a juste guerre. Celui-ci, juge avant la guerre, l'est également après la victoire et il peut — et doit parfois — faire exécuter sa juste sentence, même par la mise à mort des coupables.

Parmi les peines portées se trouvent :

1° le butin, 2° l'esclavage, 3° la condamnation à mort, et 4° d'autres châtiments ; nous examinerons successivement ce qu'en disent nos auteurs.

1° *Le Butin* (1).

La discipline militaire, dit **saint Ambroise** (LIB. DE PATRIARCHIS, SEU LIB. DE ABRAH, CAP. 3) veut que tout le butin pris par le vainqueur soit apporté au roi.

Sans doute afin de le partager, ajoute **saint Thomas** (SUMMA 2.2, qu. LXVI, art. 8), qui dit un peu plus loin :

En ce qui concerne le butin, il faut distinguer : si ceux qui ont pris le butin aux ennemis ont juste guerre, ils deviennent propriétaires des choses qu'ils ont prises par la violence dans la guerre et cela n'a pas le caractère de rapine, d'où il résulte qu'il n'y a pas lieu à restitution. Toutefois ceux qui ont juste guerre peuvent, en prenant le butin,

---

(1) Quant à moy, je dy que les choses que ung homme peut conquester sur ses ennemis sont à lui se nous avons en considération que paravant elles estoient à ses ennemis, car ils en ont perdu la seignorie sur elles, mais ils ne sont mie par telles fourmes à ceulx qui les ont gaingnées qu'ils ne soient tenus de les baillier au duc de la bataille (Canon. Dicat. XXIII, 2) et le duc les doit départir à ses gens chascun selon la vaillance de son corps.

(Hon. BONET. *Arbre des batailles*, III⁰ partie, ch. 43.)

pêcher par cupidité dans leur intention mauvaise, si par exemple, ils combattent, non pour la justice, mais surtout pour le butin (1).

C'est aussi l'opinion de **saint Raymond de Pénafort** (SUMM. RAY. LIB. II. TIT. V-12-q.5) : Celui qui a guerre juste, qui ne la fait que contre des coupables, et qui n'a pas une intention mauvaise, a pour lui tout ce qu'il prend aux ennemis et n'est pas tenu à la restitution. (*Dist 1.c jus gentium et causa* 23 q. 7, c. *Si de rebus.*)

Un second résultat de la guerre, écrit **Sylvestre** (SUMMA SYLV. V. BELLUM),est que les biens qui sont pris deviennent la propriété de ceux qui les prennent ; ils doivent être mis en commun et remis au chef qui les distribue à chacun suivant ses mérites ; autrement c'est de la rapine, à moins cependant qu'une ancienne coutume autorise chacun à garder ce qu'il a pris, car alors il n'y a plus lieu de partager, comme cela se fait d'ordinaire.

Il faut limiter le butin aux objets mobiliers, car les autres sont attribués à l'État et aussi distinguer les choses prises après la victoire, celles qui sont prises avant devenant seules la propriété de ceux qui les ont prises. La Somme Angélique ne fait pas cette distinction, mais la vérité est qu'il faut la faire.

D'après le droit des gens, les biens mobiliers deviennent la propriété de celui qui s'en empare, même au delà de la compensation des dommages. (**Victoria**, DE JURE BELLI, 51.)

Celui qui combat dans une juste guerre, dit **Lupus** (TRACT. DE BELLO ET BELLATOR), n'est pas tenu à la restitution du butin, celui-ci appartient à celui qui l'a pris, qu'il s'agisse des biens de celui qui combat injustement, des biens de ceux qui sont sous sa dépendance ou des biens de *ses hommes* ; et cela jusqu'à concurrence de ce qui lui est dû à raison de l'injustice ou de l'offense et du dommage qui lui a été causé à lui ou aux siens, jusqu'à ce qu'il ait obtenu satisfaction suivant l'appréciation de sa conscience droite, ou jusqu'à ce que l'ennemi soit disposé à lui accorder satisfaction et qu'il offre de se conformer au droit. Par *ses hommes*, il faut entendre ceux qui, craignant plus les hommes que Dieu, ont suivi leur seigneur dans une guerre injuste (11-q-3 JULIA-

---

(1) Circa prædam distinguendum est; quia si illi qui deprædantur hostes, habeant justum bellum, ea quæ per violentiam in bello acquirunt, eorum efficiuntur et hoc non habet rationem rapinæ, unde nec ad restitutionem tenentur : quamvis possint in acceptione prædæ justum bellum habentes, peccare per cupiditatem et pravâ inventione, si scilicet non propter justitiam, sed propter prædam principaliter pugnent.

Voir sur ce passage de saint Thomas, Soto. De just. et jure. Lib. V, qu. III, art. 5.

NUS ET C. DOMINUS) : quant à ceux qui ne lui ont prêté ni aide, ni secours, et ne l'ont pas favorisé, nous ne croyons pas qu'il faille les punir, car la peine doit frapper seulement les auteurs de la faute.

On n'a pas le droit de dépouiller les innocents.

En effet, divers canons défendent de dépouiller ceux que l'on doit présumer innocents.

Saint Antonin (SOMME THÉOL., Pars III, tit. IV, cap. 2) rappelle le suivant qui se trouve dans le Décret (1).

Les prêtres, les moines, les frères lais, les étrangers, les marchands, les paysans qui vont et viennent, ou qui s'occupent de la culture, les animaux qu'ils emploient au labour, et qui portent des semences aux champs, jouissent d'une complète immunité (DE TREUGA. CAP. INNOVAMUS).

On lit également dans les Rescripta (tit. xx) du pape **Nicolas II.**

Ceux qui dépouillent les pèlerins, ceux qui viennent prier dans un sanctuaire, les clercs, les moines, les femmes ou les pauvres qui ne portent point d'armes, prennent leurs biens, ou leur font quelque mal, doivent être frappés d'anathèmes s'ils ne réparent convenablement leurs fautes.

Ceux qui auraient contrevenu à ces canons sont, dit **saint Antonin** (OP. CIT. TOM. II, tit. III, cap. 1), tenus de restituer.

Il y a lieu à restitution de la part de celui qui a juste guerre, quand il a pris les biens des églises non fortifiées, ou des clercs, ou qu'il a dépouillé les voyageurs, les étrangers, les marchands ou autres innocents.

(1) On lit aussi dans le *Décret* (Causa xxiv, qu. III, can. 24) :
Excommunicentur qui oratores et Ecclesias bonaque earum et personas ibi servientes infestare proesumunt.
Paternarum traditionum exemplis commoniti, pastoralis officii debitum persolventes, Ecclesias cum bonis suis, tam personis quam possessionibus, Clericos videlicet ac monachos eorumque conversos, oratores quoque cum suis nihilominus rebus, quas ferunt, tutos et sine molestia esse statuimus. Si quis autem contra hoc facere proesumpserit, et postquam facinus suum recognoverit, intra dierum triginta spatium competenter non emendaverit, a liminibus Ecclesiae arceatur, et anathemis gladio feriatur (Urbain et Callixte, papes. Anno 1123.)

Cajétan (SUMMULA, v. BELLUM) fait à ce sujet les observations suivantes :

Mais il y a des membres de l'État qui ne font point partie du peuple et qui ne pourraient être justement privés de leurs biens. Il ne faut pas oublier que certaines personnes sont, d'après le droit canonique, exemptes des dommages de la guerre; elles sont indiquées au chapitre INNOVAMUS (de la paix et de la trève) où il est dit : Nous ordonnons que les prêtres, les moines, les frères lais, les étrangers, les marchands, les paysans, qui vont et viennent aux champs, les animaux qui leur servent à labourer et à porter les semences, soient en toute sécurité. Et (XXIV. QU. 3. CAP. PATERNARUM) il est dit aussi : *oratores*. Ces canons raisonnables et saints appartiennent-ils au droit positif ou suppriment-ils des abus, je l'ignore, mais par le mot : marchands, j'entends non les marchands qui résident dans le pays, mais ceux qui le traversent ou sont étrangers; car pour les marchands du pays, je ne vois pas en quoi ils différeraient des artisans.

On peut toutefois enlever, dans certains cas, à ceux qui ne sont en rien coupables, les choses dont les ennemis pourraient utilement se servir pour la guerre; **Victoria** (DE JURE BELLI, 39 et 40) l'explique ainsi qu'il suit :

On peut prendre aux innocents les choses dont les ennemis devraient se servir contre nous : armes, navires, machines de guerre, et si cela est nécessaire pour affaiblir les forces ennemies, brûler ou détruire les maisons, tuer les chevaux, anéantir toutes les ressources qui serviraient à alimenter une guerre injuste.

Mais si la guerre peut se faire convenablement sans dépouiller les cultivateurs et autres innocents, il semble qu'il n'est pas permis de les dépouiller; car la guerre a pour raison d'être une injustice; il n'est pas permis d'user du droit de la guerre vis-à-vis d'innocents, si on peut autrement réparer l'injustice.

Mais Victoria ne partage pas l'opinion de Sylvestre quand ce dernier ajoute à ce qui précède que, même lorsqu'il y a eu cause juste pour dépouiller les innocents, le vainqueur est obligé, une fois la guerre terminée, de restituer tout ce qui subsiste encore. L'opinion de *Sylvestre*, dit *Victoria* est honorable et peut être défendue; mais pour moi, je crois que par suite du droit de la guerre, l'intérêt et le droit de ceux qui font la juste guerre prime tout le reste; je ne crois

donc pas que ce que l'on a eu le droit de prendre soit sujet à restitution.

Le pillage d'une ville.

D'après **Cajétan** (SUMMULA, v. BELLUM) le prince peut comme
châtiment autoriser le pillage d'une ville.

Les dommages que, dans une guerre juste, on a causés, non seulement aux combattants, mais même à d'autres membres de l'État
contre lequel on a guerre juste, sont exempts de toute faute, et leurs
auteurs ne sont pas tenus de restituer ; même si, accidentellement, les
dommages ont atteint des innocents, soit, par exemple, si une ville
est livrée au pillage et si licence est donnée de prendre les biens de
chaque citoyen, quoique parmi eux il puisse y en avoir qui sont innocents : par suite de ces sentences de justice de la guerre, on n'est pas
tenu de distinguer si une partie des citoyens sont d'injustes ennemis
et d'autres des innocents ; car tout l'État est présumé ennemi (1), et
tenu pour tel et c'est pourquoi l'État tout entier est condamné et
ravagé. Et à proprement parler, cela est juste, même si, par accident,
quelque citoyen souffre injustement, car ce qui arrive par accident est
en dehors des règles ; il en serait tout autrement, si intentionnellement on agissait contre un innocent.

C'est également l'opinion de **Victoria** (DE JURE BELLI 52).

Il n'est pas en soi-même défendu de permettre aux soldats le pillage
d'une ville, si cela est nécessaire pour faire la guerre, épouvanter les
ennemis ou surexciter le courage des soldats : de même on peut incen-
dier une ville pour une cause raisonnable. Cependant comme de telles
autorisations entraînent beaucoup d'actes de cruauté et de sauvagerie
indignes d'un homme, c'est sans doute une iniquité très grande de
livrer au pillage une ville, sans nécessité absolue ; mais si la nécessité
l'exige, cela n'est pas interdit (2). Toutefois le pillage ou l'incendie
d'une ville ne peut avoir lieu que sur l'ordre du prince ou du chef : car
les soldats ne sont que des exécuteurs et non des juges : et les chefs
sont tenus de défendre, et autant qu'ils le peuvent d'empêcher tous
les excès.

(1) L'État tout entier peut être puni pour la faute de son Roi, car l'État est tenu
de ne confier le pouvoir qu'à un homme qui l'exerce justement et n'en abuse pas :
en agissant autrement, il s'expose à un danger. (VICTORIA, De pot. civil, 12.)

(2) Il faut pour comprendre cette opinion de Victoria, tenir compte des mœurs du
temps et des observations que nous avons faites page 124.

10

2° *Esclavage.*

Dans une guerre publique, dit **J. de Lignano** (TRACT. DE BELLO, V. 3), déclarée par l'autorité du Prince, le vainqueur devient maître et le prisonnier devient esclave, à titre d'ennemi.

Mais ce droit est supprimé entre chrétiens et par suite celui de postliminie (voir note 1, p.122), c'est ce que constate **Sylvestre** (SUMM. SYLV., V. BELLUM).

Si la guerre est juste, un premier résultat qui en découle, c'est que les prisonniers deviennent esclaves, bien qu'aujourd'hui entre chrétiens les droits de captivité et de postliminie soient supprimés, ainsi que le droit de servitude d'après une coutume à laquelle il faut adhérer (**Bartole**).

Lupus (TRAITÉ DE BELLO ET BELLAT.) le constate également.

Bartole expose très nettement qu'il faut bien se mettre dans l'esprit qu'aujourd'hui, d'après la coutume usitée entre chrétiens, on n'admet plus le droit d'esclavage, ni celui de postliminie : par conséquent les prisonniers ne deviennent plus esclaves. (1)

3° *Les condamnations capitales.*

Le droit de condamnation à mort ne peut évidemment s'exercer que contre des coupables : ainsi les innocents ne doivent jamais être mis à mort sous quelque prétexte que ce soit.

Les Innocents.

Jamais, en soi et intentionnellement, il n'est permis de tuer les innocents.

Donc, même dans la guerre contre les Turcs, il n'est pas permis de tuer les enfants, ni les femmes.

---

(1) Se ung chrestien aujourd'huy prent ung aultre se il pourroit en faire ce que les lois anciennes jadis devisèrent, serf de celui qui le aura prins. Et je respons vraiment que non, car celles lois ne furent mie prinses entre les chrestiens en commun usaige, et si est très grant inhumanité et très laide chose de vendre son frère chrestien comme une beste lequel est mis hors de servitude par le très précieulx sang, de nostre benoist uveur Jhesuscrist. (H. BONET, *Arbre des batailles*, 3e partie ch. XLV.)

Ni dans les guerres entre chrétiens les cultivateurs inoffensifs, ni toute la population civile et paisible : car tous doivent être présumés innocents tant que le contraire n'est pas démontré. Pour la même raison, il n'est pas permis de mettre à mort les étrangers, soit qu'ils voyagent, soit qu'ils habitent le pays ennemi : car ils sont innocents et en vérité ne peuvent être considérés comme ennemis : de même encore les clercs et les religieux que l'on doit considérer comme innocents dans la guerre, sauf preuve contraire, comme lorsqu'on les trouve les armes à la main. (**Victoria**. DE JUR. BELLI, 35.)

Il n'est pas davantage permis de tuer des innocents par le motif qu'ils constitueraient plus tard un danger. Car on n'a pas le droit de faire le mal pour éviter même un plus grand mal et de mettre quelqu'un à mort pour une faute qu'il n'a pas encore commise : il est donc défendu de tuer les enfants des Sarrasins sous le prétexte que lorsqu'ils seront grands ils combattront les chrétiens. (**Victoria**, 38.)

Toutefois, il peut arriver accidentellement que des innocents soient tués, sans que pour cela ceux qui ont guerre juste soient coupables.

Toutefois, accidentellement, il est permis de tuer des innocents, même en connaissance de cause, par exemple quand, dans une guerre juste on assiége une ville où l'on sait qu'il y a un grand nombre d'innocents, mais lorsqu'on ne peut employer des machines ou des projectiles ou mettre le feu aux édifices sans faire périr des innocents en même temps que des coupables. La raison en est qu'autrement il ne serait pas possible de faire la guerre même aux coupables. (**Victoria**, 37) (1).

Mais il ne faut pas que la guerre entraîne des maux plus grands que ceux qu'elle a pour but d'écarter. Si donc il est de peu d'importance pour la victoire complète de prendre une ville dans laquelle il y a un grand nombre d'innocents, il n'est pas permis pour réduire quelques ennemis de tuer un grand nombre d'innocents en employant des procédés qui frappent indifféremment les uns et les autres. (**Victoria**, 37)

(1) Dans plusieurs endroits au cours de ce chapitre, nous nous sommes contentés de résumer les passages de Victoria, au lieu de les reproduire avec tous leurs développements.

Les Coupables.

En ce qui concerne les coupables, tout au moins les principaux, la peine de mort est permise.

Quand la victoire est acquise et que la situation ne présente plus de danger, on a le droit de mettre à mort les coupables.

Car la guerre n'a pas seulement pour but de reprendre les choses injustement enlevées, mais aussi de punir les injures (1). Or, pour punir une injure, il est permis d'en mettre à mort les auteurs : cela est permis à l'égard des malfaiteurs qui sont sujets de l'État; cela l'est donc aussi à l'égard des étrangers. (**Victoria**, 46.)

Mais pour le seul motif de punir une injure, il n'est pas toujours permis de mettre à mort tous les coupables.

Il ne serait pas permis, s'il s'agissait de citoyens du pays, en présence d'un crime commis par une province ou une ville, de mettre à mort tous les coupables, ni dans une révolte générale d'exécuter toute une population. C'est pour un fait de ce genre que saint Ambroise refusa à Théodose l'entrée de l'église. Il faut considérer « l'injure » faite par les ennemis, les dommages qu'ils ont causés et leurs autres actes délictueux et s'inspirer de cette considération pour déterminer la peine et le châtiment, en écartant tout sentiment inhumain ou cruel. (**Victoria**, 47)

Victoria s'est souvenu, on le voit, des paroles de **saint Augustin** (Ep. 205 AD BONIFAC.) : « Le vaincu et le captif ont » droit à la miséricorde, surtout lorsqu'il n'y a point de » crainte de voir la paix troublée de nouveau. »

Mais lorsque la paix n'est pas possible autrement, on peut mettre à mort tous les coupables; c'est suivant lui, le cas pour les infidèles qui attaquent les chrétiens (2).

Parfois cependant, on peut et on doit mettre à mort tous les coupables. C'est lorsque la paix ne peut être obtenue qu'en détruisant tous les ennemis ; c'est le cas quand il s'agit des infidèles desquels on ne peut jamais et à aucunes conditions espérer une paix équitable. C'est pourquoi l'unique remède est de supprimer tous ceux qui peuvent porter les armes, à condition, bien entendu, qu'ils soient coupables.

(1) Voir l'avis au lecteur, page III.
(2) Voir la note *A* à l'appendice, page 175.

Mais je ne crois pas cela permis dans une guerre chrétienne (**Victoria** 48).

Les prisonniers et les otages.

On peut, dans une guerre juste, mettre à mort tous les prisonniers et ceux qui se sont rendus, s'ils sont coupables, sans violer à proprement parler la justice.

Mais il faut se conformer au droit des gens, dans la mesure où les hommes de bien ont coutume de le faire; or, il est admis par la coutume et le droit des gens que les prisonniers ne sont pas mis à mort, à moins qu'ils n'aient pris la fuite. Quant à ceux qui se rendent, ils stipulent d'ordinaire qu'ils auront la vie sauve. (**Victoria** 49).

On n'a le droit de mettre à mort les otages qui, soit au moment des trèves, soit lorsque la guerre est terminée, sont remis par les ennemis, dans le cas où ces derniers manquent à leur parole, que si les otages sont pris parmi les coupables; mais non s'ils sont au nombre des innocents, comme les enfants, les femmes, et autres personnes innocentes. (**Victoria** 43.)

A l'occasion de la condamnation à mort des coupables faits prisonniers, **Bellini** (DE RE MILITARI. PARS II, T. XVI) rappelle un fait historique.

Ce que nous avons dit ci-dessus, qu'il ne fallait pas sévir contre les prisonniers, nous rappelle une autre question : si l'on s'est emparé des chefs ennemis, doit-on les épargner? Du moins quand on n'a pas, en le faisant, de craintes de voir plus tard la paix troublée.

Il y a un proverbe qui dit : quand un homme est mort, il ne recommence pas la guerre; c'est pourquoi, si on a des craintes à ce sujet, il semble en résulter qu'il est plus sûr de les condamner à mort.

Martin de Lodi raconte que Charles d'Anjou fit pour ce motif trancher la tête à Conradin de Suèves. Mais on dit que lorsqu'on donna au condamné lecture de la sentence, comme c'est l'habitude, il se tourna vers le juge en disant : « Mauvais serviteur, méchant serviteur, ne sais-tu pas que le pair n'a pas pouvoir sur son pair? » Le fait est ainsi rapporté par Collemetius dans son histoire de Naples.

4° Autres peines.

Nous avons vu (chap. XI, p. 91) que selon **Cajétan**, le prince pouvait ordonner, à titre de peine, la continuation de la guerre, mais que **Suarez** combattait énergiquement cette opinion.

Victoria lui concède le droit, toujours à titre de peine, de priver les coupables d'une partie de leur territoire, d'une citadelle, d'une place forte, d'exiger un tribut, de déposer parfois les princes ennemis ou de s'attribuer, si cela est nécessaire, le principat.

A titre de peine, il est également permis de condamner les ennemis, en proportion de l'injure reçue, à la cession d'une partie du territoire ou pour la même raison à l'abandon d'une citadelle, d'une ville forte; mais cela doit se faire avec modération et non en proportion de ce que l'on peut prendre ou envahir par la force ou la puissance des armes. (**Victoria** 56.)

Il est permis d'imposer des tributs, tant pour compenser les dommages que comme peine et punition. (**Victoria** 57.)

Est-il permis de déposer les princes ennemis, d'en établir de nouveaux ou de conserver pour soi-même le principat? Cela n'est pas permis indistinctement et quelle qu'ait été la cause de la guerre juste, l'action injuste commise par les ennemis peut être suffisante pour constituer une cause juste de guerre et insuffisante pour déposer le prince ou supprimer le principat.|

Mais il peut y avoir parfois des raisons légitimes et suffisantes pour le faire : la multitude et l'atrocité des dommages et des injures et surtout la nécessité d'obtenir ainsi une paix et une sécurité que l'on ne pourrait obtenir autrement, quand il y aurait, si on ne le faisait pas, imminence de danger pour l'État. (**Victoria** 58.)

Mais il ne faut pas oublier, ajoute **Victoria**, que la peine doit être proportionnée à la culpabilité de celui que l'on punit. Or, il pourra arriver que des princes, même n'ayant pas juste cause, feront la guerre de bonne foi, avec une telle bonne foi qu'on ne saurait les considérer comme des coupables.|Alors, il ne serait pas permis de punir, ni par conséquent de rien prendre au delà d'une juste compensation ni de mettre personne à mort. Et on sait qu'en particulier le cas de bonne foi, même dans une guerre injuste, peut être fréquent pour les soldats. (**Victoria** 59.)

Et il termine son traité par l'article suivant (n° 60), qui forme, dit-il, la troisième des règles de la guerre :

Après la victoire, lorsque la guerre est terminée, il faut user de la

victoire avec une modération et une modestie chrétiennes : le vainqueur doit se considérer comme un juge qui prononce entre deux
États dont l'un a violé les droits de l'autre. C'est comme un juge et non
comme un accusateur qu'il doit prononcer la sentence qui rétablit la
justice en faveur de la partie lésée. Mais après avoir châtié les coupables comme ils le méritent, il faut s'attacher à réduire autant que
possible le désastre et le malheur de l'État coupable ; d'autant plus que
la plupart du temps, chez les chrétiens, toute la faute provient des
princes : car les sujets sont de bonne foi en combattant pour leurs
princes, et il est fort injuste, ainsi que l'a dit le poète, que les Achéens
soient punis pour les folies de leurs rois. (**Victoria** 60.)

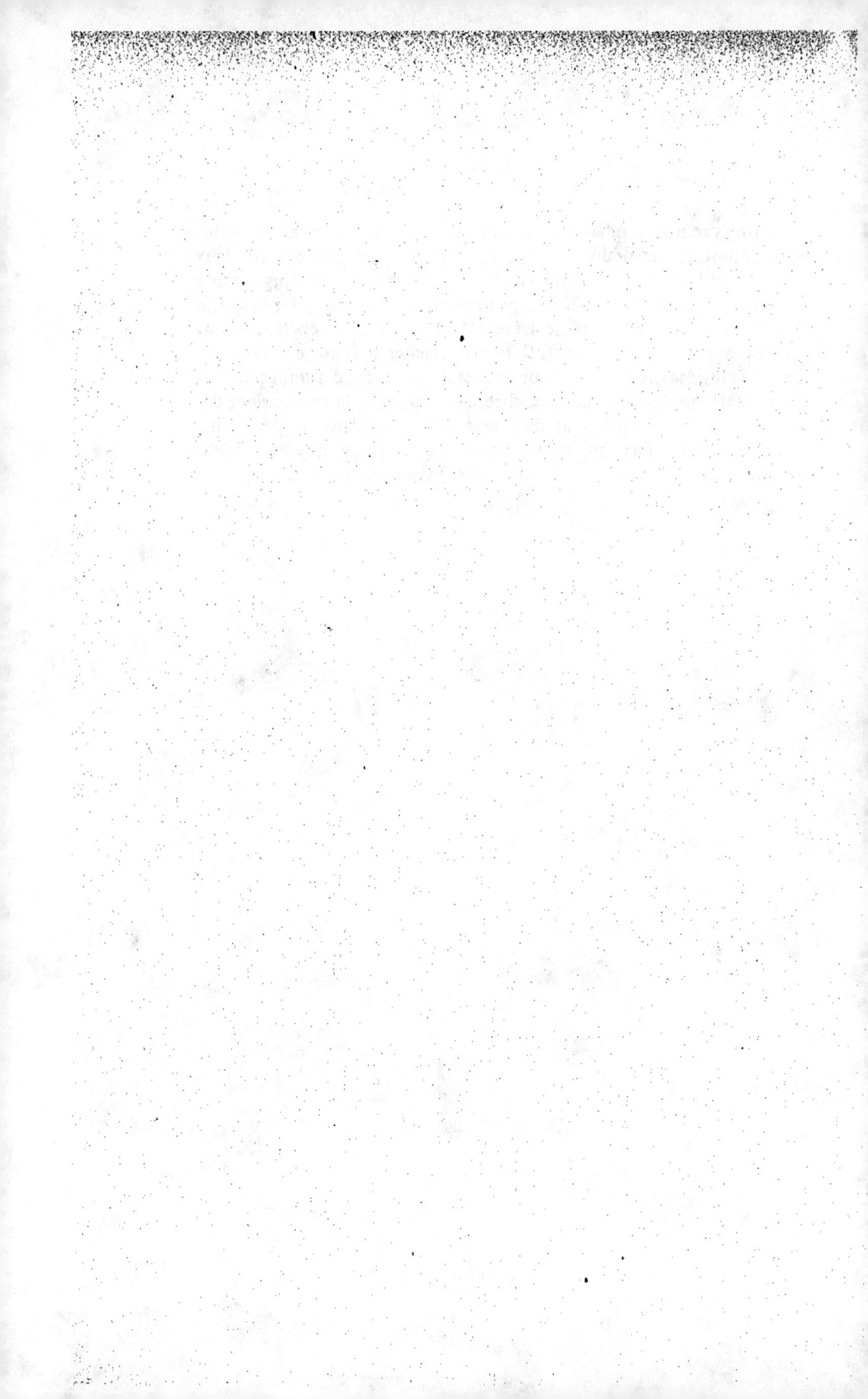

CHAPITRE XV.

De la restitution.

———

Nous examinerons successivement la restitution dans le cas de guerre injuste, puis dans le cas de guerre juste; enfin le cas où, bien que la guerre soit injuste, il n'y a pas lieu à restitution.

I. *Restitution dans le cas de guerre injuste.*

Citons d'abord deux textes qui se trouvent dans les Decrétales.

Celui qui fait une guerre injuste est obligé de restituer tout ce qu'il a acquis par la violence et de délier de leurs serments ceux à qui il en a imposés qu'ils ne lui devaient pas. (DECRÉTALES DE **Grégoire IX.** LIB II. TIT. XXIV. C. 29.)

S'il est établi que quelqu'un a fait injustement la guerre à un autre, efforcez-vous de l'amener à restituer à leurs possesseurs toutes les choses dont il s'est emparé par la violence et à délier de leurs serments ceux qui ont été forcés de lui en prêter. S'il s'y refuse, et qu'il soit incontestablement dans son tort, vous l'y obligerez par une sentence d'excommunication et vous frapperez d'interdit les territoires qu'il occupe. (**Innocent III**).

Les textes conformes aux précédents abondent, on le comprend aisément : nous n'en citerons que quelques-uns (1).

Celui qui entreprend injustement une guerre est tenu de tous les

(1) Voir :
ANGE CARLETTI. *Summa angelica.* Verbo bellum.
SAINT ANTONIN. *Summa theologica.* T. II, tit. II, cap. 1.
LUPUS. *Tractatus de bello et bellatoribus.*

dommages, que lui et les siens ont occasionnés à leur adversaire et à
ses hommes ; il est également tenu de tous les dommages causés à ses
propres sujets par l'adversaire, si celui-ci, à son tour, l'attaque justement. (**Raymond de Penafort**, SUMM. LIB. II, TIT. V, XII.
QU. 5.)

Celui qui fait une guerre injuste est tenu de réparer tous les dommages soufferts par ses sujets qui l'ont suivi, non volontairement, mais
par contrainte. Outre les dépenses qu'ils font, ils sont quelquefois eux-
mêmes attaqués, à leur tour, par l'adversaire, et faits prisonniers,
leurs biens pris, etc. (**Saint Antonin**, OP. CIT.)

Si un seigneur ou une communauté quelconque fait une guerre injuste
ceux qui les aident, les conseillent ou coopèrent à la guerre sont tenus
de tous les dommages causés aux adversaires, même s'ils n'en ont pas
profité. (**Saint Antonin**, OP. CIT.)

Mais il pourra arriver que l'on ait pris part à la guerre,
en la croyant juste ou en doutant de son injustice, et que
l'on n'ait été certain de cette dernière que postérieurement.

Si, en vérité, l'injustice de la guerre ne lui paraissait pas certaine,
celui qui l'a faite est tenu dès qu'il est convaincu de son injustice, de restituer tout ce qu'il a pris, c'est-à-dire tout ce dont il s'est enrichi : mais
non ce qu'il a consommé, parce que c'est une règle du droit que celui
qui n'a pas été en faute ne doit pas être en perte : de même celui qui
de bonne foi a pris part à un somptueux repas chez un voleur et y
a consommé des choses volées, n'est pas obligé à la restitution. Sauf
peut être jusqu'à concurrence de ce qu'il aurait consommé chez lui.
(**Victoria**, DE JURE BELLI, 33.)

S'il avait, dit Sylvestre, suivi l'ordre de son prince, bien qu'ayant
des doutes sur la justice de la guerre, il serait tenu de tout restituer,
parce qu'il a agi de mauvaise foi (1).

Mais il n'est pas plus que l'autre tenu de restituer ce qu'il a consommé. Ce que dit Sylvestre serait vrai, s'il avait eu en réalité des
doutes sur son droit de prendre part à la guerre; car alors il aurait
agi contre sa conscience. (**Victoria**, DE JURE BELLI 33.)

Mais il a pu, on a vu plus haut la discussion de Victoria
sur ce point (chap. XIII, p. 115), avoir des doutes sur la jus-

(1) Voir chapitre XIII, § V, p. 116.

tice de la guerre et n'en avoir pas sur son droit d'y prendre part, puisque dans le doute le sujet doit obéir à l'ordre reçu.

II. *De la restitution dans le cas de juste guerre.*

Il n'y aura, bien entendu, obligation de restitution dans ce cas que si l'on a outrepassé ses droits légitimes.

Celui qui a juste guerre est tenu de tous les dommages qu'il a occasionnés par méchanceté, alors qu'il pouvait se comporter autrement sans inconvénients et les dommages ainsi dus par lui se compenseront avec ceux qui lui sont dus. (**Saint Raymond**, OP. CIT.)

Il y a lieu à restitution si celui qui a juste guerre a pris les biens des églises (sauf dans un château-fort) ou ceux des clercs, s'il a dépouillé les voyageurs, les étrangers, les marchands et autres personnes innocentes. (**Saint Antonin**, OP. CIT.).

Il y a également lieu à restitution si on a menti à l'ennemi, si on n'a pas tenu les promesses qu'on lui avait faites, car il faut être de bonne foi avec les ennemis, et cela même si l'ennemi ne tient pas ce qu'il a promis : car on doit tenir sa parole même à l'égard de celui qui ne tient pas la sienne. (**Saint Antonin**, OP. CIT.)

Il y a aussi lieu à réparation, quand celui qui a juste guerre, par inertie ou honteuse négligence, ne défend pas les siens alors qu'il le peut, et surtout quand il est rétribué pour les défendre. De même, si au lieu de battre les ennemis et de mettre au plus vite fin à la guerre, il la prolonge dans un but de lucre, ou si, acheté par l'adversaire, il ne remplit pas fidèlement sa mission. (**Saint Antonin**, OP. CIT.)

On doit restituer les choses qu'on a prises justement sur l'ennemi, mais que l'on a cachées et retenues pour soi alors qu'elles devaient être partagées entre tous. (**Saint Antonin**, OP. CIT.)

Celui qui fait justement la guerre doit exiger, s'il le peut, la réparation des dommages causés aux siens, comme de ceux dont il a été lui-même la victime :

Celui qui a juste guerre ne doit pas traiter avec son adversaire sur des bases qui porteraient préjudice à ses hommes, car il leur doit compensation des dommages qu'ils ont éprouvés. (**Saint Raymond**, OP. CIT.)

III. *Cas où il n'y a pas lieu à restitution, bien que la guerre soit injuste.*

Il faut comprendre, dit **Sylvestre** (Summa Sylv., V, bellum), que la troisième condition de la guerre juste (l'intention droite) est requise pour éviter une faute, mais qu'elle n'empêche pas de conserver ce que l'on a pris dans la guerre, car la mauvaise intention n'influe pas sur la justice ou l'injustice desquelles dépend le droit de retenir ou l'obligation de restituer ce que l'on a pris.

C'est l'opinion de tous les auteurs (1).

Suarez examine également le cas suivant :

Celui qui sans juste cause entreprend une guerre ne pêche pas seulement contre la charité, mais contre la justice, d'où il résulte qu'il est obligé de restituer. Cette conclusion est évidente. On peut seulement se demander s'il peut arriver qu'en ayant une cause de guerre qui excuse de l'injustice, on pêche cependant contre la charité. Cela arrive rarement, mais cela peut arriver, comme entre des particuliers quand l'un reçoit de l'autre une chose qui lui est due, ce qui n'est pas contraire à la justice, mais peut-être opposé à la charité, si de ce fait le débiteur encourt de très grands dommages, et si la chose réclamée n'est pas indispensable au créancier. La même chose peut arriver entre princes et États.

Dans une guerre de ce genre, il faut considérer d'abord le dommage causé à l'État que l'on attaque, celui causé à l'État qui attaque et enfin celui qui peut en résulter pour toute l'Église. A ce dernier point de vue, la chose peut facilement arriver, car en admettant qu'un roi chrétien ait un juste titre pour déclarer la guerre à un autre, il pourra cependant pêcher contre la charité due à l'Église, s'il poursuit son droit par la guerre, alors qu'il saura que les ennemis de la foi en deviendront plus puissants, etc. Mais bien que ce soit dans ce cas une faute de faire la guerre, il n'en résulte pas l'obligation de restituer, parce que le juste titre ne permet pas que cette obligation existe. Quand il s'agit de dommages causés à l'État que l'on attaque, il n'y a pas non plus obligation étroite de restituer, parce que la mauvaise volonté de cet État qui a commis une injustice est la cause de tout. Mais si, dans

(1) Voir chap. VIII, p. 75.

un cas particulier, cet État ne pouvait restituer ou donner satisfaction qu'au prix de très grands dommages et que la satisfaction ne fût pas indispensable à l'autre prince, il agirait contre la charité en l'exigeant. Si on considère le dommage ou le danger que la guerre fait courir à l'État qui attaque, même s'il a juste cause, le prince qui fait la guerre dans ces conditions ne pêche pas seulement contre la charité, mais encore contre la justice qu'il doit à son propre État. La raison en est que le prince est tenu, par la justice, de pourvoir au bien commun de l'État, sinon il se conduit en tyran. Ainsi le juge qui fait exécuter un condamné à mort, dont la vie est absolument nécessaire à l'État, agit contre le devoir de sa charge et par suite contre la justice. Ainsi un médecin agirait, contre son devoir d'état et contre la justice, en donnant une médecine qui guérirait momentanément le malade, mais lui apporterait postérieurement de plus grands maux. (**Suarez**, DE TRIP. VIRT. THEOL. Par. III. Disp. XIII, Sect. IV.)

Comme nous l'avons vu (chap. I, § II, p. 24), Suarez estime que dans une guerre volontairement faite de part et d'autre, il n'y a pas lieu à restitution ; la propriété pouvant être transmise, comme cela arrive entre des joueurs, sans obligation de restitution, par l'exécution d'une convention d'ailleurs inique et injuste au regard de Dieu.

CHAPITRE XVI.

Le rôle de la Papauté.

- - - - - - - -

Quel était, nous ne disons pas toujours en pratique et dans les faits, mais en théorie et dans l'opinion des théologiens, le rôle de la Papauté?

Pour le bien comprendre, il faut faire, avec les textes, une distinction capitale, trop souvent négligée par les historiens. Dans leurs rapports avec l'Église, les rois chrétiens ont une double qualité : ils sont *chrétiens*, et ils sont *chefs d'État*.

Comme chrétiens, ils sont naturellement soumis aux mêmes obligations morales que les autres fidèles. S'ils commettent des crimes ou des fautes, ils doivent encourir les mêmes châtiments : leur rang ne peut les y soustraire. Cela résulte nettement du célèbre canon : Novit (1).

Le Canon : Novit, et le pouvoir du Pape à raison du péché.

En 1199, le Pape Innocent III voulant mettre fin aux luttes de Philippe-Auguste et de Richard Cœur de Lion, luttes qui désolaient la France et empêchaient une nouvelle croisade, avait, renonçant aux prières et aux représentations paternelles, vainement employées par son prédécesseur Célestin III, menacé les deux rois de l'interdit et de l'excommunication s'ils persistaient à empêcher, par leurs batailles, les barons et chevaliers de reprendre la croix pour la délivrance des Saints Lieux. Il était ainsi parvenu à leur faire signer solennellement, devant un de ses légats, une trêve de cinq ans durant laquelle chacun des deux rois devait garder pai-

(1) On désigne d'ordinaire ce canon par le mot : *Novit*, par lequel il commence.

siblement ce qu'il avait en sa possession (13 janvier 1199).

Mais lorsque, quelques mois après, Jean-Sans-Terre eut, par suite de la mort de Richard, succédé à celui-ci, le roi de France prétendit que la trève signée avec le roi Richard ne l'engageait pas envers son successeur, et il recommença les hostilités.

En 1203, Jean-Sans-Terre, ayant été soupçonné du meurtre de son neveu Arthur, Philippe voulut profiter de l'émotion que ce crime avait soulevée contre le roi d'Angleterre ; il le cita, comme étant son vassal, à cause du duché de Normandie, à comparaître devant ses pairs, les grands seigneurs du royaume, pour répondre à l'accusation de meurtre et de félonie. Jean n'ayant point répondu à la sommation, il se préparait à entreprendre contre lui une vigoureuse campagne, lorsque le roi d'Angleterre s'adressa au Pape pour lui demander de faire observer la trève qui avait été conclue à son instigation.

C'est alors que le Pape publia le document suivant, qui expose la distinction précitée ; il ne fut d'ailleurs suivi d'aucun effet, car, malgré les menaces, la guerre continua de plus belle, et le pape qui, trois ans auparavant, avait frappé le royaume d'interdit pour obliger Philippe à répudier Agnès de Méran, n'osa employer de nouveau le même moyen et mettre sa menace à exécution.

Decret. Greg. IX. Lib. II, Tit. 1, cap. 13. De Judiciis. (Anno 1200.)

Aux prélats de France :

Celui qui sait tout ne l'ignore pas, et nous voulons que nul ne s'y trompe. Nous n'avons aucunement le dessein de troubler ni de diminuer l'exercice des droits de l'illustre Roi de France, de même que lui ne veut ni ne doit nous empêcher d'exercer les nôtres. Mais le Seigneur a dit dans l'Évangile : « Si votre frère a péché contre vous, allez lui » représenter sa faute en particulier, etc. » Que s'il ne les écoute pas non » plus, dites-le à l'Église : et s'il n'écoute pas l'Église même, qu'il soit » à vos yeux comme un païen et un publicain. »

Or, le Roi d'Angleterre est prêt à prouver que le Roi de France pêche contre lui et à son égard ; il a procédé selon la règle de l'Évangile et, cela n'ayant amené aucun résultat, il l'a dit à l'Église. Comment nous, qui par la volonté suprême avons été appelé au gouvernement général de l'Église, pourrions-nous ne pas écouter l'ordre divin, et ne pas nous conformer à la règle qu'il indique, à moins que le Roi de France ne nous présente, à nous ou à notre Légat, des raisons contraires et suffisantes ? Car nous n'entendons pas juger de la souveraineté (1), ce qui le regarde, à moins qu'il n'y ait, par un privilège spécial ou une coutume contraire, une dérogation au droit commun : mais nous occuper du péché dont, sans aucun doute, la censure nous appartient, et nous pouvons et devons l'exercer contre tous indistinctement.

La dignité royale ne doit pas considérer comme injurieux pour elle d'accepter le jugement du Saint Siége Apostolique, comme l'ont fait d'illustres Empereurs, Valentianus, Théodose et plusieurs autres.

Nous ne dépendons pas d'une constitution humaine, mais d'une constitution divine, car notre pouvoir ne vient pas des hommes, mais de Dieu. Qui donc, s'il est sain d'esprit, ignore que c'est un devoir de notre charge de réprimander tous les chrétiens, quels qu'ils soient, à cause des péchés mortels qu'ils ont commis, et s'ils ne tiennent pas compte de notre réprimande de les contraindre par une peine ecclésiastique...

Mais on dira peut-être qu'il faut agir avec les Rois autrement qu'avec les autres. Or, nous avons lu dans l'Écriture : « Tu jugeras » les grands comme les petits et tu ne feras aucune acception de per- » sonnes. » Si nous avons le pouvoir d'agir de la sorte, en présence de n'importe quel crime, afin de ramener le criminel du vice à la vertu, de l'erreur à la vérité, c'est surtout quand il a péché contre la paix qui est le lien de la charité : enfin, lorsque, entre les rois eux-mêmes, il a été conclu des traités de paix, et que l'un et l'autre les ont renforcés par les serments qu'ils ont prêtés, et qui n'ont pas été tenus jusqu'à l'expiration du temps fixé, ne pourrions-nous donc pas connaître de la religion du serment, ce qui sans aucun doute regarde l'Église, pour faire respecter l'observation des traités de paix que l'on viole ? Afin d'empêcher une semblable querelle d'éclater en se dissimulant sous des prétextes, nous avons ordonné à notre légat de ne pas manquer de procéder dans la forme que nous lui avons indiquée : à

_____

(1) Non enim intendimus judicare de feudo... sed decernere de peccato.

11

moins que le Roi de France lui-même ne fasse de nouveau avec le Roi
d'Angleterre une paix solide, ou tout au moins qu'il accepte avec soumission que ledit Légat, avec l'archevêque de Bourges, jugent si la
plainte déposée contre lui devant l'Église par le Roi d'Angleterre est
fondée, ou si est légitime la fin de non-recevoir qu'il nous a, par ses
lettres, dit qu'il opposerait à ladite plainte.

Et plus bas se trouve cette addition :

C'est pourquoi à vous tous, prélats de France, en vertu de l'autorité
du Saint-Siége Apostolique et de l'obéissance qui lui est due, nous
ordonnons, après que ledit abbé, légat *a latere*, aura exécuté le
mandat que le Saint-Siége lui a donné à ce sujet, d'accepter avec soumission sa sentence, ou pour parler plus exactement, la nôtre, et de
la faire observer par les autres ; et soyez convaincus que si vous agis-
siez différemment, nous punirions sévèrement votre désobéissance.

Innocent III distingue donc entre le *péché*, qui tombe sous
le pouvoir spirituel ordinaire de l'Eglise, et la *souveraineté*,
qui en principe n'y tombe pas, du moins directement. Cette
distinction qui a paru un moment menacée par les bulles
de Boniface VIII, est confirmée à nouveau par Clément V
(Bref Meruit), Innocent IV, etc. Voici quelques textes :

Quant aux chrétiens, il n'est pas douteux que le Pape puisse les
juger, s'ils contreviennent à la loi de l'Évangile, ou pèchent gravement,
même en matière temporelle. Si parfois le Pape s'abstient de leur
infliger les justes pénitences qu'ils mériteraient, quand il ne peut le
faire à cause des dangers ou même des scandales qui en résulteraient
ou pourraient en résulter, cela n'empêche pas qu'il conserve le pouvoir
de le faire. (**Innocent IV.** APPARATUS AD DECRET. DE VOTO) (1).

Il est permis de se faire justice à soi-même quand le Seigneur ou une
ville refuse, alors qu'on le lui a demandé, de forcer son sujet à faire
justice ; car la loi permet de se saisir du débiteur qui fuit, lorsqu'il
n'est pas possible de recourir au juge ; c'est pourquoi je ne doute pas
que le Pape puisse, par des peines et des censures, empêcher toute

(1) De Christianis autem non est dubium quin eos possit judicare Papa si contra
legem Evangelii faciant vel alias graviter peccent, etiam temporaliter et licet alioquin
Papa omittat pœnitentias justas et debitas omnibus prædictis inferendas, vel quod
facultatem non habet cohercendi ut propter pericula et etiam scandala quæ inde
obveniunt vel obvenire timerentur, potestas tamen hæc faciendi est apud eum.

guerre, juste ou douteuse, mais non indispensable pour se défendre, jusqu'à ce que la légitimité de la guerre lui ait été démontrée : car il a reçu de Dieu un pouvoir ordinaire dans le domaine spirituel, à raison du péché; il peut indistinctement l'exercer contre tous et à l'occasion, s'entremettre dans les affaires temporelles. (**Lupus.** DE BELLO ET BELLAT.)

2° 3° *Le pouvoir du Pape à raison du bien spirituel de l'Église.*

Mais le pape n'a pas seulement le droit d'interposer son autorité, vis-à-vis des rois, comme des simples particuliers, *à raison du péché*, il peut encore intervenir dans les choses temporelles en tant que cela est moralement nécessaire à l'administration des choses spirituelles : par exemple appeler devant lui la cause d'une guerre et prononcer une sentence à laquelle tous devront se soumettre, si cela est exigé par le bien spirituel de l'Église. C'est la doctrine que **Victoria** expose dans le passage suivant : (DE INDIS II, 5.)

Le Pape a une puissance temporelle dans l'ordre des choses spirituelles, c'est-à-dire en tant que cela est nécessaire à l'administration des choses spirituelles. C'est l'opinion de tous les docteurs.

En effet, ce qui tend à une fin supérieure, ordonne et commande à ce qui concerne des fins inférieures. La fin de la puissance spirituelle est la félicité suprême : la fin de la puissance civile est la félicité politique : donc la puissance civile est soumise à la puissance spirituelle. Voici qui le confirme : quand on confie à quelqu'un le soin de remplir un office, on lui donne par cela même le droit de faire tout ce qui est indispensable pour bien remplir cet office. Or, c'est par mandat du Christ que le Pape est le Pasteur spirituel et comme la puissance civile pourrait l'empêcher de remplir ce mandat, comme, d'autre part, Dieu et la nature ne peuvent faire défaut dans les choses nécessaires, il s'ensuit que sans aucun doute le pouvoir lui a été laissé dans les choses temporelles, dans la mesure où il lui est nécessaire pour le gouvernement spirituel. Pour cette raison, le Pape peut briser les lois civiles qui alimentent le mal, comme il a brisé les lois sur la prescription de mauvaise foi : pour cette même raison, il peut aussi, lorsque des princes sont en désaccord au sujet de leur droit sur quelque royaume et se ruent à la guerre, être juge, connaître du droit des parties et porter

une sentence que les princes sont tenus d'accepter, de peur qu'il ne
s'ensuive de grands maux spirituels, comme cela arrive nécessairement par suite des guerres entre princes chrétiens. Et si le Pape ne le
fait pas, ou s'il ne le fait pas souvent, ce n'est pas parce qu'il ne le peut
pas, c'est parce qu'il veut éviter le scandale qui se produirait dans le
cas où ces princes penseraient qu'il agit par ambition ou se révolte-
raient contre l'ordre du Saint-Siége. Pour la même raison, il peut
parfois déposer les princes (1), en établir de nouveaux, ainsi qu'il l'a
fait quelquefois. Et certes aucun chrétien ne pourrait légitimement
refuser ce pouvoir au Pape. C'est dans ce sens qu'il faut comprendre
ce que l'on dit et ce qu'ont dit les plus anciens docteurs, que le Pape
possède le pouvoir des deux glaives (2).

Suarez (DE TRIP. VIRT. THEO, Pars. III, Disp. XIII, Sect. II, 5)
dit de son côté :

Il faut remarquer en ce qui concerne les princes chrétiens que le
Souverain Pontife, s'il n'a pas autorité directe dans le domaine temporel, hors de ses États, a cependant un pouvoir indirect, comme on
voit au canon *Venerabilem*, De Electione et au canon *Novit*, De
Judiciis. A ce titre, il a le droit d'appeler devant lui la cause de la
guerre, et de prononcer une sentence à laquelle tous sont tenus
d'obéir, à moins qu'il n'y ait injustice manifeste ; car cela est certainement nécessaire au bien spirituel de l'Église et propre à éviter une
foule de maux. C'est ce qui fait dire à Soto (AD ROM. 12) qu'il est
bien rare qu'entre princes chrétiens la guerre soit juste, car ils ont à
leur disposition un autre moyen de mettre fin à leurs querelles.
Néanmoins, il arrive souvent que le Saint-Père n'interpose pas son
autorité, de crainte qu'il n'arrive de plus grands maux : alors les
Souverains ne sont pas tenus de demander au Souverain Pontife
d'user de son pouvoir, mais ils peuvent poursuivre leur droit tant

(1) Beaucoup de théologiens, particulièrement parmi les modernes, croient qu'il
peut seulement délier les sujets du devoir d'obéissance.

(2) Papa habet potestatem temporalem in ordine ad spiritualia, id est quantum
necesse est ad administrationem rerum spiritualium. Hæc est omnium doctorum...
Hac ratione potest Papa infringere leges civiles, quæ sunt nutritivae peccatorum,
sicut infregit leges de prescriptione malæ fidei. Et hac etiam ratione discordan-
tibus principibus de jure alicujus principatus et in bella ruentibus, potest esse judex
et cognoscere de jure partium et sententiam ferre, quam tenentur recipere principes
ne scilicet eveniant tot mala spiritualia quot ex bello inter principes Christianorum
necesse est oriri.

qu'ils n'en sont pas empêchés. Toutefois, qu'ils prennent bien garde d'être eux-mêmes cause que le Souverain Pontife n'ose pas s'inter‑poser, car alors ils ne seraient point exempts de faute.

Mais ce pouvoir indirect du Pape ne doit pas être con‑fondu avec le pouvoir direct d'un supérieur temporel, sans l'autorité duquel la guerre, ainsi que nous l'avons vu (Cha‑pitre VII), ne peut être légitimement entreprise. **Sylvestre** (Summ. Sylv. v. bellum) l'expose ainsi qu'il suit :

Comme tout le monde, sauf le Pape, a un supérieur, on a dit que l'autorité du Pape était nécessaire dans toutes les guerres. Mais la supériorité dont il est ici question (celle du supérieur sans l'autorisa‑tion duquel on ne peut déclarer la guerre) s'entend dans l'ordre des chefs temporels, et dans cet ordre, le droit commun l'accorde au Souverain suprême, c'est-à-dire à l'Empereur. Bien que le Pape puisse leur interdire d'en faire usage, les autres princes qui ne reconnaissent pas de supérieur, l'ont en vertu de l'usage ou de quelque droit spécial.

De même **Vasquez** (Comm. in summ. Disp. lxiv, cap. 3).

Il nous reste à dire au jugement de qui doivent s'en remettre les Princes qui ont, au sujet de leurs droits à un royaume, des opinions contraires : il faut tout d'abord supposer que dans la cause, ni l'Em‑peur, ni le Souverain Pontife n'ont le droit de prononcer une sentence à laquelle les princes doivent se soumettre. Car d'après l'avis des théologiens, auquel je me rallie, aucun d'eux n'a sur les autres princes le pouvoir temporel dont nous parlons ici (1).

(1) Citons à titre de simple document, le système qu'avait proposé au XII° siècle un moine allemand, du nom de Gerhoch :

Dans toutes les guerres et les conflits qui existent entre soldats ou citoyens, une partie a cause juste, l'autre injuste, ou parfois toutes deux sont injustes. C'est au Sacerdoce qu'il appartient de faire voir la vérité, et aucune guerre ne peut être entreprise sans son avis. Une fois la justice bien évidente, la partie qui a guerre juste sera encouragée par les prêtres et fortifiée avant le combat par la sainte communion, car celle-ci donne de la force au cœur de l'homme qui se prépare à combattre pour la défense de l'Eglise ou de la justice. Quant à ceux qui résisteront et refuseront d'adhérer à un juste traité de paix, ils devront être frappés d'anathèmes et même on leur refusera la sépulture chrétienne.

A une époque où l'on commence à discuter l'idée d'un tribunal international dont les sentences pourraient être exécutées par les différentes armées, devenues en réalité des gendarmeries internationales, l'idée du moine Gerhoch nous a paru intéressante à rappeler.

APPENDICE

Trois erreurs des canonistes.

L'un des rêves du moyen-âge fut la reconstitution de l'Empire romain, qui devait s'étendre et embrasser le monde entier, sous la double autorité de l'Empereur, puissance temporelle et du Pape, puissance spirituelle.

Pour légitimer ce rêve, légistes et canonistes donnèrent libre cours à leur imagination. Les nations indépendantes se trouvèrent rattachées par eux à l'Empire au moyen d'artifices, de raisonnements aussi ingénieux que subtils : on imagina de dénier aux infidèles tout droit de propriété, de sorte que leurs terres appartenaient ainsi, sinon en fait, du moins en droit, à l'Empire. Comme il arrive d'ordinaire, on voulut donner à ces idées personnelles l'autorité d'une doctrine indiscutable et on prétendit que c'étaient les doctrines mêmes de l'Église. Le légiste *Bartole* proposa de déclarer hérétique quiconque oserait soutenir que l'Empereur n'était pas le souverain temporel du monde entier.

Ces thèses erronées qui furent défendues par un certain nombre de canonistes sont les trois suivantes :

1. Les infidèles ne peuvent rien posséder ; ils détiennent sans droit leurs terres et la guerre est donc toujours juste contre eux.

2. L'Empereur est le souverain temporel du monde entier.

3. Le Pape est le souverain temporel de toute la terre.

Nous allons dans les trois notes suivantes examiner successivement ces trois erreurs.

Lorsque le Nouveau-Monde eût été découvert, les con-
quérants voulurent justifier leur prise de possession et leur
droit d'employer les armes contre les indigènes qui refusaient d'accepter leur domination. Ils s'efforcèrent en conséquence de faire refleurir, avec beaucoup d'autres, les trois
erreurs signalées plus haut. C'est alors que *Victoria* écrivit
son traité *De Indis*, dans lequel il passa successivement en
revue les titres plus ou moins faux, invoqués par les conqué-
rants du Nouveau-Monde. Il déclare en ce qui concerne les
trois questions qui nous occupent, qu'elles sont complètement erronées; nous verrons plus loin les raisons qu'il
donne de cette affirmation. *Suarez* ne les discute pas longuement, du moins dans le traité où il s'occupe de la guerre;
sans doute de son temps, elles n'existaient plus qu'à l'état
de souvenir, et n'étaient plus guère soutenues.

Un troisième titre, dit-il (DE TRIP. VIRT. THEOL. Pars. III.
Disp. XIII, Sect. 5), en vertu duquel on a prétendu que les princes
chrétiens avaient quelque droit de faire la guerre, en dehors de ceux
que leur donne le droit naturel, c'est la souveraineté temporelle que
certains auteurs dénient aux infidèles, qui ne peuvent, disent-ils, être
vraiment les maîtres des choses qu'ils possèdent, et qui appartient
selon les uns à l'Empereur, selon les autres au Souverain Pontife qui
auraient ainsi directement le domaine temporel du monde entier.
Opinion sans valeur ni fondement, comme nous le faisons voir en
parlant du domaine à propos des lois.

Mais dans les siècles précédents, cette triple erreur avait
amené beaucoup de trouble dans les esprits, ainsi qu'on le
voit dans le passage suivant de *Lupus* (TRACT. DE BELLO ET
BELLATOR.), où l'élève (ce traité est sous forme de dialogue
entre un maître et un élève), se plaint du *très grand chaos* que
ces opinions singulières ont créé dans son esprit.

Le disciple. — Je vois bien tout ce que vous avez dit et exposé...
Mais, malgré toutes ces explications, maintenant plus encore qu'au-

paravant, j'ai des doutes au sujet de la question principale, à savoir
quelle est exactement cette autorité sans laquelle on ne peut, à juste
titre, entreprendre la guerre. Je vois bien ce que dit saint Augustin,
que si elles ne sont ordonnées ni par Dieu, ni par un pouvoir légitime
quelconque, les guerres entreprises sont impies et que l'autorité de
décider et de faire la guerre n'appartient qu'aux princes; mais quand
il s'agit de préciser qui est le prince, et dans quels cas et contre qui il
peut faire la guerre, je me trouve en présence d'une grande confusion
et d'un immense chaos : les uns disent que le prince, c'est le Pape,
qui seul ne reconnaît aucun supérieur, ni aucun égal, qui d'après eux
a reçu du Christ le double glaive, et a remis à l'Empereur l'un d'eux,
afin qu'il s'en serve pour le gouvernement du monde; les autres disent
que l'Empereur a reçu de Dieu le glaive matériel et le droit de s'en
servir; et alors que deviennent les autres princes, soit ceux qui ne
reconnaissent pas, soit ceux qui reconnaissent un supérieur. Et ailleurs
on voit Hostiensis en contradiction avec Innocent IV, et avec d'autres
lorsque les uns prétendent que les infidèles ont le droit de posséder ce
qui n'est pas occupé par les chrétiens, et que les autres admettent que
ceux-ci ont le droit de leur faire justement la guerre.

Note A. — Les Infidèles.

I. — Erreur de ceux qui prétendaient que les infidèles
ne pouvant rien « posséder », la guerre était toujours
permise contre eux.

C'est dans **Hostiensis** (Summa aurea. Lib. I rubric. 34)
que se trouvent indiquées les conséquences suivantes de
cette erreur.

« La guerre qui se fait entre les fidèles et les infidèles est
juste à l'égard des fidèles. »

« On peut appeler Romaine la guerre qui se fait entre
fidèles et infidèles et qui est juste. On l'appelle Romaine
parce que Rome est la capitale de notre foi et notre mère. »

« Il n'y a pas de trève dans la guerre Romaine, car il
faut la faire tous les jours. »

Un grand nombre de canonistes, **J. de Lignano**, **Martin de Lodi**, **Bellini**, **Guerrero**, ont reproduit les paroles mêmes d'Hostiensis.

Voici d'autre part ce qu'on lit dans le même ouvrage : (LIB. V. RUBRIC. 6, DE SARRACENIS.)

Qui sont les Sarrasins ? Ceux qui honorent d'innombrables dieux et déesses, adorent les démons et leur rendent un culte, n'acceptent ni l'ancien, ni le nouveau Testament et auxquels il est interdit, quand ils vivent sous nos lois, d'offrir des sacrifices, etc., de consulter les entrailles des animaux pour y découvrir l'avenir.

La fermeture de leurs temples est ordonnée sous peine de la mort et de la perte de leurs biens. Quelle doit être la conduite des chrétiens à leur égard ? Ils ne doivent, sous peine de punition, ni attaquer ni combattre ceux qui vivent sous notre domination, mais bien ceux qui ne reconnaissent pas la souveraineté de l'Église Romaine ou de l'Empire Romain.

Les chrétiens ne doivent pas les aider, car c'est presque une trahison d'équiper ces barbares, c'est les rendre plus forts contre les chrétiens, de leur vendre des arcs et des flèches et des armes de tous genres.

Avec les Sarrasins qui sont nos ennemis, nous ne devons pas manger : exception est faite, par privilège spécial, pour les prédicateurs, car avec la permission des prélats, chacun peut leur prêcher. Mais il faut s'abstenir de manger de leurs viandes les jours prohibés, même de viandes non immolées en l'honneur des idôles; car en ce qui concerne ces dernières, il vaudrait mieux mourir de faim que d'en user.

Mais dans l'*Apparatus ad Decretalia* (cap. de Voto), **Innocent IV** réfute l'opinion d'Hostiensis :

Mais est-ce qu'il est permis d'envahir les territoires occupés par les infidèles, simplement parce qu'ils les occupent ? A cette question nous répondons que sans doute la terre entière appartient au Seigneur, la terre et tous ceux qui l'habitent. Il est le créateur de toutes choses, il est Dieu lui-même. Tout l'univers, il l'a soumis à l'empire de la créature raisonnable pour laquelle il l'avait créé.

Au commencement, tout fut commun à tous, jusqu'à ce que fut introduit par l'usage et par les premiers hommes que l'un s'appropriât une chose, l'autre une autre. Cela ne fut pas un mal, mais un bien, car naturellement, on néglige les choses qui sont communes et la communauté des biens engendre la discorde. Ensuite il fut établi par les autorités qui existèrent dès le début, que celui qui s'emparerait d'une chose n'appartenant à personne, mais seulement à Dieu, pourrait la prendre, mais qu'il ne lui était pas permis de s'emparer d'une chose occupée par un autre, ce qui aurait été contraire au droit naturel, d'après lequel il ne faut pas faire à un autre ce que nous ne voulons pas qu'il nous fasse. Il y eut aussi des domaines spéciaux par suite des divisions qui se firent entre les premiers hommes, comme on le voit entre Abraham et Loth dont l'un prit une part, l'autre une autre. Le droit des gens et la nature des sociétés établirent aussi des dominations parmi les hommes : le pouvoir de juridiction est juste et saint, car d'après l'Écriture, *le glaive a été remis pour punir*. Comment cela commença-t-il, je l'ignore : peut-être Dieu a-t-il donné à quelqu'un ou à quelques-uns le pouvoir d'exercer la justice contre les coupables, de même que de droit naturel, le père de famille avait, au commencement, complète juridiction sur sa famille ; mais aujourd'hui il n'a plus de pouvoir que sur peu et de petites choses.

Ce qui est certain, c'est qu'au début Dieu exerça la puissance lui-même et par lui-même. Puis, par élection, il put y avoir des princes comme Saül et bien d'autres.

De là résulte que la souveraineté, la propriété et la juridiction peuvent sans aucune faute exister chez les infidèles : pour toute créature raisonnable, et non pas seulement pour les fidèles, ce sont des œuvres de Dieu, comme on vient de le dire. Car Il fait lever son soleil sur les bons et les méchants, et répand sa pluie sur les justes comme sur les injustes, et nourrit même les oiseaux du ciel.

C'est pourquoi nous disons qu'il n'est pas permis au Pape d'enlever aux infidèles ce qu'ils possèdent, pas plus qu'aux fidèles qui ont le pouvoir ou la juridiction sur des fidèles.

De son côté, **Victoria** combattit cette opinion d'*Hostiensis* dans son traité : *De Indis* (Sect. 1, 5, 6 et 7) ; car elle avait été de nouveau mise en avant à propos de la découverte du Nouveau monde :

Il se trouva des hommes pour soutenir que le titre de la propriété c'est la grâce et que par conséquent les pécheurs, du moins en état de péché mortel, ne peuvent avoir la propriété d'une chose. Ce fut l'erreur des Pauvres de Lyon ou Vaudois, et plus tard celle de Jean Wicliff ; ce fut l'une des erreurs condamnées par le concile de Constance : *Nul n'a la propriété civile, s'il est en état de péché mortel* (1). Une telle propriété, disait ARMACHANUS (2) est réprouvée par Dieu : « Ils ont régné, mais non par moi : des princes ont existé, mais je ne les ai point connus (3) » — « Ils se sont fait des idoles d'or et d'argent, et c'est pourquoi ils ont péri. » Par conséquent, disait-il, devant Dieu ils n'ont pas la juste propriété. Il est certain que toute propriété provient de l'autorité divine, puisque Dieu est le créateur de toutes choses, et que nul ne peut avoir de propriété que celui à qui Dieu l'a donnée. Il n'est pas admissible qu'il la donne à ceux qui lui désobéissent et qui transgressent ses préceptes : de même les princes de la terre ne donnent pas leurs biens, leurs domaines ou leurs camps, à leurs sujets rebelles, et s'ils les leur ont donnés, ils les leur enlèvent. Par les choses humaines, nous devons juger des choses divines. Par conséquent Dieu ne donne pas la propriété à ceux qui refusent de lui obéir; c'est en vertu de ce principe qu'il a parfois enlevé la souveraineté, comme à Saül (4), à Nabuchodonosor, et à Balthazar (5); d'autre part, il est dit dans la Genèse. « Faisons l'homme à notre image et à notre ressemblance, afin qu'il commande aux poissons de la mer, etc. » On voit par là que la propriété a pour base la ressemblance avec Dieu; mais elle n'existe pas dans le pécheur, donc il n'a pas la propriété. Ensuite le pécheur commet un crime de lèse-majesté : il mérite donc de perdre la propriété. C'est pourquoi saint Augustin dit que le pécheur n'est pas digne du pain qu'il mange. Enfin le Seigneur avait donné à nos premiers parents la propriété du paradis terrestre et à cause de leur péché il la leur a retirée.

A la vérité, il semble qu'il y ait, tant chez Wicliff que chez Armachanus, une certaine confusion et qu'ils aient plutôt en vue le domaine supérieur qui est celui des princes. Mais comme leurs arguments sont relatifs à tous les domaines, on peut croire qu'ils ont voulu parler de tous, d'une manière générale : c'est dans ce sens que Conrad a interprété leur opinion et cela est vraisemblable, d'après Armachanus. Si l'on admet cette théorie, on peut dire que les barbares n'ont aucune propriété, puisqu'ils sont toujours en état de péché mortel.

Mais le péché mortel n'empêche pas le domaine civil, la vraie

---

(1) Nullus est dominus civilis, dum est in peccato mortali.
(2) Liv. 10. De quœst. Armæ c. 4 et in Dialogo : *Defensorium pacis.*
(3) Ipsi regnaverunt, et non ex me, principes existerunt et non cognovi (Osée. 8).
(4) I Reg. 15 et 16.
(5) Daniel 4 et 5.

propriété, comme l'a déclaré le Concile de Constance : et il est facile
de le prouver :

Et **Victoria** en donne plusieurs preuves, que nous résumons ainsi
qu'il suit :

1º Si par suite de l'offense faite à Dieu, l'homme perdait le domaine
civil, il perdrait pour la même raison le domaine naturel qui est un
don de Dieu, tout autant que le domaine civil ; or, il ne perd pas le
domaine sur ses propres actes, ni sur sa personne, car il est permis à
un pécheur de défendre sa vie.

2º Dans l'Écriture, il est souvent fait mention de rois qui étaient
des pécheurs, tels que Salomon, Achab et bien d'autres; et on ne
peut être roi sans avoir de domaine.

3º On peut retourner contre ceux qui l'invoquent l'argument tiré
de ce que l'homme est l'image de Dieu : il l'est par nature, c'est-à-
dire par ses facultés raisonnables, et cela ne se perd pas par le péché
mortel.

4º David appelait Saül son Seigneur et son Roi, à l'époque même
où Saül le persécutait, et David lui-même ne perdit pas le royaume,
bien qu'il ait parfois commis des fautes graves.

5º Il est dit dans la Genèse : « Le sceptre ne sortira pas de la mai-
» son de Juda, jusqu'à ce que vienne celui qui doit être envoyé » (1),
et cependant il y eut beaucoup de mauvais rois.

6º Un mauvais prêtre consacre l'Eucharistie, un mauvais évêque
ordonne des prêtres : donc la puissance spirituelle ne se perd pas par
le péché mortel ; ni non plus par suite la puissance civile qui a bien
moins que la puissance spirituelle la grâce pour base.

7º Saint Pierre a dit : « Obéissez à vos supérieurs, non seulement
» aux bons, mais aussi à ceux qui sont exigeants » (2).

8º En somme, c'est une hérésie manifeste; Dieu qui fait lever son
soleil sur les bons comme sur les mauvais et qui répand la pluie sur
les terres des justes comme sur les terres des injustes, a donné les biens
temporels aux uns comme aux autres.

7. Mais perd-on la propriété par suite de l'infidélité ?

On pourrait croire que oui ; car les hérétiques ne peuvent posséder;
donc les autres infidèles non plus, car il ne semble pas que leur condition soit meilleure que celle des hérétiques, et les biens des hérétiques sont confisqués de plein droit (3).

(1) Non auferetur sceptrum de Juda donec veniat qui mittendus est (Gen. 49.).
(2) Obedite præpositis vestris non tantum bonis, sed etiam discolis (Pet 2.)
(3) Can. *cum secundum*, de Hæret. lib. 6.

Mais on peut répondre qu'être infidèle n'empêche pas d'être vraiment maître. C'est la conclusion de saint Thomas, et on peut le prouver.

1º L'Écriture appelle Rois certains infidèles, comme Senacherib, Pharaon et bien d'autres.

2º La haine de Dieu est une faute beaucoup plus grave que l'infidélité : or, elle n'enlève pas la propriété.

3º Saint Paul et saint Pierre ordonnent d'obéir aux princes qui, à leur époque, étaient tous infidèles, et aux esclaves d'obéir à leurs maîtres.

4º Tobie ordonnait de restituer aux Gentils un bouc qui leur avait été pris, parce qu'il était volé, ce qui n'eût pas été, s'ils n'avaient pas eu la propriété. De même, Joseph rendit toute la terre d'Égypte tributaire de Pharaon qui était infidèle.

5º L'infidélité ne fait perdre, dit saint Thomas, ni le droit naturel, ni le droit humain, le domaine est de droit naturel ou humain, donc on ne le perd pas par l'infidélité.

C'est donc là une erreur évidente comme la précédente. Et il en résulte qu'il est défendu de prendre aux Sarrasins, aux Juifs ou aux autres infidèles les biens qu'ils possèdent ; c'est un vol, une rapine, tout autant que lorsqu'il s'agit de chrétiens.

Soto (DE JUST. ET JURE. LIB. V. QU. III. ART. 5.) dit également :

C'est au sujet de ces infidèles que l'on discute la question de savoir si on a le droit de leur faire la guerre. Cajétan, interprétant une parole de saint Thomas, prétend que les chrétiens n'ont en aucune façon le droit de les troubler dans la possession de leurs biens. Saint Thomas a dit, en effet : la foi ne diminue pas ce qui est naturel, elle le perfectionne ; par conséquent, l'infidélité n'enlève à personne la possession dont les hommes jouissent en vertu du droit des gens ; d'autant plus que cette espèce d'infidélité négative, qui est celle d'hommes n'ayant jamais entendu parler du Christ, n'est pas un péché et ne mérite aucune peine (1)...

(1) Nostre Seigneur Dieu si a créé tous les biens de la terre pour la créature humaine ainsi pour la mauvaise personne comme pour la bonne.. Et doncques puisque Dieu leur a donné tant de biens, pourquoy les leurs osteraient les Chrestiens. Item. plus fort. Si pour recevoir le saint baptème nous ne pouvons leur faire la guerre, pourquoy le pourrions-nous faire pour les biens qu'ils tiennent? Le pape même dit en sa décrétale comment à lui ne appartient en rien de ceulx qui sont

II. — DES CAUSES LÉGITIMES ET DES CAUSES ILLÉGITIMES DE GUERRE CONTRE LES INFIDÈLES.

1° *Différentes classes d'infidèles.*

Voici, dit également **Soto** (OP. CIT.), un argument que l'on fait parfois valoir :

Ce qui n'appartient pas à celui qui possède peut lui être justement enlevé ; or, les infidèles sont d'injustes possesseurs ; on peut donc licitement leur enlever ce qu'ils possèdent.

Cet argument présente un sujet de discussion très vaste, qu'il est, à notre époque, très nécessaire d'examiner, à cause de ce nouveau monde que les nôtres ont découvert. Aussi, si Dieu nous prête vie, le traiterons-nous longuement dans un autre livre. Pour l'instant, nous nous contenterons d'expliquer, d'après saint Augustin, qu'il y a trois ordres d'infidèles :

Il y en a qui, en droit et en fait, vivent sous la domination des chrétiens : les Sarrazins et les Juifs en Espagne, et ces derniers en Allemagne et en Italie. Pour ceux-là, il est hors de doute que les princes chrétiens peuvent leur appliquer les lois et leur enlever leurs biens (1).

Il y a d'autres infidèles qui, sinon en fait, du moins en droit, sont soumis aux princes chrétiens ; du moins quant à la possession de leurs royaumes. Ce sont ceux qui ont acquis par la violence les territoires qui autrefois étaient sous notre domination, comme les Africains, les Sarrazins et les Turcs qui se sont emparés de la Grèce et y exercent leur tyrannie. Il est certain que nous avons le droit de les attaquer et de leur reprendre leurs territoires (2).

2° *L'Infidélité n'est pas une juste cause de guerre.*

Mais il n'est jamais permis de leur déclarer la guerre à cause de leur infidélité seule.

On n'a pas le droit de forcer les infidèles à embrasser la foi, car tout homme doit être laissé à son libre arbitre et il n'y a que la grâce de

---

hors la foy et l'Église et si dist qu'il ne doit faire jugement entre eulx. (Hon. BONET. *Arbre des batailles*, 3e part., ch 2.)

(1) S'il y a un juste motif, d'après les lois communes à tous les habitants du pays.
(2) Voir page 161 la troisième classe d'infidèles.

Dieu qui vaille en cette occasion. (**Innocent IV**, APP. AD DECRET, DE VOTO.)

On ne peut déclarer la guerre aux infidèles pour la seule raison qu'ils sont infidèles, et cela nonobstant l'autorité ou de l'Empereur ou du Pape (**Covarruvias**, OP. CIT.).

On ne peut déclarer la guerre aux infidèles pour cette seule raison qu'ils sont infidèles et ne veulent pas accepter la foi chrétienne. C'est un titre de guerre sans aucune valeur. (**Suarez**, DE JUST. ET JURE. LIB. III. DISP. XIII. SECT. V.)

Victoria, (DE INDIS, Sect. II, n°s 8 à 14) a longuement examiné cette question : nous allons résumer aussi brièvement que possible ce qu'il répond aux arguments qu'il expose d'abord ainsi qu'il suit :

Les barbares infidèles sont obligés de recevoir la foi du Christ : le Pape peut les y contraindre et de même les princes qui sont ministres de Dieu ; car si les sujets du Roi de France refusaient, par exemple, d'obéir à leur roi, le Roi d'Espagne pourrait les y contraindre; *a fortiori* les rois de la terre peuvent-ils contraindre les infidèles à obéir au Roi du Ciel. Enfin ils blasphèment publiquement le Christ, ce qui est lui faire injure ; or, si le Christ était vivant et qu'ils lui fissent injure, on pourrait leur faire la guerre pour ce motif ; on le peut aussi s'ils font injure au Christ mort.

Mais, répond **Victoria**, il faut tout d'abord observer que les infidèles, les Indiens dans l'espèce, ne peuvent être coupables d'infidélité, tant qu'on ne leur a pas prêché la parole du Christ, puisqu'ils ne sont pas tenus d'y croire dès qu'on la leur fait connaître, et qu'on leur dit quelle est la véritable religion ; ce serait même de leur part témérité et imprudence de croire de suite, alors qu'ils ne savent pas quelle confiance méritent ceux qui viennent leur parler du christianisme. Ils ne voient pas de miracles et les motifs de croire peuvent leur paraître insuffisants, dans ces conditions. Ils sont innocents à ce point de vue; ils n'ont pas commis d'injustice, ni fait injure à personne; ils ne sont pas coupables et il n'y a donc pas là une juste cause de guerre.

Certes, ils pourraient être coupables de péché mortel si, alors qu'on leur demande d'écouter paisiblement ceux qui viennent leur parler de la vraie religion, ils refusaient de les écouter, ou si, alors que des arguments raisonnables et la vie exemplaire de ceux qui la pratiquent, leur auraient montré la très grande probabilité de la vérité de la religion

du Christ, ils refusaient d'y adhérer ; mais je n'oserais affirmer que la
religion leur ait été présentée de telle façon qu'ils soient sûrement
coupables en ne l'acceptant pas ; car s'ils n'ont pas vu de miracles, ni
de signes évidents de sa vérité, ils ont par contre vu pas mal d'im-
piétés, de scandales et de forfaits chez les chrétiens.

Et d'ailleurs, même s'ils étaient coupables de ce fait, ce ne serait
pas une raison suffisante pour leur faire la guerre et les dépouiller.
Car, dit saint Thomas (2. 2. QU. X. ART. 8), il ne faut contraindre
personne à croire. Croire est un acte de volonté, et la crainte diminue
la volonté. Le Concile de Tolède a défendu d'user à l'égard des Juifs
de la terreur et de la menace pour leur faire embrasser la foi. Et c'est
un procédé contraire aux usages et aux coutumes de l'Église. Enfin,
la guerre pousserait les infidèles, non à croire, mais à faire semblant
de croire ; leur foi simulée serait un sacrilège.

Nous avions déjà vu (chap. V, p. 50) que le même auteur
disait : (*De jure belli*, 10).

« La différence de religion n'est pas une juste cause de
guerre. »

C'est également l'avis de **Soto** (OP. CIT.).

Les infidèles de la troisième catégorie sont ceux qui ne nous sont
soumis ni en droit, ni en fait, et qui ne nous portent aucun préjudice ;
comme ceux qui n'ont jamais entendu parler du Christ, ou ce qui
revient au même, sont excusables parce qu'ils l'ont complètement
oublié. A proprement parler, personne n'est excusé, parce que, puisque
tout l'univers est tenu de recevoir la foi après avoir entendu sa parole,
s'ils avaient complètement observé la loi naturelle, le Christ par un
moyen quelconque les éclairerait ; cependant on peut excuser ceux
dont l'infidélité n'est pas une faute, puisqu'ils n'ont jamais entendu
parler du Christ.

3° *Les crimes contraires à la loi naturelle ne sont pas une juste cause de guerre.*

Mais peut-on les punir, s'ils commettent des crimes, *s'ils
agissent contrairement à la loi naturelle*? Et qui a autorité pour
les punir? Le Pape, Vicaire de Jésus-Christ ont répondu
quelques auteurs.

Le pape, dit **J. de Lignano** (TRACT. DE BELLO. CAP. XIII) a sur les infidèles-juridiction de droit, sinon de fait, et il peut punir ceux qui n'observent pas la loi naturelle.

Et c'était aussi l'opinion d'**Innocent IV** (OP. CIT.) (1).

Mais d'autre part, nous croyons que le Pape qui est le vicaire de Jésus-Christ, a pouvoir non seulement sur les Chrétiens, mais aussi sur les Infidèles, car le Christ a eu pouvoir sur tous, ainsi qu'il est dit dans les Psaumes : SEIGNEUR, DONNEZ AU ROI VOTRE JURIDIC-TION. Puis le père de famille semblerait avoir manqué de prévoyance, s'il n'avait pas donné à son vicaire, qu'il plaçait sur terre, plein pouvoir sur tous. Il a donné à Pierre et à tous ses successeurs les clefs du royaume du ciel et lui a dit : *Tout ce que vous lierez sur la terre*, etc. Ailleurs : *Pais mes brebis* : or tous, tant infidèles que les fidèles, sont les brebis du Christ par la création, même s'ils ne sont pas du bercail de l'Église : de tout cela il résulte que le Pape a sur tous puissance et juridiction, de telle sorte que si un infidèle qui n'a d'autre loi que la loi naturelle, agissait contrairement à la loi naturelle, le Pape aurait le droit de le punir.

Les habitants de Sodome, qui agissaient contrairement à la loi naturelle, furent punis par Dieu : or, les jugements de Dieu sont pour nous des exemples, et je ne vois pas pourquoi le Pape qui est le vicaire de Dieu sur la terre, ne pourrait pas, et ne devrait pas avoir le pouvoir d'agir de même, par exemple, à l'égard de ceux qui adorent les idôles, car il est naturel d'adorer un seul Dieu créateur du monde. De même le Pape peut juger les Juifs s'ils font des actes contraires à la loi morale et si leurs supérieurs ne les punissent pas.

Victoria (DE INDIS, SECT. II, 16), avec la plupart des auteurs, a combattu cette opinion.

On a prétendu, dit-il, que l'on pouvait faire la guerre aux barbares, à cause de leurs péchés, non à cause de ceux qu'ils commettent contre la loi divine positive, mais à cause de ceux qu'ils commettent contre la loi naturelle, comme de manger de la chair humaine, etc. Or, les princes chrétiens, même avec l'autorité du Pape, ne peuvent les punir pour ce motif.

(1) Si ung Sarrasin ou ung Juif faisait contre la loi de nature, certes le Pape le puniroit de icelui péchié... Mais s'il faisoit contre l'Évangile, le Pape ne les en pourrait mie pognir, car homme du monde ne doit être contraint de croire en la foy. (H. BONET, *Arbre des batailles*, III, ch. 2.)

Une première raison, c'est que le Pape lui-même n'a pas juridiction sur les barbares. Il ne peut leur donner des lois; il serait donc bien extraordinaire qu'il puisse les juger et les punir. On reconnaît d'ailleurs qu'ils peuvent refuser de se soumettre à l'autorité et à la juridiction du Pape, et cependant ils seraient tenus de se soumettre à son jugement. Ceux qui ne sont pas chrétiens peuvent ne pas accepter le jugement du Pape : car celui-ci ne peut les juger et les condamner que comme Vicaire du Christ. Mais les barbares n'ont pas accepté le Christ.

On pourra consulter également au sujet du pouvoir du Pape les extraits du traité : *De Indis*, que nous avons reproduits (Chap. XVI, p. 147) et dans la note C à l'Appendice.

Voici ce qu'il ajoute sur le même sujet (*De Indis.*, Sect. II, 6 et 7) :

Le Pape n'a aucun pouvoir temporel sur les barbares, ni sur les autres infidèles. Si donc ils refusent de reconnaître aucun pouvoir au Pape, ils ne peuvent y être contraints par la guerre. Car on ne peut leur faire la guerre pour le motif qu'ils refusent d'accepter le Christ comme maître et il serait dès lors absurde de prétendre qu'on peut leur faire la guerre s'ils refusent de reconnaître le pouvoir de son vicaire. On ne peut les forcer à recevoir le Christ et sa foi, parce qu'on ne peut leur prouver par des raisons naturelles qu'ils doivent le faire, mais on peut bien moins encore leur prouver le pouvoir du Pape : on ne peut donc les forcer à reconnaître ce pouvoir. Il n'est pas douteux que saint Thomas soit de cet avis, quand il dit (2. 2. QU. LXVI, art. 3), que les infidèles ne peuvent pas être dépouillés de leurs biens, à l'exception de ceux qui sont soumis à des princes temporels, et pour les causes prévues par les lois, qui s'appliquent également aux autres sujets.

Soto (OP. CIT.) refuse également à qui que ce soit le droit de les punir :

La véritable question concernant les infidèles de cette troisième catégorie qui ne font rien de mal à notre égard, n'est pas de savoir si l'impiété de leur idolâtrie ou la cruauté de leurs crimes est digne de mort; car cela ne peut être permis à personne, puisque, et à très juste titre, la République chrétienne punit parfois de mort ces mêmes crimes.

Ce qui reste à savoir après toute cette discussion, c'est si nous sommes leurs juges légitimes et les justes vengeurs de leurs crimes. Car de ce que Dieu, maître de l'univers, et qui est libre de faire ce qu'il veut, a parfois vengé des crimes, conclure que nous pouvons agir de même vis-à-vis de tous les infidèles, c'est comme si on concluait de ce qu'un roi a dans son royaume le droit de poursuivre tous les malfaiteurs, que chacun des magistrats qui ont sous son autorité le droit de juger, peut empiéter sur le territoire attribué à un autre et y exercer sa fonction comme sur le sien propre.

Suarez (OP. CIT.) n'admet pas non plus que l'homme s'attribue le droit de défendre Dieu, ni de le venger.

Un second titre invoqué pour légitimer la guerre aux infidèles, c'est qu'il faut venger Dieu des injures qu'ils lui font, par des crimes contre nature ou par idolâtrie.

Mais c'est encore là une opinion fausse, surtout si nous envisageons à proprement parler la vengeance.

Dieu n'a pas donné à tous les hommes le pouvoir de venger ses propres injures : il peut le faire facilement lui-même, s'il le veut, et il y aurait de graves inconvénients à ce que les hommes en soient chargés : il en résulterait de grands troubles. Et si l'on dit que c'est pour défendre Dieu, la même raison s'y oppose. Car le résultat serait non de diminuer, mais d'augmenter le nombre des injures faites à Dieu. D'ailleurs, à ce titre, les princes chrétiens pourraient aussi fréquemment se déclarer la guerre, car beaucoup d'entre eux font injure à Dieu et comme il serait difficile de prouver suffisamment l'existence de ce titre, ceux que l'on attaquerait auraient le droit de se défendre, de sorte que la guerre serait juste des deux côtés à la fois.

III. — LES INFIDÈLES N'ONT PAS LE DROIT DE S'OPPOSER A LA PRÉDICATION DE L'ÉVANGILE, NI DE PERSÉCUTER LES CHRÉTIENS.

Citons d'abord ce que dit **Innocent IV** à ce sujet. (APPAR. AD. DECR. DE VOTO.)

On n'a pas le droit de forcer les infidèles à embrasser la foi, car tout homme doit être laissé à son libre arbitre, et il n'y a que la grâce de Dieu qui vaille en cette occasion, mais cependant le Pape peut ordonner aux infidèles de recevoir les prédicateurs qui viennent prêcher l'Évangile dans les territoires soumis à leur juridiction. Si les infidèles les en empêchent, ils commettent une faute, et c'est pourquoi ils doivent être punis, comme toutes les fois qu'ils n'obéissent pas dans les cas où le Pape a le droit de leur donner des ordres. Alors ils doivent être contraints par le bras séculier et la guerre doit leur être déclarée par le Pape et non par d'autres, à moins que d'autres ne revendiquent contre eux des droits qui leur sont propres. Or, il est dit que ce n'est pas à nous de punir les choses du dehors, cela signifie que nous ne devons pas les punir par l'excommunication, ou en les obligeant à embrasser la foi à laquelle ils ne sont appelés que par la grâce de Dieu. Mais, dira-t-on, pourquoi n'est-il pas permis de la même manière de reprendre un territoire où regnèrent les infidèles, si leurs rois et tout le peuple s'est converti? Nous reconnaissons que si tout le peuple s'était converti et si le roi restait infidèle, le Pape pourrait bien enlever au roi la juridiction et la souveraineté sur les infidèles, tout au moins s'il persécutait les chrétiens (1).

Contre les autres infidèles qui n'occupent pas des territoires sur lesquels ont régné des princes chrétiens, le pape a le droit de donner des ordres et de faire des ordonnances pour qu'on ne tourmente pas injustement les chrétiens qui sont soumis à la juridiction des infidèles; il peut même, dans ce cas, affranchir les chrétiens de la juridiction et de la souveraineté des infidèles; et même si ces derniers les traitent mal, les priver par une sentence de toute juridiction et de tout pouvoir, bien qu'il faille de graves motifs pour arriver à une pareille mesure, car le Pape doit les soutenir tant qu'il peut, pourvu que les chrétiens ne courent pas de dangers, et qu'il n'y ait point de grave scandale.

Victoria étudie les mêmes questions dans le traité *de Indis*. (SECT. III, 9 à 13.)

Les chrétiens ont le droit d'annoncer et de prêcher l'Évangile dans les provinces barbares, comme ils ont le droit de voyager dans ces provinces et d'y faire le commerce : ils peuvent enseigner la vérité sur tout ce qui regarde la science humaine et bien plus encore sur tout ce qui concerne le salut et l'éternelle félicité. Autrement les barbares

---

(1) Le Pape peut bien commander aux infidèles qu'ils ne griefvent les chrestiens qui sont en leur jurisdiction. (H. BONET, *Arbre des batailles*, liv. III, ch. II.)

seraient exclus du salut : d'ailleurs la correction fraternelle et l'amour
des autres sont de droit naturel : c'est donc aux chrétiens qu'il appartient de les mettre dans la bonne voie et de les diriger, il semble même
qu'ils y sont obligés ; car les barbares sont notre prochain et nous
devons les instruire de ces choses importantes.

Si les barbares ou leurs chefs empêchent les Espagnols de prêcher
librement l'évangile, ceux-ci peuvent le prêcher malgré eux, et chercher à les convertir, et on peut faire la guerre si cela est nécessaire
pour pouvoir prêcher l'Évangile en toute sécurité. De même, si, tout
en permettant de prêcher, les barbares empêchaient les conversions en
mettant à mort ou en punissant ceux qui se convertissent ou en les
terrifiant de quelque manière. Car en agissant ainsi, ils violent les
droits des Espagnols et ceux des Indiens qui veulent se convertir ; ce
qui constitue une juste cause de guerre. De plus, ils s'opposent à un
avantage pour eux-mêmes, ce que leurs princes ne peuvent faire justement. Les Espagnols peuvent prendre le parti de ceux qui sont opprimés et ont à souffrir de l'injustice des princes. Si donc il est impossible
de défendre autrement les droits de la religion, il est permis aux
Espagnols de s'emparer des terres et des provinces, de déposer les
princes et d'en établir de nouveaux et de recourir à la guerre, en prenant toujours bien garde de ne pas dépasser ce qui est nécessaire : et
d'avoir en vue le bien des barbares et non leur propre avantage.

Mais il faut toujours avoir présente à l'esprit la parole de saint
Paul : « Il ne convient pas toujours de faire tout ce qui est permis. »
Tout ce que nous venons de dire est vrai, à proprement parler, mais il
peut arriver que la guerre ait plutôt comme résultat d'éloigner la
conversion des barbares que de la faciliter, et il faut prendre garde de
créer, en la faisant, un obstacle à la propagation de l'Évangile. Nous
avons montré ce qui était permis ; je veux bien admettre que les
Espagnols ont été obligés de recourir aux armes, mais je crains
qu'ils n'aient été plus loin que le droit et la justice ne le per-
mettaient.

Il pourrait arriver aussi que quelques barbares s'étant convertis au
Christ, leurs princes usent de la force ou de la crainte pour les obliger
à retourner aux idôles. Ce serait encore un motif juste de guerre et
qui permettrait même parfois de déposer leurs princes, et cela est basé
non seulement sur un motif religieux, mais sur les idées de société et
d'amitié humaines.

Enfin si une grande partie des barbares s'étaient convertis, pour
quelque cause que ce soit, même par suite de la crainte qu'on leur aurait

inspirée à tort, mais, s'ils étaient devenus réellement chrétiens, le Pape
pourrait pour une cause raisonnable, spontanément ou sur leur
demande, leur donner des princes chrétiens en déposant les autres, si
cela était nécessaire à la conservation de la religion chrétienne, s'il
était à craindre que sous des maîtres infidèles ils deviennent apostats.
Pour favoriser la foi, le Pape peut changer les supérieurs. Saint
Thomas dit que l'église aurait le droit de libérer tous les esclaves
chrétiens dont les maîtres sont infidèles. Elle pourrait donc, a plus
forte raison libérer les autres sujets chrétiens qui sont moins assujettis
que des esclaves. En faveur de la foi, pour éviter de leur faire courir
des périls, le Pape peut délier les chrétiens de leur devoir d'obéissance,
et de soumission à des maîtres infidèles, en évitant toutefois tout
scandale.

Comme le fait remarquer **Suarez** (op. cit., Sect. V), une
guerre entreprise pour défendre ceux que l'on persécute,
est en réalité une défense.

La défense des innocents peut avoir lieu dans un cas particulier,
par les princes chrétiens : c'est lorsque l'on attaque violemment ceux
qui prêchent l'Evangile.

On peut déclarer la guerre aux infidèles, dit **Covarruvias** (Reg.
Pecc. cap. XX), quand ils offensent les chrétiens et les persécutent.

IV. — La Terre Sainte et les Croisades.

I. *Quelques considérations historiques.*

Les Croisades furent-elles des guerres justes au sens que
les théologiens donnent à ce mot ? Ceux contre lesquels elles
furent entreprises avaient-ils commis des fautes? Des crimes
qui méritassent la guerre? Ou furent-elles, comme d'aucuns
l'affirment, des guerres injustes, inspirées uniquement par
le fanatisme religieux d'hommes qui voulaient s'emparer du
pays où était le tombeau du Christ et auxquels on serait en
droit de reprocher, ainsi que cela a été fait, d'avoir, pour
satisfaire leur désir de posséder le Saint-Sépulcre, *versé du
sang sur des reliques?*

Pour résoudre cette question, voyons d'abord ce qui s'était passé en Palestine et en Asie Mineure du VIIe au XIe siècle.

Mahomet avait promis la conquête du monde à ses disciples et prêché la guerre Sainte, la guerre contre les Infidèles. « Excite les croyants au combat », est un des préceptes du Coran (IV, 26). Aussi, peu de temps après la mort du prophète, les soldats d'Omar s'étaient emparés de la Palestine et de Jérusalem, qui était pour eux une ville sainte : c'était de là que le prophète était parti pour monter au ciel dans un voyage nocturne. Les chrétiens qu'ils avaient trouvés établis dans le pays conquis furent tantôt persécutés, tantôt laissés par eux dans une paix relative : « Le peuple fidèle, dit M. Michaud (*Histoire des Croisades*), était semblable à un malade dont les douleurs s'apaisent ou s'augmentent, suivant que le ciel est serein ou chargé d'orage. »

Mais, sous le règne d'Aroun-al-Rachild, ils jouirent d'une paix et d'une liberté complètes, soit par suite de l'influence que Charlemagne avait exercée sur ce Calife, soit parce que celui-ci, continuellement en guerre avec les empereurs d'Orient, craignait qu'ils n'appelassent à leur secours les chrétiens d'Occident. Il en fut de même sous quelques-uns de ses successeurs.

Toute autre était la situation à la fin du XIe siècle.

Les Turcs, peuples nomades asiatiques, après avoir conquis la Perse, venaient de porter leurs armes triomphantes vers la Syrie et jusque sur les bords du Nil.

« La Judée avait été comprise dans cette rapide conquête que les » plus horribles excès signalèrent. Il ne fut accordé de merci, ni aux » disciples de Moïse, ni à ceux de Jésus, ni à ceux du prophète. Le » même sort fut réservé aux synagogues juives, aux mosquées musul- » manes et aux églises catholiques. Jérusalem nagea dans le sang ; dépouillés de leurs biens, jetés sous le joug le plus dur et le plus humiliant, les chrétiens éprouvèrent plus de maux qu'en aucun temps. (PAUL LACROIX, *Vie militaire au moyen âge. Les croisades*).

Bientôt après, les Turcs faisaient la conquête de toute l'Asie Mineure et s'établissaient en face même de Constantinople.

En 1072, à la mort d'Alp-Arslan, « le Brave Lion », ses héritiers n'ayant pu s'entendre, leur empire se démembra en plusieurs royaumes, chacun avec un sultan turc. L'un d'eux, Soliman, sultan d'Iconium, enleva aux chrétiens de Constantinople tout ce qui leur restait en Asie Mineure et vint s'établir dans la riche ville de Nicée. Alors l'Asie Mineure forma le sultanat de Roum, c'est-à-dire pays des Romains (L'empire byzantin ayant conservé le nom d'Empire Romain). Les chrétiens y restèrent, mais comme sujets soumis à la capitation : leurs églises leur furent enlevées.

D'autres chefs turcs avaient conquis la Syrie qu'occupaient depuis un siècle les Khalifes d'Egypte et où les Grecs se maintinrent dans Antioche jusqu'en 1085. Il y eut alors des princes seldjoukides à Antioche, Damas, Alep, Tripoli.

Les Turcs étaient désormais établis en face même de Constantinople. Si dans la suite Alexis avait pu reconquérir quelques villes, notament Sinope, bientôt étaient survenus de nouveaux revers. L'émir Trachas, beau-père de Kilidsch-Arslan qui avait succédé en 1092 à Soliman devenait maître de Claromène, Phocée, Chios, Lesbos, Samos, Rhodes, Smyrne. (LAVISSE. *Histoire générale. Les Croisades.*)

II. — LES EMPEREURS DE CONSTANTINOPLE APPELLENT LES CHRÉTIENS D'OCCIDENT A LEUR SECOURS.

Ainsi dépouillés de leurs possessions en Asie Mineure et menacés dans Constantinople, les empereurs grecs appelèrent à leur secours les chrétiens d'Occident. Ils n'avaient, du reste, pas attendu les victoires des Turcs pour signaler les dangers que ceux-ci faisaient courir à leur empire et à toute la chrétienté : dix ans avant l'invasion de l'Asie Mineure, Michel Ducas, successeur de Romain Diogène, avait imploré le secours du Pape et des princes de l'Occident. Il avait promis de faire tomber toutes les barrières qui séparaient l'Église grecque de l'Église romaine, si les Latins prenaient les armes contre les Infidèles. Grégoire VII avait, à cette époque, cherché à envoyer à leur secours des chevaliers chrétiens et il avait même conçu le projet de partir avec eux.

Nous avons vu comment les Turcs, justifiant les craintes de Michel Ducas, avaient poursuivi leur conquête.

Si grave que fût la situation, certaines circonstances paraissaient cependant favorables à une politique offensive. Après la mort de Malek-Shah (1092) l'empire seldjoukide était divisé par des luttes intestines. Pour en profiter, Alexis voulu s'assurer l'alliance de l'Europe latine. Il se mit en relations avec Urbain II. En 1088, le Pape dans une entrevue avec Roger en Sicile, avait joué le rôle de médiateur entre le prince normand et l'Empereur. En 1093, au concile convoqué à Plaisance par Urbain II, une ambassade byzantine vint demander au Pape l'appui de la chrétienté latine contre les Turcs : l'auteur contemporain le mieux informé de ce qui se passa à cette assemblée, Bernold de Constance, l'affirme. (LAVISSE, *Hist. gén.*)

» Ces hordes sauvages, écrivait Alexis Commène, qui dans leurs
» débauches et l'ivresse de la victoire avaient outragé la nature et
» l'humanité, étaient aux portes de Bysance, et sans le prompt
» secours de tous les peuples chrétiens, la ville de Constantin allait
» tomber sous la plus affreuse domination. »

Personne, pensons-nous, ne contestera le droit qu'avaient les chrétiens d'Occident de répondre à l'appel de leurs frères d'Orient, de leur porter secours, de les défendre contre l'envahissement de Constantinople et de leurs possessions d'Europe par les Turcs, et même de les aider à chasser les envahisseurs des provinces qu'ils avaient sans aucun droit conquises par la force des armes.

III. — PERSÉCUTIONS DES TURCS CONTRE LES CHRÉTIENS QUI HABITAIENT LA TERRE SAINTE ET CONTRE LES PÈLERINS.

Une autre cause de juste guerre était la défense et la protection des chrétiens qui habitaient la Terre Sainte et aussi celle des pèlerins qui jusqu'alors n'avaient pas été inquiétés, ni molestés par les maîtres de la Palestine.

Ces pèlerins étaient devenus très nombreux : car souvent les pénitences canoniques étaient remplacées par l'obligation d'un pèlerinage à Jérusalem. Or, depuis quelques années les pèlerins étaient inquiétés et obligés en particulier de payer un tribut en arrivant à Jérusalem.

En 1054, un évêque français, Litberg, évêque de Cambrai, entraînant à sa suite trois mille de ses diocésains, partit à pied pour les Lieux Saints, atteignit Laodicée et toucha le rivage de Chypre, mais resté presque seul de la pieuse troupe qui l'avait accompagné, ne put aller jusqu'à Jérusalem.

Dix ans après son retour, sept mille pèlerins des contrées voisines et cinq évêques à leur tête, prirent la route suivie par leurs devanciers : ceux-là virent Constantinople et l'Asie Mineure et Jérusalem même ; mais ils trouvèrent sur leur chemin des Arabes en armes et des émirs prêts à leur interdire le passage. Ils redirent au retour les saintes splendeurs et les humaines misères de Jérusalem, la protection accordée aux chrétiens par le grand Haroun-el-Raschild et les persécutions commencées par le calife Hakim. Mais bientôt d'autres et de plus tristes récits vinrent affliger les cœurs chrétiens. La route des saints lieux se fermait ; la Judée venait d'être conquise. Jérusalem captive voyait flotter sur les tours de son enceinte le drapeau des califes.

Après des combats où le sang avait coulé par torrents, Jérusalem avait retrouvé la dure servitude des jours anciens ; les hommes étaient morts, les femmes esclaves, le sanctuaire abandonné aux profanations et les divines reliques tombées dans les mains des infidèles. (*Les Croisades*, par M. DE PASTORET.)

Les pèlerins, de retour de Jérusalem, avaient fait à leurs compatriotes le récit des souffrances de leurs frères de la Terre Sainte et préparé les esprits à l'idée de se porter à leur secours et de les délivrer.

C'est cette triste situation des chrétiens de la Palestine que Pierre l'Ermite décrivit au Concile de Clermont.

Il rappela, dit M. Michaud (*Histoire des Croisades*), les profanations et les sacrilèges dont il avait été témoin, les tourments et les persécutions qu'un peuple, ennemi de Dieu et des hommes, faisait souffrir à ceux qui allaient visiter les Saints Lieux. Il avait vu les chrétiens chargés de fers, traînés en esclavage, attelés au joug comme les plus vils des animaux; il avait vu les oppresseurs de Jérusalem vendre aux enfants du Christ la permission de saluer le tombeau de leur Dieu, leur arracher jusqu'au pain de la misère et tourmenter la pauvreté elle-même pour en obtenir des tributs. Il avait vu les ministres de Dieu arrachés au sanctuaire, battus de verges et condamnés à une mort ignominieuse.

« La race des élus, disait au même concile le pape Urbain II, subit
» d'indignes persécutions, la rage impie des Sarrasins n'a respecté ni
» les vierges du Seigneur, ni le collège royal des prêtres. Ils ont chargé
» de fers les mains des infirmes et des vieillards; des enfants arrachés
» aux embrassements maternels, oublient maintenant chez les bar-
» bares le nom du Dieu véritable. »

Et c'était cette très légitime défense, cette libération des chrétiens opprimés et tyrannisés qu'envisageaient, plus encore que la protection de Constantinople, la grande foule des Croisés quand ils prenaient la croix, pour aller « délivrer le Tombeau du Christ ». Si les Turcs n'avaient pas persécuté les chrétiens qui habitaient la Terre Sainte, ni molesté les pèlerins qui se rendaient à Jérusalem, il est bien probable que les appels d'Alexis Commène n'auraient point été entendus, ou s'ils l'avaient été par les papes et les rois, capables de comprendre les dangers que la prise de Constantinople pouvait faire courir à la chrétienté, il est vraisemblable que les masses des peuples ne les auraient point accompagnés. Cette idée de la défense des Chrétiens opprimés par les Turcs se retrouve dans divers auteurs.

Certes, il ne faudrait pas mettre à mort les infidèles, dit saint Bernard (MIGNE, CLXXXIV, cap. 3) si l'on pouvait par quelque autre moyen les empêcher d'attaquer et d'opprimer les chrétiens. Mais actuellement il vaut mieux les mettre à mort que de laisser la verge du pécheur s'abattre sur le juste, de crainte que les justes ne viennent à participer à l'iniquité.

Et Innocent IV écrit dans l'Apparatus aux Décrétales :

Il n'est pas douteux que le Pape puisse conseiller aux fidèles, en leur accordant, à cet effet, des indulgences, de défendre la Terre Sainte et ceux qui l'habitent (1).

IV. — L'ATTITUDE DES SARRAZINS VIS-A-VIS DE LA CHRÉTIENTÉ.

Enfin, il ne faudrait pas oublier que depuis plusieurs siècles, il y avait guerre perpétuelle entre la Chrétienté et les Sarrazins, et il serait injuste de prétendre que c'étaient les chrétiens qui avaient commencé.

Les attaques des Sarrazins, et nous en verrons plus loin la cause, étaient continuelles.

Si Charles Martel, en 732, avait sauvé la Gaule de la domination musulmane et « changé à ce moment la face de l'histoire du monde », les Arabes occupaient encore une grande partie de l'Espagne et faisaient de fréquentes incursions sur les rives de la Méditerranée. En 1003, ils avaient saccagé Antibes, en 1019 Narbonne, et en 1047 Lérins, et nous avons vu combien leurs progrès en Orient avaient été rapides.

Mahomet leur avait promis l'empire du monde. Le Coran leur prêchait la guerre Sainte comme le suprême acte de vertu et leur promettait, s'ils y trouvaient la mort, une éternelle félicité (2).

---

(1) Quelques auteurs disaient que la Terre Sainte avait été, après la mort du Christ, justement conquise par les Romains ; qu'elle faisait partie de l'empire Romain ; que l'invasion des Musulmans avait pu l'en détacher en fait, mais non en droit et que la chrétienté, successeur des Césars romains, pouvait, pour ce motif, la revendiquer justement. De là l'expression de *recouvrer la Terre Sainte* que l'on rencontre dans un certain nombre de documents. On voit dans cette idée et dans cette expression l'influence des canonistes et des légistes.

(2) On sait en quoi consiste cette félicité. Introduits dans les jardins de l'Eden, où ils seront ornés de bracelets d'or, de perles, et revêtus de robes de soie (Coran, xxxv, 3o) ; ils s'étendront sur des tapis brodés de soie et d'or ; les fruits des jardins, dans lesquels jailliront des fontaines, seront rapprochés et faciles à cueillir (Cor., lv, 54) ; il y aura des vierges jeunes et belles aux grands yeux noirs, etc.

« Que ceux qui sacrifient la vie d'ici-bas à la vie future
» combattent dans la voie de Dieu (1). Qu'ils succombent,
» ou qu'ils soient vainqueurs, nous leur donnerons une
» récompense généreuse. (CORAN, IV, 76.) »

« Les croyants combattent dans le sentier de Dieu et les
» infidèles dans le chemin de Thagout. Combattez donc les
» suppôts de Satan et certes les stratagèmes de Satan seront
» impuissants. COR. IV, 76.) »

« Combats dans le sentier de Dieu et n'impose des charges
» difficiles qu'à toi-même. Excite les croyants au combat.
» Dieu est là pour arrêter la violence des infidèles. Il est
» plus fort qu'eux et ses châtiments sont plus terribles.
(COR. IV, 86.) »

« Dieu a destiné aux combattants une récompense plus
grande qu'à ceux qui restent dans leurs foyers. (COR. IV, 97.)»

Comme il est aisé de le comprendre, les Musulmans, pra-
tiquant de semblables maximes, se posaient véritablement
en ennemis de la chrétienté : c'était de leur part la guerre
perpétuelle qui pouvait parfois être interrompue, mais jamais
terminée. Ce n'était pas la guerre qui a pour but la paix,
même une paix avantageuse pour le vainqueur : c'était la
guerre sainte, la guerre d'extermination. Et ceci explique
pourquoi de son côté, le peuple chrétien considérait le
Musulman comme l'ennemi irréconciliable, celui avec lequel
aucune paix n'était possible et qu'il fallait détruire si on ne
voulait pas être détruit par lui : ceci explique que quatre
siècles plus tard, un théologien comme *Victoria*, un cano-
niste catholique comme *Guerrero*, et un jurisconsulte pro-
testant comme *Gentilis* se trouvaient d'accord pour affirmer
que toute paix était impossible avec ces infidèles, et qu'ils
ne méritaient aucune indulgence.

Les infidèles qui sont pacifiques ne peuvent être attaqués sans cause

(1) L'expression « combattre dans le sentier » ou « dans la voie de Dieu » est
consacrée pour la guerre sainte.

légitime, sauf pourtant ceux qui comme les Sarrasins doivent être combattus, même quand ils veulent avoir la paix; car il est à présumer que dès qu'une occasion favorable se présentera, ils attaqueront les chrétiens.

En effet, il semble que cela soit inhérent à leur nature, ils combattent contre tout le monde et tout le monde combat contre eux ; ils ne restent jamais en paix et c'est pourquoi il ne faut pas user d'indulgence à leur égard. (**Guerrero**. DE BELLO JUSTO.)

Victoria expose également (DE JURE BELLI, 48) la même idée ; toute paix est impossible avec eux.

La guerre est faite pour assurer la paix et la sécurité, mais parfois celle-ci ne peut être obtenue qu'en détruisant tous les ennemis, et c'est le cas quand il s'agit des infidèles desquels on ne peut jamais et à aucunes conditions espérer une paix équitable.

C'est pourquoi l'unique remède est de supprimer tous ceux qui peuvent porter les armes, à condition, bien entendu, qu'ils soient coupables.

Comme nous l'avons vu (chap. XIV, p. 130), **Victoria** n'admet pas que l'on puisse donner la mort à ceux qui ne sont pas coupables : on devra donc épargner les femmes et les enfants parce qu'ils sont innocents ; on n'a pas non plus le droit de tuer les enfants sous prétexte que lorsqu'ils seront plus grands ils seront certainement des ennemis et constitueront un danger. La mort ne peut être infligée que dans le cas de légitime défense et au moment même où l'on est attaqué, ou à titre de peine infligée à celui qui s'est rendu coupable d'un crime.

Quant à *Gentilis*, voici en quels termes il s'exprime (DE JURE BELLI, lib. I, cap. 12) :

« Je ne crois pas que les Sarrazins soient, par une loi de la nature, les ennemis des Chrétiens, car nous sommes tous parents naturellement.

« Avec les Sarrazins ou les Turcs, nous avons la guerre et aucune réconciliation n'est possible. Avec d'autres étrangers, nous faisons le commerce et certes avec eux nous

n'avons pas la guerre. Ce n'est pas à cause de la religion, ni
de la nature que nous devons faire la guerre, pas même aux
Turcs ; mais avec ceux-ci nous avons la guerre, parce qu'ils
se conduisent à notre égard en ennemis, ils nous tendent
des pièges, ils nous menacent, ils nous enlèvent tout ce
qu'ils peuvent, toutes les perfidies leur sont bonnes. C'est
pour cela qu'avec les Turcs il y a toujours cause de guerre.
Il ne faut pas être de mauvaise foi, il ne faut pas faire la
guerre aux nations tranquilles qui aiment la paix et ne nous
font aucun mal. Mais quand donc les Turcs se sont-ils com-
portés ainsi ? »

V. Différence entre les Musulmans et les Juifs
ou les autres infidèles.

Ni l'infidélité, ni même les crimes contraires à la loi naturelle ne sont un motif suffisant pour déclarer la guerre aux
nations infidèles. Il faut donc vivre en paix et même en
bonnes relations avec elles; et c'est également ce qu'il faudrait faire avec les Sarrazins, si cela était possible.

Aux Sarrasins même, écrit **J. de Lignano** (TRACT. DE BELLO,
cap. LXXIII), il ne faudrait pas faire la guerre, s'ils ne persécutaient pas
les chrétiens.

Il y a toutefois une différence à faire entre les infidèles. Il y en a qui
sont nos alliés, comme les Grecs contre les Turcs : il y en a avec lesquels nous n'avons rien à faire, comme les Juifs (1), il y en a avec
lesquels nous vivons en paix, comme les Tartares; nos marchands
vont chez eux et les leurs viennent chez nous : il y en a avec lesquels
nous sommes en guerre, comme les Sarrasins et aujourd'hui les Turcs
qui, à ce moment nous tourmentent beaucoup, et plaise au Ciel qu'ils

(1) Si l'Église peut ordonner bataille contre les Juifs ? « Sur cestui débat, je dy
que nostre Seigneur Dieu, lequel soustient les pécheurs en attendant leur conversion, nous donne exemple de les soustenir... Et se ils nous ont en hayne, leur dan,
car ils ne sont mie puissants pour nous faire guerre ouverte. Et de moins amer je
croy qu'ils ne nous passent de guaires, car, à la vérité, nous ne les avons goutte
chiers et se ils nous font plente de mal, nous ne leur faisons guaires de bien. »
(BONET, *Arbre des batailles*, Liv. III, ch. LXIII.)

ne s'emparent pas de la chrétienté (1). (**Saint Antonin**, OP. CIT. cap. 2)

Le cas des Juifs est absolument différent de celui des Sarrasins. C'est à juste titre, en effet, que l'on combat ces derniers qui persécutent les chrétiens et les chassent de leurs villes et de leurs propres habitations, mais les premiers sont tout-à-fait disposés à obéir aux princes, et c'est pourquoi j'ai empêché certains évêques de détruire leurs synagogues comme ils en avaient formé le dessein. (Alex. II, Episcopus Hispanus [IVON, MIGNE, Pat. CLXI, p. 1311])

Les Croisades furent donc entreprises conformément à la doctrine du droit de guerre que nous avons exposée : ce ne fut pas l'enthousiasme religieux qui les provoqua, mais il les rendit possibles et permit d'entraîner les masses chrétiennes à la défense d'une juste cause. Si du sang fut *répandu sur des reliques*, ce fut celui d'injustes agresseurs, et si légitime, si charitable que soit la pitié pour les bourreaux, il ne serait cependant pas juste qu'elle fit oublier les victimes (2).

Note B. — L'Empereur.

I. DOCTRINE DE BARTOLE ET DE SON ÉCOLE.

Bartole commence en ces termes son traité des Représailles :

La matière que nous allons traiter n'était pas usuelle au temps où florissait l'Empire Romain : car alors, on pouvait recourir à lui comme à un monarque suprême ; et c'est pourquoi les juristes et les maîtres du

---

(1) Mais on est obligé de prier pour leur conversion : on lit, en effet, dans une « Confession générale de Jehan Columbi (Avignon, 1517), parmi les péchés dont il faut s'accuser : « Je n'ay pas prié pour Juifs, Sarrasins, infidèles que Dieu leur donne brave cognoissance de la foy catholique. » On trouve la même formule dans la plupart des « Confessions générales » de cette époque.

(2) Les gens qui se plaignent le plus des préjugés d'autrefois, dit fort bien M. Michaud, dans son *Histoire des Croisades*, sont précisément ceux qui sont le plus dominés par les préjugés des temps où ils vivent.

droit ancien ne l'ont pas traitée ; mais, ensuite, en punition de nos péchés, l'Empire Romain a été jeté à bas pendant de longs siècles et des rois, des princes et des villes, surtout en Italie, n'ont plus en fait reconnu dans ce domaine temporel aucun supérieur auquel elles pussent avoir recours lorsqu'une injustice était commise : alors les représailles ont commencé et sont devenues fréquentes.

Rétablir l'Empire Romain, avec le Pape comme chef spirituel de la Chrétienté et l'Empereur chef temporel, c'était sinon supprimer les guerres entre chrétiens, du moins les rendre beaucoup plus rares et plus difficiles : seule aurait subsisté la guerre contre les infidèles. Pour avoir le droit de réunir le monde entier sous le sceptre impérial, c'est-à-dire pour légitimer la guerre contre tous les infidèles, on défendit l'erreur que nous avons signalée dans le chapitre précédent ; on prétendit qu'ils ne pouvaient avoir le « Dominium » et qu'il était toujours légitime de leur enlever leurs territoires.

Il restait à faire admettre que l'Empereur était le souverain temporel, non seulement des provinces qui composaient l'Empire, mais aussi de tout l'ancien Empire Romain et même du monde entier. On chercha à le prouver en invoquant des textes :

Si quelqu'un, dit **J. de Lignano** (TRACT. DE BELLO, Pars III, cap. XIII), dit que l'Empereur n'est pas maître du monde entier, il contredit la parole de l'Évangile : Il parut un édit de César Auguste pour recenser tout l'univers (1).

Et *Bartole* en conclut que tous ceux qui refusaient d'accepter sur ce point la doctrine de son école étaient des hérétiques.

Mais il y avait des situations de fait dont il fallait bien tenir compte, des nations, des villes indépendantes ; pour accorder ces situations avec la doctrine que l'on défendait, on eut recours à d'ingénieuses distinctions.

(1) Mais, ainsi que fait remarquer COVARRUVIAS (Reg. pecc. cap. IX) : « l'Évangile raconte très véridiquement un fait qui se passa à cette époque, et ne dit aucunement que cet édit ait été pris en vertu de l'autorité de Jésus-Christ. »

Il y a, dit **J. de Lignano** (OP. CIT.), deux peuples : le peuple romain et le peuple étranger (1).

Dans les provinces qui dépendent de l'Église, celle-ci exerce le pouvoir qu'avait l'Empire romain : les habitants ne cessent donc pas d'être citoyens romains.

Il en est de même des rois qui ne se reconnaissent pas sujets de l'Empereur, comme le Roi de France, le Roi d'Angleterre et autres, qui prétendent qu'ils sont indépendants par suite de la prescription ou d'un privilège (2) : d'où je conclus que presque toutes les nations qui obéissent à l'Église font partie du peuple romain.

Il y a aussi des villes, en Lombardie par exemple, ajoutent les défenseurs de la doctrine, qui n'obéissent pas en tout à l'Empereur; mais elles lui obéissent en certaines choses, car elles vivent sous les lois de l'Empire et elles reconnaissent que l'Empereur est le maître du monde. Il y en a, comme Venise, qui n'obéissent pas à l'Empereur et ne vivent pas sous ses lois, mais elles disent que c'est par privilège. Il y a des provinces, celles par exemple qui forment le domaine de l'Église, qui n'obéissent pas à l'Empereur, mais elles disent que c'est le résultat d'une convention (3).

Dans ces conditions, l'Empereur est le défenseur de l'église (advocatus ecclesiæ) : il doit la protéger et la délivrer si elle était opprimée. S'il commettait l'iniquité de la combattre, et s'il était vainqueur, le Pape serait toujours son supérieur à raison de sa faute; il pourrait dans ce cas délier les sujets de l'Empereur du serment de fidélité (4).

(1) SAINT ANTONIN, dans sa *Somme théologique*, reproduit cette théorie, mais il indique qu'il la prend dans J. de Lignano, et lui en laisse la responsabilité.

(2) Ce qui est une façon de reconnaître la souveraineté de l'Empereur, tout en y échappant.

(3) Guerrero concède au Roi d'Espagne le droit de déclarer la guerre, parce qu'il a conquis sur les infidèles le pays sur lequel il règne.

(4) H. BONET (*Arbre des batailles*, liv. III, ch. III).

Sur ce, il fault que vous entendez comment l'Empereur de Romme a plusieurs peuples :

1° Car il y en a qui de tout en tout lui obéissent et font pleine obéissance... ..

2° Il y en a d'aucuns qui pas ne obéissent à l'Empereur combien que ils vivent

II. — RÉFUTATION DE CETTE DOCTRINE PAR VICTORIA.

Victoria (DE INDIS. SECTION II, 1) a longuement étudié et réfuté cette doctrine :

I. On a prétendu que l'Empereur était le maître du monde entier et par conséquent des barbares.

D'abord, dit-on, cela résulte de la commune appellation dont on se sert pour les empereurs, que l'on appelle « Orbis Domini ». Puis de la parole de l'évangile : « *Il parut un édit de César Auguste, pour recenser tout l'univers* »(1). Or, la condition des empereurs chrétiens ne doit pas être inférieure à celle des empereurs païens. Enfin le Seigneur a paru juger que César était le véritable souverain des Juifs quand il a dit : « *Rendez à César ce qui appartient à César* »(2) ; car il ne semble pas qu'il ait pu avoir aucun droit, si ce n'est comme empereur.

De tout cela Bartole conclut que l'Empereur est de droit maître du monde entier (3) : et il ajoute comme preuves la parole de saint Jérome lorsqu'il dit que chez les abeilles il n'y a qu'une seule reine et

selon les lois impériales..... ja pourtant entre eux l'Empereur ne fait justice comme sont les citez de Lombardie ;

3° Aussi il y a autre peuple qui n'a que faire des lois impériales, ne de l'Empereur, car ils dient que ils ont privilège, comment toute juridiction soit à eux appartenant, sicomme est la cité de Venise. Et cestui peuple est encore du peuple de Romme, mais puisque celui peuple dist que par son Privilège impérial, il tient la jurisdiction, l'Empereur peut oster celui privilège quand il lui plaira ;

4° Aultre peuple, il y a pareillement lequel soulait être de l'Empire, mais par domination il est maintenant d'aultrui, sicomme est le peuple qui est en toutes les provinces que jadis l'Empereur a données à l'Église ;

5° Il y a aussi aucuns roys qui pas ne obeissent à l'Empereur, sicomme est le roy de France, celui d'Angleterre et celui d'Espagne, lesquels ont prescrit la jurisdiction impériale ;

6° Mais il y aucuns peuples qui pas volontiers ne confesseraient que le peuple des Rommains soit Seigneur temporel du monde, ainsi comme font ceulx de la Grèce, lesquels dient que leur empereur est Sire du monde, et les Tartars, d'aultre part, qui maintiennent que le grand Cham est Sire du monde et les Sarrasins dient au tel du Soudan.

(1) Exit edictum a Cæsare Augusto ut describeretur universus orbis. (Luc. 2)

(2) Reddite Cæsari quœ sunt Cæsaris. (Luc. 20.)

(3) Bartole in extravag. *Ad reprimend.* — Glos. in cap. *per venerabilem*, qui filii sunt legitimi. — Glos. in cap. *venerabilem*, de electione.

dans le monde un seul empereur (1) : et celle de l'empereur Antonin qui dit : Moi qui suis le maître du monde (2).

Pour le prouver, on fait remarquer qu'Adam d'abord, et Noé ensuite ont été les maîtres du monde : « *Faisons l'homme à notre » image et notre ressemblance* » est-il dit dans la Genèse « *afin qu'il » commande aux poissons de la mer, aux oiseaux du ciel et à toute » la terre* » et aussi : « *Croissez, et multipliez : remplissez la terre » et dominez-la* (3). » Et la même chose est répétée à Noé. Or ils ont eu des successeurs.

D'autre part, il faut croire que Dieu a institué dans le monde le meilleur genre de gouvernement : car, ainsi que dit le Psalmiste. : « Vous avez fait toutes choses en votre sagesse (4) ». Or, le meilleur des Gouvernement, c'est la monarchie (5) ; il semble donc qu'en vertu de l'institution divine, il ne doit y avoir qu'un Empereur au monde.

Enfin les choses qui ne sont pas naturelles doivent imiter les choses naturelles : mais dans la nature, il y a toujours un seul gouverneur : le cœur dans l'homme : la raison dans l'âme ; de même sur le globe, il ne doit y avoir qu'un seul gouverneur, comme il n'y a qu'un seul Dieu.

II. Mais cette opinion n'a aucun fondement (6) et l'empereur n'est pas le maître du monde entier ; telle est ma première conclusion.

En effet la souveraineté ne peut exister que de droit naturel, de droit divin ou de droit humain. Or aucun de ces droits ne l'a établi maître du monde.

III. Il n'est pas maître du monde par le droit naturel : car en droit naturel, les hommes sont libres et ils ne sont soumis qu'à la puissance paternelle et à la puissance maritale (7). De droit naturel le père a la puissance sur les enfants et le mari sur sa femme. Donc nul n'a, en vertu du droit naturel, l'empire du monde. Et comme le dit aussi

(1) 8. quœst. 1, *in apibus*.
(2) Ad Rhodi. l. *deprecatio*.
(3) Faciamus hominem ad imaginem et similitudinem nostram, ut prœsit piscibus maris, et volatilibus cœli, universœque terrœ. — Crescite et multiplicamini, et replete terram et subjicite illam. (Genes 1.)
(4) Omnia in sapientia fecisti. (Psalm. 103.)
(5) St Thomas. De regi. princip. lib. 1, cap. 2 et Aristote. Poli. 3.
(6) Sed hœc opinio est sine aliquo fundamento.
(7) St Thomas. 1, qu 92, art. 1 ad 2, et qu. 96, art. 4.

saint Thomas (1), la puissance et la prédominence ont été introduites
par le droit humain; elles ne sont donc pas de droit naturel, et il n'y a
pas de raisons pour que cette suprématie appartienne plutôt aux Germains qu'aux Français. D'après Aristote (2), il y a deux puissances :
l'une naturelle, celle de la famille, du père sur les enfants ou du mari
sur la femme; l'autre civile : celle-ci prend aussi sa source dans la
nature et à ce point de vue elle peut être dite de droit naturel (3), car
l'homme est un animal social : mais ce n'est pas la nature, c'est la loi
qui la constitue.

IV. De droit divin, avant la venue du Christ, nous ne voyons pas
qu'il y ait eu d'empereur, maître du monde, bien que Bartole (4)
réclame ce titre pour Nabuchodonosor, duquel il est dit (5) : « *Tu es le*
» *Roi des Rois, le Dieu du Ciel t'a donné la royauté, le courage, la*
» *gloire et l'empire et tous les lieux habités par les fils des hommes.*»
Mais il est certain que Nabuchodonosor n'avait pas reçu l'empire par
un décret spécial de Dieu, mais de la manière ordinaire dont les
princes l'acquièrent. « *Toute puissance vient de Dieu* » dit saint Paul (6)
et « *C'est par moi que règnent les rois* » (7) est-il écrit dans les Proverbes.

Et encore n'eut-il pas sous sa puissance le monde entier, comme le
suppose Bartole, car les Juifs ne lui étaient pas soumis en droit. Il est
de même évident qu'il n'y eut jamais, de droit divin, un maître du monde
entier, car la nation juive était indépendante de tout pouvoir étranger :
il lui était même défendu par la loi d'avoir un maître étranger : « *Tu ne*
pourras pas choisir pour roi un homme d'une autre nation » (8). Et
bien que saint Thomas paraisse dire (9) que l'empire fut donné par
Dieu aux Romains, à cause de leur esprit de justice, de leur amour de
la patrie et des excellentes lois qu'ils avaient établies, il ne faut pas
comprendre cela dans le sens qu'ils avaient l'empire par suite de transmission ou d'une institution divine, mais, comme le dit saint Augus-

(1) Saint Thomas, 2.2 qu, 10, art. 10.
(2) Poli, 1.
(3) Saint Thomas, lib. 1 de regl. princ, 1.
(4) Bartole, in extravagan, *ad reprimend*.
(5) Daniel, 9.
(6) Omnis potestas a Domino Deo est. (Ad. Rom, 13.)
(7) Per me reges regnant. (Prov. 8.)
(8) Non poteris alterius gentis hominem regem facere. (Deut. 17.)
(9) Saint Thomas. De regi. princip. lib. III, cap. 4 et 5.

tin(1), que la Providence divine avait voulu qu'ils obtinssent l'empire
du monde par un autre moyen, comme le droit de la guerre, et non de
la même manière que Saül ou David, à qui Dieu avait remis la cou-
ronne.

On comprendra aisément cela, si l'on considère comment et par
quelle suite de faits les empires et les royaumes se sont perpétués jusqu'à nos jours ; laissant de côté les temps antérieurs au déluge, il est
certain qu'après Noë, le monde fut divisé en diverses provinces ou
royaumes, soit sur l'ordre de Noë lui-même, qui survécut au déluge
pendant 350 ans et envoya des colonies en différentes régions; soit, ce
qui est plus vraisemblable, du consentement mutuel des familles, qui
s'attribuèrent des provinces différentes, ainsi qu'il arriva pour Loth et
Abraham,

« *Abraham dit à Loth : Voilà toute la terre devant toi, si tu te*
» *diriges vers la gauche, j'irai vers la droite; si tu choisis la droite,*
» *moi je me dirigerai à gauche* » (2).

Ainsi, comme le dit la Genèse, furent divisées entre les descendants
de Noë les nations et les régions : dans quelques-unes d'entre elles,
des maîtres imposèrent leur tyrannie, comme Nemrod, dont la Bible
nous dit que le premier il fut puissant sur la terre : dans d'autres, ceux
qui s'étaient réunis pour constituer un État, furent d'accord pour
mettre à leur tête un chef. C'est ainsi, ou d'une manière peu diffé-
rente, que commencèrent à se constituer dans le monde les souverai-
netés ou les empires et dans la suite, par droit d'hérédité ou par droit
de guerre ou à d'autres titres, ils se sont modifiés jusqu'à notre temps
ou du moins jusqu'à la venue du Sauveur. Ce qui montre que nul
avant la venue du Christ n'eut, de droit divin, l'empire du monde
et que ce n'est pas à ce titre qu'aujourd'hui l'empereur pourrait
s'attribuer la souveraineté sur le globe, ni par conséquent sur les
barbares.

V. Mais après la venue du Sauveur, on pourrait prétendre que, par
transmission du Christ, il n'y aurait qu'un souverain au monde, parce
que le Christ était, même au point de vue humain, le maître du monde,
selon la parole de saint Mathieu : « *Toute puissance m'a été don-*
née, etc.» (3), parole qui, selon saint Augustin et saint Jérôme doit

(1) Saint Augustin . De civ. Dei. 18.
(2) Abraham dixit ad Loth : Ecce universa terra coram te est, si ad sinistram
ieris, ego dextram tenebo : si tu dextram elegeris, ego ad sinistram pergam.
(Genes. 13.)
(3) Data est mihi omnis potestas. (Matt. 28.)

s'entendre au point de vue humain. « *Il a tout soumis sous ses pieds* »,
dit également l'apôtre (1). Donc, de même qu'il a laissé sur la terre un
vicaire dans l'ordre spirituel, ainsi il en a laissé un dans l'ordre temporel, et c'est l'empereur. Et saint Thomas dit que dès sa naissance
le Christ était le vrai maître, le monarque du monde, dont Auguste,
sans le savoir, remplissait les fonctions. Il est clair qu'il n'en remplissait pas les fonctions dans l'ordre spirituel, mais dans l'ordre temporel.
Et comme, si le royaume du Christ était temporel, il s'étendait à tout
l'univers, Auguste était le maître du monde et ses successeurs le sont
pour la même raison.

Mais on ne peut en aucune façon parler ainsi d'abord parce qu'il est
fort douteux que le Christ ait été, au point de vue humain, le maître
temporel du globe. Il est fort probable que non et le Seigneur paraît
l'avoir affirmé quand il a dit : « *Mon royaume n'est pas de ce monde.* »
Et saint Thomas dit au même endroit que la puissance du Christ tendant au salut des âmes et aux biens spirituels, s'étendait aux choses
temporelles en tant qu'elles se rapportaient aux choses spirituelles.

D'où il résulte que l'opinion de saint Thomas n'est pas que son
pouvoir était du même ordre que le pouvoir civil et temporel, mais
bien que, en vue de la rédemption du monde, il avait une puissance
absolue, même sur les choses temporelles; mais en dehors de cette
fin, il n'en avait aucune. Et en outre, en admettant même qu'il ait été
le maître temporel du monde, c'est rendre un oracle que de dire qu'il a
transmis cette puissance à l'empereur, alors que dans aucun passage
de l'écriture il n'en est fait mention. Et ce que dit saint Thomas,
qu'Auguste remplissait les fonctions du Christ, il le dit en l'endroit cité.
Mais dans la troisième partie de la Somme, où il traite doctrinalement
la question de la puissance du Christ, il ne fait aucune mention de
puissance temporelle. En second lieu, saint Thomas veut dire qu'il
remplissait les fonctions du Christ dans la mesure où la puissance temporelle est soumise à la puissance spirituelle et la sert. Dans ce sens
les Rois sont les ministres des Evêques, de même que l'art de l'ouvrier
est soumis à celui du chevalier ou du militaire : ce qui ne signifie pas
que le militaire ou le capitaine soit ouvrier lui-même, mais qu'il
donne des ordres à l'ouvrier pour la fabrication de ses armes. Et saint
Thomas, à propos d'un passage de saint Jean, dit expressément que
le règne du Christ n'était pas temporel, ni un règne tel que Pilate le
comprenait, mais un règne spirituel, ce que le Seigneur déclara lui-

(1) Omnia subjecit sub pedibus ejus (Ad. corinth I, 15.).

même. « Tu dis, avec raison, que je suis Roi : si je suis né et venu dans le monde, c'est pour rendre témoignage à la vérité (1). » Et ainsi il est clair que c'est une pure fiction de dire que par tradition du Christ il n'y a qu'un seul Empereur, maître du monde.

VI. Cela est d'ailleurs pleinement confirmé par les faits. Si, en effet, de droit divin, il n'y avait qu'un Empereur, comment l'empire aurait-il été divisé en Empire d'Orient et Empire d'Occident ? D'abord entre les fils de Constantin le Grand, et ensuite par le Pape Étienne, qui transféra aux Germains l'empire d'Occident (2). C'est un manque de sens et d'érudition que de dire, comme la Glose, qu'il n'y a pas eu ensuite d'Empereurs grecs. Jamais, en effet, les Empereurs germains n'ont prétendu être à ce titre les maîtres de la Grèce, et au Concile de Florence, Jean Paléologue, Empereur de Constantinople, a été considéré comme Empereur légitime. De plus, le patrimoine de l'Église, comme le reconnaissent les juristes, Bartole compris, n'est pas soumis à l'Empereur ; si de droit divin tout était soumis à l'Empereur, jamais ces biens n'auraient pu, ni par une donation de l'Empereur, ni à un autre titre, être soustraits au domaine de l'Empereur, de même que le Pape ne peut soustraire personne à la puissance papale. Ni le royaume de France, ni celui d'Espagne (3) ne sont soumis à l'Empereur, bien que la Glose ajoute, de sa propre autorité, qu'ils sont indépendants en fait, mais non en droit.

Les mêmes docteurs admettent que des villes qui furent autrefois soumises à l'Empire ont pu, par prescription, devenir indépendantes ; ce qui ne pourrait être si leur dépendance de l'Empire était de droit divin.

VII. Il est évident que l'Empereur n'est pas maître du monde en vertu du droit humain : en effet ce ne pourrait être que par l'autorité de la loi ; or il n'y a aucune loi de ce genre et s'il en existait une, elle n'aurait aucune valeur ; car la loi présuppose une juridiction : si donc avant la loi, l'empereur n'avait pas le monde sous sa juridiction, aucune loi n'a pu obliger ceux qui n'étaient pas ses sujets. Mais d'autre part, l'empereur n'a acquis la souveraineté, ni par succession légitime, ni par donation, ni par échange, ni par acquisition, ni par juste guerre, ni par élection, ni par quelque autre titre légal ; donc jamais l'empereur ne fut le maître du monde entier.

(1) Tu dicis quia Rex sum ego : ego in hoc natus sum et ad hoc veni in mundum ut testimonium perhibeam veritati. (Joan. 18)
(2) Can. *Venerabilem*, ab electione.
(3) Même canon.

Note C. — Le Pape.

Victoria a complètement traité dans le DE INDIS (II. n° 3 et suiv.) cette question du pouvoir universel que certains juris-consultes attribuaient au Pape, au point de vue temporel. Nous nous contenterons donc de reproduire ce qu'en a dit cet auteur.

Voici par suite de quelles circonstances, cette question avait pris de son temps une importance assez considérable pour qu'il ait cru devoir lui consacrer plusieurs pages, alors que d'autres théologiens, Suarez par exemple, se contentent de déclarer en quelques mots que c'est une opinion sans valeur ni fondement. (Voir appendice, page 152.)

Après la découverte du nouveau monde, les Espagnols cherchèrent à justifier leur prise de possession et les guerres qu'ils faisaient aux indigènes dépossédés. Ils invoquèrent à cet effet une foule de raisons, ou plutôt de prétextes, les unes complètement dépourvues de valeur, les autres discutables. Le traité de **Victoria** sur les Indiens, classe dans l'une ou l'autre de ces catégories les divers titres que les conquérents invoquaient pour justifier leur conduite, et parmi ceux qu'il déclare n'avoir aucune valeur, il en place un qui tenait fort à cœur les Espagnols. En effet, pour éviter des rivalités entre eux et les Portugais, le Pape Alexandre VI, par une lettre en date du 4 mai 1493, adressée à Fernand et à Isabelle, leur avait attribué toutes les terres découvertes ou à découvrir à l'Ouest d'un méridien passant par un point situé à 100 lieues à l'Ouest des Iles du cap Vert.

Quelle était la valeur d'une semblable lettre ? Si elle déli-mitait les régions dans lesquelles Espagnols et Portugais devaient mutuellement se confiner et exercer leur influence, était-elle opposable aux indigènes, légitimes propriétaires du sol. **Victoria** n'est pas de cet avis : le Pape n'a pu donner des territoires dont il n'est pas le maître temporel :

C'est une opinion soutenue par quelques jurisconsultes que le Pape a en matière temporelle pleine juridiction sur toute la terre : ils ajoutent même que le pouvoir de tous les princes temporels provient du Pape (1). Sylvestre dit des choses étonnantes à ce sujet : que la puissance de l'empereur et de tous les autres princes lui est déléguée, et qu'ils la tiennent du Pape, qu'elle leur vient de Dieu par l'intermédiaire du Pape, que tout leur pouvoir dépend du Pape, que Constantin a donné un territoire au Pape en reconnaissance de sa suprématie temporelle : et de son côté le Pape a donné à Constantin l'exercice et le bénéfice de l'Empire. Bien plus, il dit que Constantin n'a rien donné, mais simplement restitué ce qui avait été enlevé et si le Pape n'exerce pas la juridiction temporelle en dehors du patrimoine de l'Eglise, ce n'est pas qu'il lui manque l'autorité nécessaire, mais parce qu'il veut éviter le scandale, à cause des juifs et protéger la paix et une foule d'autres choses encore plus vides et plus absurdes. Tout ce qu'ils trouvent à donner comme preuve est ceci : « Au Seigneur appartient la terre dans toute sa plénitude (2) » ; puis « Toute puissance m'a été donnée dans le ciel et sur la terre (3) » ; et encore : « Le Christ s'est fait pour nous obéissant jusqu'à la mort (4) ».

Or, ajoutent-ils, le Pape est le vicaire du Christ. **Bartole** (5) partage cette opinion et il semble que saint Thomas ne lui soit pas défavorable, quand il dit que le Pape porte un double diadème, celui de la puissance spirituelle et celui de la puissance temporelle (6) : on trouve la même opinion dans l'ouvrage d'Herveus sur la puissance ecclésiastique. Comme j'ai déjà longuement discuté de la puissance tempo-

(1) Ainsi parle Hostiensis, cap. *quod superbis* de voto et l'Archevêque (St Antonin) 3^a parte, titulo 22, cap. 5 § 8. De même Auguste Anch. De même aussi Sylvestre qui très largement et très généralement attribue cette puissance au Pape, au mot : *infidelitas* §7 et au mot : *Papa*, § 7, 10, 11 et 14: ainsi qu'au mot : *legitimus* § 4.

(2) Domini est terra et plenitudo ejus.

(3) Data est omnis potestas in cœlo et in terra.

(4) Christus factus est pro nobis obediens usque ad mortem. (Ad. Ephes. 2.)

(5) Bartole. Extravag. *Ad reprimend.*

(6) Saint Thomas, in fine secundi sententiarum, ad quartum argumentum.

relle du Pape, dans les leçons sur le Pouvoir de l'Église, je répondrai par quelques brèves propositions.

Première proposition. Le Pape n'est pas le maître civil ou temporel du monde entier, si l'on parle de la propriété et du pouvoir civil (1). Le très savant Pape Innocent reconnaît qu'il n'a pas de puissance temporelle sur le Royaume de France (2). C'est l'avis très net de **saint Bernard** (3). L'opinion contraire semble opposée au précepte du Seigneur : « *Vous savez que les princes des nations leur commandent : qu'il n'en soit pas ainsi entre vous* (4) » et au commandement de l'Apôtre Pierre (5) « *Ne commandez pas aux clercs, mais soyez comme un troupeau.* » Si le Christ n'a pas eu la puissance temporelle, comme nous l'avons montré plus haut, le Pape, et c'est l'avis même de saint-Thomas, l'a moins encore n'étant que son vicaire. — On attribue au Souverain Pontife une chose qu'il n'a jamais reconnu lui appartenir ; loin de là, en beaucoup de cas, il a déclaré le contraire comme il a été dit dans le présente leçon. Et en effet, la souveraineté ne pourrait lui venir que de droit naturel, de droit divin ou de droit humain. Il est certain qu'il ne l'a ni de droit naturel, ni de droit humain. On ne donne aucune preuve qu'il l'ait de droit divin. Donc c'est à faux et de parti pris qu'on l'affirme.

Et ce que le Seigneur a dit à Pierre : « Paix mes brebis », montre assez qu'il s'agit d'une puissance spirituelle et non d'une puissance temporelle. De plus il est évident que le Pape n'est pas le Pape pour toute la terre : le Seigneur a dit lui-même qu'à la fin des siècles, il n'y aurait plus « qu'un seul troupeau et un seul pasteur (6) », ce qui montre qu'actuellement toutes les brebis ne font pas partie du même troupeau. En supposant même que le Christ ait eu cette puissance, il est certain qu'il ne l'a pas remise au Pape : Celui-ci en effet est vicaire du Christ aussi bien dans le domaine spirituel que dans le domaine temporel ; mais le Pape n'a pas de juridiction spirituelle sur les infidèles,

---

(1) Conf. Turrecrema. Lib. 2, c. 113. Joannis Andr. et Hugo. 69, dist. *cùm ad verum.*

(2) Innocent, in. can. *per venerabilem.*

(3) In secundo libro de confid. ad Eug.

(4) Scitis quia principes gentium dominantur eorum. Non ita erit inter vos. (Matt. 20. Luc. 22.)

(5) Non dominantes in clerum, sed forma facti gregis. (S. Pierre, I, c. ult)

(6) Fiet unum ovile et unus pastor. (Jean, 10.)

comme nos adversaires mêmes le reconnaissent et comme le montrent les paroles de l'Apôtre : (1) « *En quoi m'appartient-il de juger ceux qui me sont étrangers?* » Il en est de même de la juridiction temporelle.

Et certainement, c'est un argument sans valeur que celui-ci :

« Le Christ a eu la puissance temporelle sur le monde entier : donc le Pape l'a également», car, sans doute, le Christ a eu la puissance spirituelle sur le monde entier, sur les infidèles comme sur les fidèles. Il a pu faire des lois obligatoires pour le monde entier, comme il l'a fait pour le baptême et les articles de foi : et cependant le Pape n'a pas cette puissance sur les infidèles : il ne peut ni les excommunier, ni prohiber entre eux les mariages aux degrés indiqués par le droit divin. Enfin, puisque, selon l'opinion des docteurs, le Christ n'a pas même remis aux Apôtres sa puissance dans toute son excellence, on ne peut tirer cette conséquence que si le Christ a eu la puissance temporelle sur le monde entier, le Pape l'a nécessairement aussi.

Seconde proposition. — En admettant même que le Pape ait une telle puissance temporelle sur le monde entier, il ne pourrait la donner aux princes. Car cette puissance serait une prérogative de la Papauté, et le Pape ne pourrait la détacher de la charge du Souverain Pontife; il ne pourrait priver son successeur de cette puissance : car un Souverain Pontife ne peut avoir une puissance inférieure à celle de son prédécesseur, et si un Souverain Pontife avait fait un tel abandon, ou il serait nul, ou son successeur aurait le droit de l'annuler.

Note D.

Les personnes qui ne peuvent faire la guerre.

I. — ECCLESIA ABHORRET A SANGUINE.

Verser, même légitimement, le sang humain, a toujours été considéré comme une souillure. Il en était ainsi dans la

----

(1) Quid ad me de his, qui foris sunt, judicare ? (St Paul, Ad Corinth, I, 5.)

loi de Moïse ; **saint Isidore de Peluze** en donne la raison dans une de ses lettres.

Les meurtres qui se commettent ailleurs que dans la guerre ne sont ni purs, ni innocents, mais dans les guerres justes il n'y a point de crime à les commettre. Pourquoi donc alors, dites-vous, Moïse a-t-il prescrit que ceux qui revenaient de la guerre devraient se purifier avant de rentrer dans les camps? Parce que, répondrai-je, bien qu'il semble que la mise à mort des ennemis soit légitime dans la guerre, bien qu'on élève des colonnes triomphales aux vainqueurs, en déclarant très illustres leurs exploits, si l'on considère la parenté certaine et supérieure qui existe entre tous les hommes, on ne peut considérer les meurtres commis à la guerre comme exempts de tout reproche : c'est pourquoi Moïse avait ordonné les purifications et les aspersions dont vous parlez.

Origène fait observer (CONTRA CELSUM, lib. VIII, cap. 73) que les prêtres païens et les gardiens des idoles, à la différence des autres citoyens, étaient dispensés du service militaire afin d'avoir toujours les mains pures lorsqu'il leur fallait offrir des sacrifices aux Dieux.

Pendant plusieurs siècles, ceux qui avaient tué un homme à la guerre, même dans une guerre juste, même en se défendant légitimement, étaient astreints à une pénitence. On trouve dans le Pénitentiel de Réginon (Xme siècle). (De eccl. Discip. L. II. cap. 51).

Celui qui dans une guerre publique aura tué un homme fera péni-tence pendant quarante jours (1).

On comprend donc aisément que l'on ait refusé de recevoir dans les ordres ceux qui avaient tué un homme à la guerre ou qui, se faisant inscrire dans la milice, acceptaient le risque d'être obligés de tuer leurs semblables.

C'est ce qu'explique Raban Maur, archevêque de Mayence dans une lettre adressée par lui en l'an 841 à l'évêque Heribald. (Reginon. *Op. cit.* L. II, cap. 50.)

---

(1) De même le Pénitentiel de saint Egbert (vers 750) impose un jeune de qua-rante jours à celui qui, même en cas de nécessité, aurait tué un homme à la guerre.

Après avoir fait remarquer que dans la guerre on tue des hommes de propos délibéré, et non par accident c'est-à-dire sans que la volonté y ait aucune part, il rappelle qu'il est écrit dans l'Exode : Éloignez de mes autels celui qui aura tué un homme de propos délibéré et par embuches.

De là les deux décisions suivantes :

Devront être écartés des ordres ceux qui après avoir reçu le baptême se feront inscrire dans la milice. (Pape Léon, année 444.)

Nous décrétons que l'on ne recevra jamais dans les ordres ceux qui auront pris part à des séditions, de même que les usuriers et ceux qui vengent leurs propres injures. (Concile de Carthage, IV, c. 67.)

Lorsqu'ils sont entrés dans les ordres, les clercs ne peuvent donner la mort, ni prononcer une sentence capitale.

Régulièrement, dit **Lupus** (TRACT. DE BELLO), ni les clercs, ni les évêques, ni le pape, ne peuvent de leur autorité propre ou privée, ni par l'autorité de leur dignité et de leur charge, mettre qui que ce soit à mort ou le mutiler, sans devenir inhabiles à remplir leur charge sacerdotale. Le pape comme les autres est soumis à cette règle ; car il est écrit : qu'aucun soldat de Dieu ne s'emploie dans les affaires du siècle.

Que nul clerc ne fasse établir ou ne prononce une sentence de mort. Qu'il n'exerce pas la justice criminelle, et n'intervienne pas là où elle s'exerce.... Qu'aucun clerc ne dicte ou n'écrive de lettres destinées à une cause capitale. (Concile général sous Innocent III.)

Ceux qui sont les ministres des sacrements du Seigneur, ne doivent pas prendre part à une condamnation capitale (1).

(1) Pour bien faire comprendre combien les chrétiens des premiers siècles avaient l'horreur du sang versé et comment ils mettaient véritablement en pratique le principe : Ecclesia abhorret a sanguine, nous citerons le passage suivant, emprunté à l'*Histoire de saint Ambroise*, par Mgr BAUNARD (Ed. 1889, p. 107)

Un de ces magistrats portait cet esprit de douceur jusqu'à une délicatesse singulièrement nouvelle dans un juge romain. Il s'appelait Studius, nom que l'on retrouve dans plusieurs monuments de ce siècle, et il avait consulté Ambroise, son ami, pour savoir de lui si le juge, qui vient de porter une sentence de mort, même parfaitement juste, n'est pas tenu de s'abstenir, pendant un certain temps, de la participation aux Sacrements de l'Église. Telle était l'horreur de l'effusion de sang

Qu'ils se gardent, sous l'inspiration d'une indiscrète présomption, de prononcer eux-mêmes une sentence dans des causes qui peuvent entraîner la peine de mort, ou de mutiler quelqu'un ou de donner l'ordre de le mutiler. Que si quelqu'un d'entre eux oubliant ces préceptes avait agi de la sorte à l'égard d'un serviteur de l'Église ou de toute autre personne, qu'on lui enlève l'honneur et la place qu'il aurait obtenus auparavant, et qu'il soit enfermé pour le restant de ses jours; toutefois à l'article de la mort, il ne faut pas lui refuser la communion, à cause de la miséricorde de Dieu, qui veut non pas la mort, mais la conversion et le salut du pécheur. (Concile de Tolède, II, c. 6.)

Ainsi, les prélats qui ont à exercer une juridiction temporelle, ne doivent-ils pas l'exercer par eux-mêmes dans les causes capitales ?

Les prélats qui sont en même temps Seigneurs temporels peuvent soit d'une façon générale, soit dans un cas particulier, charger un juge de sévir contre les malfaiteurs et de les punir. Mais, ils ne peuvent, sans encourir l'irrégularité, donner en particulier un avis au sujet de

qu'inspirait l'Évangile. Une secte d'alors, celle des Novatiens, faisait, en effet, une loi de ne pas communier dans ces circonstances : c'était du rigorisme. Ambroise rassure d'abord cette conscience délicate et il la remet dans la règle, sans déflorer en elle cette pudeur d'honnêteté et de vertu craintive, qui pare les meilleures âmes.

« Je reconnais bien là, répondit-il, à Studius, la sainte jalousie de votre foi et » votre crainte de déplaire à N. S. J. C. Hésitant que je suis, entre votre devoir » d'exécuteur des lois et la miséricorde de la loi de grâce, je n'oserais me prononcer, » si l'apôtre lui-même n'avait dit expressément : Ce n'est pas en vain que le glaive » est remis entre les mains du magistrat : car il est le vengeur de Dieu contre les » méchants.

» Cependant, il en est beaucoup qui s'abstiennent d'eux-mêmes d'approcher de » l'autel. Je les en loue et ne puis m'empêcher de les en louer, mais d'autre part, » s'ils viennent à la communion, l'autorité de l'apôtre nous défend de la leur refuser. » Vous voyez par là, et ce qui vous est permis par votre état, et ce que vous con- » seille la miséricorde. Si vous vous présentez à l'autel, je vous excuse : si vous » n'y venez pas, je vous en félicite. » (EPIST. AD STUDIUM, XXV, 3.)

On lit dans Alanus de Insulis, mort en 1294 (MIGNE, CCX, p. 397.)

Saint Grégoire dit : que l'Église défende ceux qui encourent la peine capitale et ne participe pas à l'effusion du sang. Les défendre, c'est ne pas les punir elle-même d'une telle peine, mais, au contraire, intercéder pour eux auprès du juge laïque. De même, les hérétiques ne doivent pas être mis à mort à raison de leur hérésie, mais, à cause du caractère chrétien qu'ils possèdent, ramenés à l'Église.

la condamnation à mort d'un homme arrêté ou mis en prison. Il y a plus : si dans une cause, il est à présumer d'après les circonstances qu'il y aura mort d'homme ou effusion de sang, les clercs ne doivent pas y prendre part. (**Lupus**, OP. CIT.)

A fortiori, les prêtres ne peuvent-ils prêter leur concours à un duel judiciaire (1)?

Celui qui l'accepte, celui qui le propose, le Juge qui l'autorise et y prête son autorité, les assesseurs, tous ceux qui le conseillent, le facilitent ou le favorisent, les prêtres qui le bénissent, tous pèchent gravement, et s'il en résultait mort d'homme, ils seraient tous responsables d'un homicide et deviendraient irréguliers. (DÉCRET CAUSA, XVII, QU. 4, C. OMNES.)

II. LES CLERCS ET LA GUERRE.

Quelle sera donc l'attitude des clercs en présence de la guerre, puisqu'ils ne peuvent y prendre part, ni s'exposer à verser le sang?

Les soldats du Christ, dit **saint Ambroise**, ne demandent pas des armes, ni des javelots de fer. Menacé, je n'ai point résisté : mais la

---

(1) Le Duel, dit *Saint Raymond de Penafort* (Summa Raymundina. Lib. II, titre 3), est un combat singulier, dans le but de prouver la vérité, de telle sorte que le vainqueur est censé avoir donné la preuve de ce qu'il soutient; on l'appelle Duel, c'est-à-dire guerre à deux (Duorum bellum). Vulgairement on l'appelle souvent Jugement, parce qu'on attend que par lui se manifeste le jugement de Dieu, on l'appelle aussi monomachie; c'est la traduction du mot, « combat singulier » en grec.

Dans les lois nous ne trouvons pas la monomachie, nous ne voyons pas qu'elle ait jamais été prescrite; bien que nous en ayons vu dans l'Histoire Sainte des exemples, comme le combat de David et de Goliath, jamais on ne l'a considérée comme légale, nulle part l'autorité divine ne l'a sanctionnée. Suivre des coutumes de cette espèce, c'est en réalité tenter Dieu.

Tous ceux qui participent à un Duel de ce genre pèchent mortellement, mais de façons différentes : la faute est très grave de la part de celui qui l'entreprend, même s'il le fait par crainte; elle peut être atténuée par les dangers que lui ou ses biens encourraient s'il refusait.

Mais il n'y a aucune excuse résultant de l'usage, car c'est une coutume corrompue.

douleur, les larmes, les gémissements et les prières, telles sont les armes que j'ai opposées à celles des soldats ; ce sont là, en effet, les défenses des prêtres, des larmes et des prières.

Le Pape Nicolas dit également : Les soldats du siècle sont distincts des soldats de l'Église : il ne convient donc pas aux soldats de l'Église de combattre pour les affaires du siècle, ce qui les entraînerait nécessairement à répandre le sang.

De même saint Antonin (SUMMA THÉOL., Pars III, tit. IV, cap. I).

Les clercs sont les soldats de Dieu : ils combattent contre les erreurs, armés de l'autorité des Écritures, du secours des saints et de la prière.

Aussi est-il absolument interdit aux clercs de combattre; et s'ils prennent part à une guerre ou à une sédition, des peines sévères sont portées contre eux.

Il est absolument contraire au ministère des évêques et des prêtres et à la dignité de son caractère de s'engager dans la milice : défendre le territoire, s'occuper des combats et des armes, c'est l'affaire du pouvoir laïque. (Jean VIII. Pape en 876.)

Si un clerc vient à mourir à la guerre, ou dans une rixe ou dans des exercices païens, que l'on ne prie pas pour lui, que l'on n'offre pas pour lui le sacrifice; qu'il tombe entre les mains du Juge (1) : toutefois on ne le privera pas de la sépulture ecclésiastique. (Saint Ambroise, en 387.)

Que les prêtres qui prendraient ou auraient pris volontairement les armes dans une sédition quelconque, soient privés de leurs grades dans les ordres et enfermés dans un monastère de pénitence. (Concile de Tolède en 633.)

Toutefois, prêtres et évêques peuvent accompagner les armées et prêter aux soldats le concours de leur ministère.

Nous défendons absolument à tous les serviteurs de Dieu, et dans toutes circonstances, de porter l'armure, de combattre, de marcher contre une armée ou contre des ennemis. Nous ne faisons d'exception que pour ceux qui seront choisis, en vue du divin ministère, par

(1) Sed in manus incidat Judicis (Décret. Caus. XXIII, qu. VIII, c. 4). Le Juge, c'est-à-dire Dieu.

exemple pour célébrer la messe ou implorer la protection des saints.
Soit, avec le prince, un ou deux évêques, accompagnés de chapelains
de l'ordre des prêtres, et avec chaque chef de troupes un prêtre qui
puisse recevoir les confessions et imposer les pénitences. (Synode
français sous le Pape Zacharie, en 742.)

III. Hostiensis et saint Thomas.

On a vu (chap. IV, p. 46) qu'**Hostiensis** avait introduit dans
la question de la justice de la guerre la question des personnes qui la faisaient. Il a été suivi en cela par tous les
canonistes, qui ont adopté sa définition de la guerre juste.

La guerre peut être injuste, à raison des personnes, par exemple,
quand il s'agit d'ecclésiastiques auxquels il est défendu de verser le
sang, soit par eux-mêmes, soit par l'intermédiaire d'autres.

Mais à ce sujet il n'y a pas complet accord : certains prétendent que
les clercs peuvent se servir d'armes défensives, comme les boucliers,
les cuirasses, mais non d'armes offensives, comme les épées, les lances,
les glaives.

Saint Thomas (Summa, 2, 2, qu XL, art. 2) n'a pas mé-
langé la question des personnes avec la question de la
guerre et il en a fait une étude dans un article spécial. C'est
cette étude que nous allons reproduire, avec un résumé de
ses réponses à divers arguments contraires.

Il a été dit à Pierre, et à tous les évêques et clercs dans sa personne :
« *Remets ton épée dans le fourreau.* » Il ne leur est donc pas permis
de faire la guerre.

Je réponds en disant que pour le bien de la société humaine, plusieurs choses sont nécessaires. Des offices divers sont mieux et plus
convenablement remplis par plusieurs que par un seul, comme on le
voit dans Aristote (Polit., lib. I, cap. I), et certaines fonctions sont
tellement opposées l'une à l'autre, qu'elles ne peuvent être convenablement remplies simultanément : c'est pourquoi, à ceux qui sont
chargés des plus élevées, on défend les inférieures ; de même que,
d'après les lois humaines, à ceux qui sont chargés des fonctions militaires, on défend le commerce. Or, les exercices guerriers sont en complète opposition avec les fonctions que remplissent les évêques et les

clercs, pour deux raisons : d'abord, pour un motif général, parce que
ces exercices entraînent une très grande préoccupation et par suite,
empêchent l'esprit de s'adonner à la contemplation des choses divines,
à la louange de Dieu et à la prière pour le peuple ; ce qui rentre dans
les obligations des clercs. Et pour la même raison que le commerce,
parce qu'ils absorbent trop l'esprit, les exercices guerriers sont inter-
dits aux clercs, selon la parole de l'apôtre (II, Timoth., II,4) : « *Qu'aucun soldat de Dieu ne se livre aux occupations du siècle.* »

Ensuite, il y a une raison spéciale, c'est que tous les ordres de clercs
ont pour but le ministère de l'autel, et dans le sacrement de l'autel est
représentée la Passion du Christ, suivant la Parole (I, Corint., XI,26) :
*Toutes les fois que vous mangerez ce pain et boirez ce calice, vous
annoncerez la mort du Seigneur jusqu'à ce qu'il vienne.* Et c'est
pourquoi il ne convient pas aux clercs de tuer, ni de répandre le sang,
mais bien plutôt d'être prêts à verser leur sang pour le Christ, afin
d'imiter dans leurs actes Celui dont ils sont les ministres. C'est pourquoi on a établi que s'ils versaient le sang, même sans faute de leur
part, ils seraient irréguliers. Or, un homme, lorsqu'il est chargé d'une
fonction, ne peut faire une chose qui le rend impropre à cette fonction. Par conséquent, il est absolument interdit aux clercs de faire la
guerre, car elle a pour but l'effusion du sang.

Mais, dira-t-on, les guerres sont licites et permises quand elles ont
pour but de défendre les pauvres et de protéger l'État contre l'injustice. Les Évêques sont des pasteurs : ils doivent défendre leur troupeau. Ce n'est pas, répond saint Thomas, par les armes matérielles,
mais par les armes spirituelles qu'ils le défendent : salutaires avertissements, pieuses oraisons, excommunication contre les opiniâtres.

Le pape Léon IV raconte que souvent lorsqu'il était averti que les
Sarrazins se disposaient à faire des incursions dans les ports romains,
il a commandé de rassembler le peuple et de descendre jusqu'au
rivage. — Les prélats peuvent en effet, sans combattre eux-mêmes se
préoccuper des guerres, soutenir spirituellement par des exhortations
et des absolutions ceux qui entreprennent de justes guerres. Mais ils
n'ont pas pour cela le droit de combattre en personne.

On dit que sur le conseil et les prières du pape Adrien, Charles
entreprit la guerre contre les Lombards. Or on ne peut pousser les
autres à faire une chose que l'on n'a pas le droit de faire soi même.
Les clercs peuvent très bien pousser les autres à entreprendre une
guerre juste : car si eux-mêmes n'ont pas le droit de se battre, ce n'est

pas parce que c'est un péché, mais parce qu'une telle action ne convient pas à leur personne.

Enfin s'il est vrai de reconnaître que faire une guerre juste est un acte honnête et méritoire, cela n'est pas permis aux clercs parce qu'ils sont appelés à faire des actes plus méritoires encore.

Note E. — La guerre défensive.

La Légitime défense.

Pour qu'une telle guerre soit juste, dit **Sylvestre** (Summa v. bellum) il suffit d'une chose : à savoir qu'elle ait pour but de résister à celui qui attaque injustement nos personnes ou nos biens : la justice est fondée sur une règle du droit naturel et du droit positif : c'est qu'il est permis de repousser la force par la force avec la modération d'une défense raisonnable.

En ce qui concerne la guerre défensive, dit à son tour **Victoria** (de jure belli. 3), on ne peut avoir aucun doute (1), car il est permis de repousser la force par la force.

Et tous les auteurs sont d'accord à ce sujet : c'est pourquoi **Hostiensis** (Summa aurea, lib. 1, rub. 34) et avec lui ceux qui ont adopté sa formule (Lignano, Lupus, etc.) écrit :

La guerre que font les fidèles qui se défendent, en vertu de l'autorité du droit, peut être dite *nécessaire* et elle est juste.

II. Celui qui a injuste guerre n'a pas le droit de se défendre.

Mais s'il est permis de se défendre contre un injuste agresseur, il n'est jamais permis d'employer la force pour se défendre contre celui qui veut exécuter une juste sentence et, par suite, il est absolument interdit de se défendre quand la guerre est, dans les conditions que nous avons vues (chap. iv, v. et suiv.), juste du côté de celui qui attaque.

(1) Sur la question de savoir si la guerre peut être permise.

Celui qui a été justement et légitimement condamné, dit **Soto** (DE JUST. ET JURE, LIB. V, QU. VI, ART. 4), ne peut se défendre contre son juge légitime. Et la raison, outre le témoignage de Saint-Paul: *celui qui résiste aux puissances résiste à l'ordre de Dieu et prépare sa propre condamnation*, c'est que la guerre ne peut être juste de part et d'autre, à moins d'une ignorance qui excuserait l'une des parties. Si le juge a justement saisi, maintenu et condamné un coupable, celui-ci ne peut lui résister; et s'il le fait, il commet un crime capital d'un genre particulier.

Celui qui fait injustement la guerre, dit également **Bellini** (DE RE MILITARI. PARS II. TIT. 1), est tenu de tous les dommages que lui ou les siens ont causés aux ennemis. Et cela est tout aussi vrai de celui qui se défend injustement que de celui qui attaque sans droit : car dans ce cas, il n'est pas même permis de défendre son pays.

Et ceci est la conséquence logique des principes fondamentaux que nous avons exposés.

III. DIFFÉRENCES AVEC LA GUERRE OFFENSIVE.

Il y a toutefois, quand il s'agit de guerre défensive, quelques différences dont il faut tenir compte.

1º En cas de doute, l'obligation de suivre le prince est plus étroite encore que dans la guerre offensive.

Il n'est pas discutable, dit **Victoria** (DE JURE BELLI, 31) que dans la guerre défensive, il soit permis aux sujets, en cas de doute, de suivre leur prince à la guerre et qu'ils soient obligés de le faire.

Et l'une des raisons qu'il en donne est la suivante :

En cas de doute il faut suivre le parti le plus sûr : or, si en cas de doute les sujets ne suivent pas leur prince à la guerre, ils s'exposent au danger de livrer l'État à ses ennemis, ce qui est bien plus grave que de les combattre quand on doute. (Op. cit., 31.)

2º Pour entreprendre une guerre défensive, il n'est pas besoin de l'autorisation du prince.

Il y a toutefois un cas où l'autorité du Prince ou de l'Église n'est pas spécialement requise pour faire la guerre, c'est pour la défense du pays ou pour la reprise des biens (1) : car, de par le droit naturel, il est permis à tout le monde de repousser immédiatement la force par la force, et cela avec modération et en se défendant d'une manière irré- prochable. (**Saint Raymond de Pennafort**, SUMMA RAYM., lib. II, tit. V, XII, 5.)

Pour résister, il n'est pas besoin de l'autorisation du prince, car le droit naturel permet de repousser la force par la force. (**Saint Anto- nin**, SUMM. THEOL., Pars. III, tit. IV, cap. I.)

S'il s'agit d'une guerre défensive, tout le monde, même les particu- liers, peut l'entreprendre et la faire. Cela est évident, car il est tou- jours permis de repousser la force par la force. Il en résulte qu'une guerre de ce genre peut être faite par n'importe qui, sans l'autorité de personne, non seulement pour la défense des personnes, mais aussi pour celle des choses et des biens. (**Victoria**, DE JURE BELLI, 3.)

Le pouvoir de se défendre contre un injuste agresseur appartient à tout le monde (**Suarez**, DE TRIP. VIRT. TH., Pars. III, Disp. XIII, Sect. 2)

IV. UN CAS PARTICULIER DE DÉFENSE PERSONNELLE.

Soto (DE JUST. ET JURE, lib. v, qu. I, art. 7) examine quel- ques doutes qui peuvent s'élever quand il s'agit, au cours d'une guerre, d'une défense personnelle.

Dans une attaque générale, quand les innocents sont mélangés aux coupables, il n'y a pas de doute qu'il soit permis de combattre les ennemis, au risque de tuer des innocents. Mais le doute peut se pro- duire quand il s'agit d'un combat individuel.

Je vois s'avancer sur moi un soldat que je sais être innocent, par exemple parce qu'il croit certainement avoir guerre juste : La raison semble indiquer que je ne peux pas le tuer : car la guerre ne peut pas être juste des deux côtés à la fois S'il m'attaque justement, je ne puis justement me défendre. On répond que cela m'est permis néanmoins. D'abord il peut arriver que nous combattions justement tous deux, par ignorance, chacun de nous étant convaincu qu'il défend la cause juste. Puis si au moment même du combat, il apparaissait à l'un des deux que c'est la cause de son adversaire qui est juste, il pourrait se

(1) Reprise immédiate, *in continenti.*

défendre parce qu'il n'est pas tenu de recevoir ainsi la mort ; non seulement lorsque, par suite d'un faux jugement, l'un et l'autre croient avoir devant eux un vrai coupable, mais même si l'un d'eux sait que l'autre est innocent, il a le droit de combattre ; sans pouvoir toutefois tuer l'autre s'il n'y est obligé par sa propre défense.

Mais, dira-t-on, un soldat peut-il en attaquer un autre quand il le sait innocent ? Oui, si de bonne foi il croit combattre pour la juste cause, même s'il croit que l'autre est innocent ; que ce dernier pense avoir juste guerre ou qu'il soit malgré lui retenu à la guerre, il peut l'attaquer : d'abord parce que dans la guerre, attaquer c'est souvent se défendre : ensuite parce que l'un des princes a le droit d'attaquer l'autre. Quant au soldat qui croirait injuste la guerre à laquelle il prend part, il n'a aucunement le droit d'attaquer (1).

(1° Le cardinal Lugo (*De just. et jure*, t. IV, disp. xv, n° 3) a discuté ces cas douteux.

Molina prétend, dit-il, que si, au cours d'une guerre, qu'il avait de bonne foi considérée jusque-là comme juste, un soldat, au moment même du combat, reconnaît qu'elle est certainement injuste, si, alors qu'il essaie de fuir, il voit son adversaire le suivre et ne peut lui échapper qu'en le tuant, il peut se défendre en le tuant, parce que, en réalité, il est innocent, il ne mérite pas la mort que veut lui donner son adversaire, lequel, s'il savait la vérité, devrait cesser de poursuivre ; et, en cela, il est d'accord avec Soto.

Toutefois, Molina ne se prononce pas dans l'hypothèse où, dès le début de la guerre, il aurait eu conscience que la cause qu'il défendait était injuste.

Il y a dans cette doctrine de Molina deux choses que je ne puis admettre :

D'abord que celui qui sciemment s'est battu injustement puisse à un moment donné se défendre et tuer son adversaire qui a juste cause, et bien qu'il ne se prononce pas formellement à ce sujet, Molina semble avoir une tendance à l'admettre.

Dans ce cas, il est justement mis à mort par son adversaire, à cause du délit réel qu'il a commis dans le passé, et il est mis à mort en vertu de l'autorité publique qui donne à son adversaire le droit de le punir : il ne peut pas plus le tuer qu'un coupable ne peut tuer ses gardes.

Personne n'osera soutenir que les soldats qui prennent part à une guerre injuste aient, dès qu'ils se voient vaincus, le droit de dire qu'ils ne veulent plus se battre, que les vainqueurs doivent les laisser impunis et n'ont pas le droit de les châtier de leur injuste agression.

Ensuite, Molina admet que le soldat, qui ignorant l'injustice de sa cause, avait d'abord combattu de bonne foi, et qui s'est ensuite convaincu de cette injustice, peut, alors qu'il essaie de fuir, tuer l'adversaire qui cherche à lui donner la mort ; parce que, dit-il, il est innocent à cause de la bonne foi avec laquelle il a combattu. Mais il refuse ce droit à un accusé qui ne peut, même s'il est innocent, tuer ses gardes. Il y a là une inconséquence.

Et, en effet, les soldats, comme des ministres de la justice, procèdent légitime-

Note F. — Les soldats.

Nous avons vu (chap. X) quelles étaient les obligations des sujets — soldats ou non. Les citations reproduites dans la présente note concernent les devoirs des soldats en tant que combattants. Ils remplissent une fonction, celle d'exécuteurs d'une sentence, et c'est cette idée qui doit diriger leurs actes et leurs intentions ; s'ils ont le droit de faire ce qui est nécessaire pour remplir cette fonction, leur droit ne va pas au-delà et ne les dispense pas des autres obligations morales.

« Quelques-uns de nos frères, dit **saint Augustin** (SERMO LXXXII. De verb. Ev. Lucœ cap. 3), qui sont dans les rangs de la milice ou dans certaines charges publiques, lorsqu'ils commettent des fautes graves s'en excusent très aisément en répondant qu'ils sont soldats, et que s'ils ne font pas souvent le bien, la faute en est à ce qu'on les occupe à faire le mal : comme si c'était le service auquel ils sont employés qui était coupable et non eux-mêmes ; le mal qu'ils font, ils en rendent responsables les fonctions qu'ils remplissent. Non, ce n'est pas un péché de faire la guerre, mais ce qui est un péché, c'est de faire la guerre en vue du butin : remplir des fonctions publiques n'est pas un crime, mais en les remplissant, se préoccuper avant tout de

ment et au nom de l'autorité publique : ce sont de véritables supérieurs auxquels on ne peut pas résister en leur causant des dommages.

On objectera que dans le cas d'un accusé, le juge est son supérieur légitime : mais l'accusé pourrait être un étranger, cela ne changerait pas ses droits.

Les soldats qui ont combattu injustement, bien qu'en conscience ils puissent être excusés à cause de leur ignorance, sont devenus les sujets du prince qui est leur adversaire, à raison du délit qu'ils ont commis et, par conséquent, ils ne peuvent en causant des dommages résister à sa volonté de leur faire subir la peine qui leur est due et dont ils semblent dignes.

L'accusé, dans des conditions semblables, ne peut résister aux ministres de la justice qui remplissent légitimement leurs fonctions, bien qu'il ne soit en réalité coupable d'aucun délit. On ne peut davantage résister aux soldats qui, au nom de l'autorité publique, accomplissent leur fonction vis-à-vis de ceux qui, bien qu'excusables en conscience à cause de leur ignorance, ont, en fait, commis un délit en participant à une guerre injuste.

s'enrichir, c'est une chose très condamnable. C'est pour cela que l'on a prévu et constitué une paie pour les soldats, de peur que, s'ils avaient à pourvoir à leur subsistance, ils n'exerçassent des brigandages. Comment se fait-il donc que, lorsque ceux qui sont plus âgés leur reprochent leurs fautes et demandent à l'un d'eux pourquoi il s'enivre, pourquoi il vole, pourquoi il commet des violences et des meurtres, il réponde aussitôt : que voulez-vous que j'y fasse? Je suis soldat, je vis dans le monde : je ne suis pas un moine et ne vis pas dans un cloître. Comme si tous ceux qui ne sont ni prêtres, ni moines avaient le droit de faire tout ce qui est défendu ! Pour tout chrétien, la première des honnêtetés devrait être celle du soldat. »

On lit dans saint Bernard, *De laude novæ militiæ ad milites templi* (Patr. Migne. CLXXXII, p. 922) :

Quand on combat pour la bonne cause, l'issue du combat ne peut être mauvaise et d'autre part, elle n'est jamais bonne quand la cause est mauvaise et l'intention non droite. Si vous avez la volonté de tuer un homme et que ce soit vous qui soyiez tué, vous mourez homicide : si vous l'emportez et si vous tuez un homme avec le désir de le vaincre ou de vous venger, vous vivez homicide : or, il ne faut être homicide, ni en vivant, ni en mourant, ni quand on est vainqueur, ni quand on est vaincu. Malheureuse victoire que celle où l'on est vainqueur d'un homme et vaincu par le vice.

Dans un autre passage (*Op. Cit.* cap. 2 et 3) il compare la milice du siècle à la milice du Christ.

Quel est donc le but, quel est l'avantage de cette milice, ou plutôt de cette malice du siècle, si celui qui tue pèche et si celui qui est tué périt pour l'éternité ? Cependant, pour employer les paroles de l'apôtre : *Celui qui laboure doit labourer et celui qui bat le blé doit le battre dans l'espoir d'en avoir sa part.* (CORINT. I. IX, 10). Quelle est donc, ô soldats, votre stupéfiante erreur, quelle est cette insupportable fureur, de faire tant de frais et de vous donner tant de peine pour combattre, si vous ne devez recevoir en échange que la mort ou le crime? Vous chargez vos chevaux d'étoffes de soie : par dessus vos longs vêtements vous mettez des cuirasses : vous ornez de peintures les lances, les boucliers et les selles : les mors et les éperons sont en or ou en argent,

ornés de pierres précieuses, et c'est en grande pompe que, dans un
honteux délire ou une stupéfiante imprudence, vous vous avancez
vers la mort. Sont-ce là des ornements qui conviennent à un soldat,
ou à une femme? Est-ce que les traits de l'ennemi respecteront l'or,
épargneront les pierres précieuses et seront arrêtés par une étoffe de
soie? Puis, vous l'avez souvent et avec certitude expérimenté vous-
mêmes, il y a trois choses qui sont surtout nécessaires à celui qui
combat : il faut que, soldat actif et courageux, il soit prudent à se
garder, prêt à se déplacer et prompt à agir. Mais vous, vous portez
comme les femmes des cheveux longs qui vous tombent sur les yeux,
des vêtements allongés et parfumés qui descendent jusqu'à terre, vous
ensevelissez vos mains délicates et tendres dans des gants larges et
épais. Mais, en outre, ce qui doit épouvanter la conscience des hommes
d'armes, c'est la plupart du temps pour des causes légères et futiles
que l'on met en mouvement une si dangereuse milice. Ce qui suscite
follement entre vous les discussions et les guerres, c'est une colère
dépourvue de raison, un fol amour de la gloire, ou le désir cupide de
quelque possession territoriale. Pour des motifs semblables, il est également dangereux de tuer ou d'être tué. Les soldats du Christ, au
contraire, combattent en pleine sécurité de conscience dans les combats qu'ils livrent pour Dieu : ils ne craignent ni de mal faire en tuant
les ennemis, ni de courir de danger s'ils périssent : car la mort que
l'on donne ou que l'on reçoit pour le Christ n'a rien de criminel; au
contraire, elle est glorieuse et méritoire. L'une nous donne le Christ,
l'autre nous donne au Christ. Le soldat du Christ tue avec sécurité :
il est tué avec plus de sécurité encore. Il sert le Christ quand il tue : il
se sert lui-même quand il est tué. Ce n'est pas en effet sans cause qu'il
porte le glaive; il est le ministre de Dieu pour punir ceux qui font
mal, glorifier ceux qui font bien.

Quand il donne la mort à un malfaiteur, il n'est pas homicide, mais,
s'il est permis d'employer cette expression, malicide : il est l'instrument du Christ, à l'égard de ceux qui font le mal, et le défenseur des
Chrétiens. S'il est tué lui-même, il ne faut pas considérer qu'il est
mort, mais au contraire qu'il est parvenu à la vie. La mort qu'il
donne est un avantage pour le Christ: celle qu'il reçoit, un avantage
pour lui. Dans la mort du païen, c'est le Christ qui est glorifié : dans
la mort du Chrétien, c'est le soldat qui est récompensé par la libéralité
du Seigneur. Certes il faudrait bien se garder de mettre à mort les

infidèles, s'il existait quelque autre moyen de se protéger contre leur invasion et leur oppression : mais actuellement, il vaut mieux qu'ils meurent que de laisser la verge des pécheurs s'abattre sur le juste, de crainte que le juste lui-même ne finisse par se joindre à eux.

Il ne faut pas s'étonner si **saint Antonin** (Summa theo. Pars. III. Tit. iv, cap. i.) a des paroles sévères pour les soldats de métier, qui bien loin de considérer leur rôle comme saint Bernard l'indique, ne voient dans le métier des armes qu'une carrière où la rapine est permise ainsi que tous les autres crimes.

La milice, dit-il, est un art et un état que l'Église ne réprouve pas. Mais pour que le soldat puisse, avec le Psalmiste, dire : *Vous m'avez, Seigneur, revêtu de vertu pour la guerre*, il faut qu'il observe les trois choses suivantes :

Se conduire bien, éviter tout ce qui est défendu, ne prendre part qu'à des guerres justes.

Le soldat doit songer que son courage est un don de Dieu : il doit garder la foi à l'ennemi, combattre avec une intention droite et pure, avoir pitié des ennemis vaincus.

Le soldat doit s'abstenir des rapines, de la corruption des mœurs qui sous toutes ses formes est naturelle à cette classe d'hommes, des blasphèmes, des jeux, de la sensualité, de l'ivresse, des sacrilèges et de tous les autres vices. Mais aujourd'hui, ils se plongent dans ces vices. La discipline militaire, qu'autrefois Végèce enseignait, a entièrement disparu. Maintenant les soldats s'enivrent avant de combattre, ils mènent une existence paresseuse et lâche, ils déshonorent le nom et le titre de militaires : on en a vu qui, comme les démons, torturaient leurs prisonniers.

Quand aujourd'hui les soldats partent en guerre, dans leurs bagages il y a non du fer, mais du vin : non des lances, mais des victuailles, non des épées, mais des outres, non des piques, mais des broches à rôtir : on croirait qu'ils vont, non à la guerre, mais à un festin. Aujourd'hui le métier de soldat est devenu un métier de brigand ; dans les camps, il n'y a plus ni bonne foi, ni piété. La trahison, le vol, le sacrilège, le parjure, le blasphème, la cruauté à l'égard des prisonniers, le jeu, l'immoralité, l'ivresse, voilà les pratiques des soldats : ils ne s'inquiètent en rien de la justice de la guerre : ils ne voient en elle qu'une chose : c'est qu'elle leur donnera la possibilité de voler et de toucher une paie plus forte.

Et c'est à propos des soldats de cette espèce que le décret dit (De pœnis, Dist. 5, c. Falsus) qu'ils ne peuvent réellement faire pénitence s'ils n'abandonnent leur métier.

Quant à ceux, dit **Cajetan** (SUMMULA, V BELLUM) qui sujets ou non, dès qu'ils entendent parler d'une guerre, sans se préoccuper en rien de sa justice, accourent au bruit de l'argent, ils n'ont aucune conscience : ils sont manifestement en état de péché mortel tant qu'ils ne se repentent pas : de même ceux qui courent aux combats et au butin sans s'inquiéter du juste ou de l'injuste.

Note G. — Les représailles.

Nous avons vu que pour que la guerre soit juste, il faut qu'elle soit nécessaire (Ch. III), c'est-à-dire que la paix qu'elle a pour but (Chap. II) ne puisse exister si l'on n'a recours à la guerre. Il faut de plus qu'elle ait une cause juste (Chap. V) et que cette cause soit proportionnée aux désastres que la guerre entraîne (SUAREZ p. 52), car ainsi que le fait remarquer Victoria (p. 51), on n'inflige pas la mort ou l'exil ou toute autre peine grave pour toute espèce de faute.

Or, il pourra arriver qu'une injustice ait été commise par les sujets d'un État vis-à-vis des sujets d'un autre État et que le Prince des premiers, soit parce qu'il néglige, soit parce qu'il refuse de punir les coupables, se soit rendu complice de leur faute : mais que cependant, attendu que ladite injustice ne compromet pas la Paix dans l'État auquel appartiennent les victimes et n'est pas en proportion avec les maux qu'entraînerait une guerre, tant pour l'État lésé que pour l'État coupable, la guerre ne soit pas permise.

C'est alors que pour réparer, sans guerre, l'injustice commise, interviennent les représailles.

Voici l'explication qu'en donne VICTORIA (De Jure Belli, 41).

Si les ennemis refusent de restituer ce qu'ils ont enlevé, et si celui qui a été lésé ne peut facilement le récupérer autrement, il peut, en quelque lieu que ce soit, obtenir réparation, soit sur les biens des innocents, soit sur ceux des coupables. Par exemple, si des brigands français ont pillé le territoire espagnol, et si le Roi de France ne veut pas les forcer à restituer les choses volées, alors qu'il le peut, les Espagnols, avec l'autorisation de leur prince, peuvent dépouiller des marchands ou des agriculteurs français, même innocents : en effet, si, au début, l'État ou le prince des Français n'était pas coupable, il l'est devenu en négligeant de punir, comme dit saint Augustin, l'action injuste des siens, et le prince lésé peut se payer sur tout ce qui est membre ou partie de l'État; de là les lettres de marque ou de représailles que les princes concèdent dans des cas semblables ; elles ne sont pas injustes en elles-mêmes, puisque par suite de l'injustice ou de la négligence de l'autre prince, leur prince donne aux victimes la possibilité de recouvrer ce qui leur appartient, même en le prenant à des innocents. Mais elles présentent bien des dangers et sont l'occasion de pillages.

C'est pourquoi, dit **Covarruvias** (REG. PECC., t. 3, cap. 9), le Souverain Pontife a fait savoir (dans le canon 1, DE INJURIIS, cap 6,) qu'elles ne sont pas tout à fait licites quand il montre qu'elles s'écartent un peu du droit naturel ou divin (1).

BARTOLE dans son traité des Représailles (*Tract. Represaliarum*) a longuement étudié cette question.

Pour qu'elles soient justes au point de vue de la conscience, il faut, d'après lui, que les trois conditions indiquées par saint Thomas (SOMME 2 2, qu. XL., art. 1) pour la guerre juste soient remplies, à savoir : l'autorité du supérieur qui accorde le droit d'exercer les représailles, une cause juste d'accorder ce droit, enfin, l'intention droite de celui qui les exerce.

Au point de vue du droit civil, il admet que la ville ou le seigneur

---

(1) Il est bien certain que, ainsi que le disait le Souverain Pontife, les représailles s'écartent à certains points de vue du droit naturel, mais aujourd'hui, pour des difficultés auxquelles elles mettaient fin, on ferait des guerres et on tuerait des millions d'hommes, au nom de l'honneur national.

qui a négligé ou refusé de faire justice est débiteur de celui qui
demande justice : on peut donc prendre ce qui est dû aux individus
qui font partie de cette ville ou sont soumis à ce seigneur. A cause
de la faute du seigneur qui ne fait pas justice, on peut déclarer la
guerre — et les représailles sont une manière de guerre — à tous ses
sujets et la porter sur tous ses territoires.

Voici quelques règles qui doivent être suivies en matière de représailles.

Il faut d'abord s'adresser au juge légitime des coupables, et s'il
refuse de faire justice, s'adresser à celui qui a le droit d'autoriser les
représailles afin qu'il écrive à l'autre, car il faut pour les autoriser
qu'il ait été constaté qu'on refuse de faire justice.

Le pouvoir qui concède les représailles prend la place du supérieur
qui n'a point rempli son devoir.

Les enfants, les personnes pauvres, ne sont pas forcées de plaider
devant le tribunal de leur adversaire ; leur superieur écrit à ce sujet
au juge de leur adversaire pour qu'il le force à plaider ailleurs.

Les représailles constituent une mesure extraordinaire et odieuse.
On ne les accorde pas pour des choses de peu d'importance et seulement dans le cas où l'on refuse tout dédommagement aux victimes.
Nul n'a le droit de concéder des représailles s'il a un supérieur. C'est
à ce dernier seul que ce droit appartient (1).

(1) A présent, dit H. BONET (*Arbre des batailles*, liv. III. ch. 79), il nous fault
voir d'une aultre manière de guerre par laquelle les seigneurs de longtemps à
encommencièrent à user communément par tout le monde c'est à sçavoir que
quant ung homme du royaulme de France ne peut avoir justice de ung homme de
Provence se tort lui fait, le juge du roy lui octroiera une manière de guerre que
l'on appelle marque par laquelle ung homme de celui pays, lequel ne sçaura point
qui est celui qui a le tort, sera emprisonné et prins sa marchandise et aultres biens
et si faudra qu'il fasse paiement et droit pour l'aultre ». Selon le droit escript ceste
manière de guerre n'est pas permise, ne droit ne l'octroye pas. Car en ceste
manière une personne est en paine pour l'aultre et reçoit dommaige et destourbier
pour le fait d'autrui, ce qui faire ne se doit selon raison ne selon droit.

TABLE DES MATIÈRES

APPENDICE

TABLE DES AUTEURS CITÉS

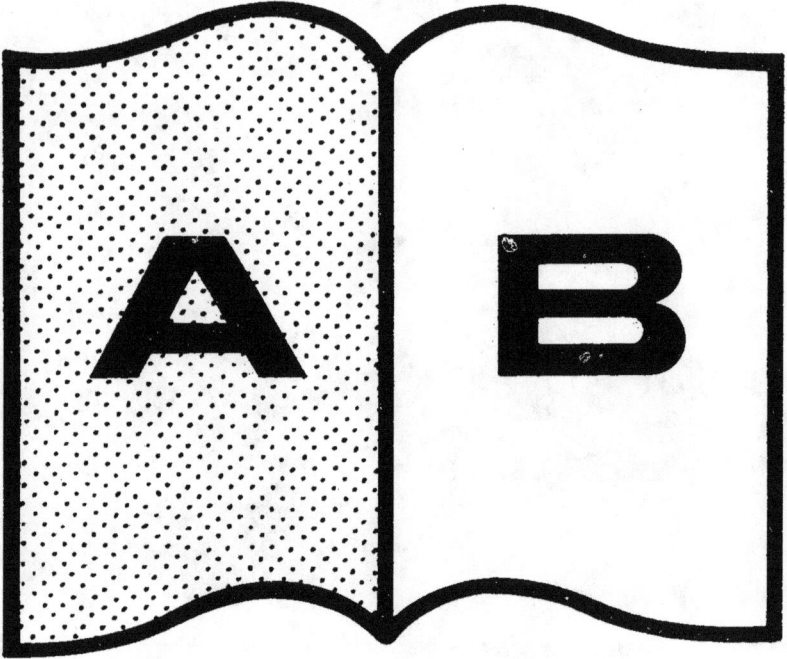

Contraste insuffisant

NF Z 43-120-14

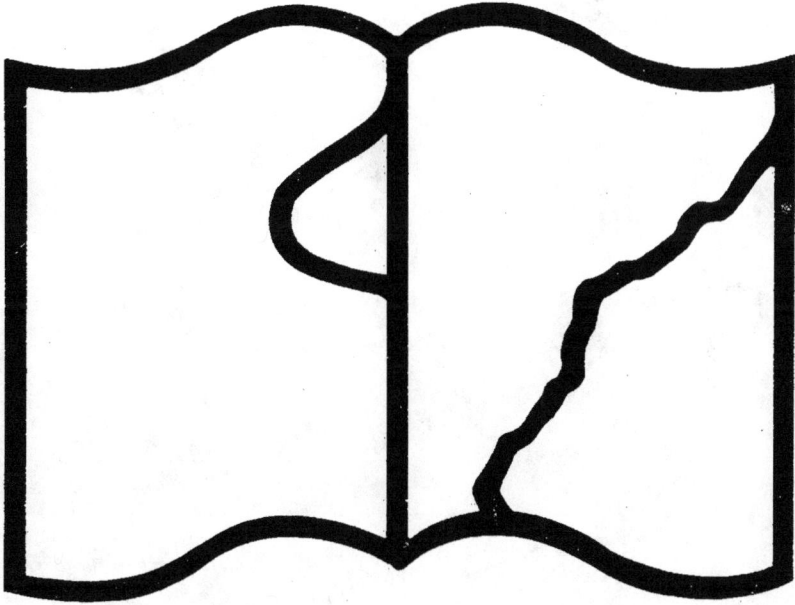

Texte détérioré — reliure défectueuse

NF Z 43-120-11

www.ingramcontent.com/pod-product-compliance
Lightning Source LLC
Chambersburg PA
CBHW061010280326
41935CB00009B/907